本课题受中国人民大学研究品牌计划支持

项目批准号：12XNI007

China Social Welfare Development Index Report

中国社会福利发展指数报告

（2010—2012）

杨立雄　李 超　著

人 民 出 版 社

责任编辑:夏　青

图书在版编目(CIP)数据

中国社会福利发展指数报告(2010—2012)/杨立雄　李 超 著. -北京:人民出版社,2014.8

ISBN 978-7-01-013575-5

Ⅰ.①中…　Ⅱ.①杨…②李…　Ⅲ.①社会福利-研究报告-中国-2010~2012　Ⅳ.①D632.1

中国版本图书馆 CIP 数据核字(2014)第106812号

中国社会福利发展指数报告(2010—2012)

ZHONGGUO SHEHUI FULI FAZHAN ZHISHU BAOGAO(2010—2012)

杨立雄　李 超　著

人民出版社 出版发行

(100706　北京市东城区隆福寺街99号)

北京中科印刷有限公司印刷　新华书店经销

2014年8月第1版　2014年8月北京第1次印刷

开本:710毫米×1000毫米 1/16　印张:17.5

字数:260千字　印数:0,001-2,000册

ISBN 978-7-01-013575-5　定价:45.00元

邮购地址 100706　北京市东城区隆福寺街99号

人民东方图书销售中心　电话 (010)65250042　65289539

自　序

很长时间以来，追求 GDP 增长已经成为地方政府工作的重要任务。政府通常先确立一个量化了的发展目标，再把这个目标分解、落实到各地各级官员的身上。自然，GDP 便成了衡量官员政绩的关键指标。为了追求经济利益，也为了应付制度压力，各地方纷纷在 GDP 增长上展开竞争。为了实现 GDP 的增长，一些地方政府屈从于资本，以廉价劳动力为"优势"，粗放式发展，造成对资源的严重浪费和破坏。在 GDP 主义的指导下，社会领域发展滞后，包括医疗、教育、住房（和与此相关的土地）等在内的部分社会领域出现私有化趋势，本属于公共服务的领域也被推向市场，广大社会成员不得不付出市场价格进行"购买"。甚至由此引发了一些社会问题。

多年来，中央政府力图扭转 GDP 主义的局面，提倡科学发展观。早在 2006 年，胡锦涛主席在耶鲁大学演说时就明确提出要"关注人的价值、权益和自由，关注人的生活质量、发展潜能与幸福指数"。温家宝总理也多次强调："我们所做的一切，都是为了让人民生活得更加幸福、更有尊严。"党的十七大已经提出"什么样的发展"的问题。十八大报告明确提出："要多谋民生之利，多解民生之忧，解决好人民最关心最直接最现实的利益问题，在学有所教、劳有所得、病有所医、老有所养、住有所居上持续取得新进展，努力让人民过上更好生活。"党的十八届三中全会决议进一步提出："完善发展成果考核评价体系，纠正单纯以经济增长速度评定政绩的偏向，加大资源消耗、环境损害、生态效益、产能过剩、科技创新、安全生产、新增债务等指标的权重，更加重视劳动就业、居民收入、社会保障、人民健康状况。"但是，无论从内部压力和外部压力来看，GDP 主义仍然没有消退的趋势。在内部，对各级政府来说,仍然有太多的理由去追求 GDP 增长,因为只有 GDP 的增长,才能解决民众的就业问题;在外部,无论是社会成员还是党政干部,都不可避免地被赶超或者避免被赶超的心态所驱使,很难正确和理性地去对待 GDP 的增长。

不可否认,GDP 的确是具有很强科学性的经济指标,可以比较准确地反映一个国家或地区经济发展状况。正如萨缪尔森所说,GDP“是 20 世纪最伟大的发明之一的话语”,“到目前为止还没有一个更科学的指标能够取代它”。然而,当把 GDP 增长视为官员政绩的唯一标准的时候,就不可避免地导致了“GDP 主义”的泛滥和对社会发展的忽视。政府部门提供的行政服务、公共安全服务、教育服务、医疗卫生服务、环境保护服务等在经济发展中发挥着重要作用。但是,GDP 核算以市场活动为主体,它衡量经济活动的标准尺度是市场价格。由于政府部门提供的公共服务不存在市场价格,目前国际上通行的做法是利用政府部门提供这些公共服务投入的成本来衡量其价值,而这些投入成本远不能反映这些公共服务在经济发展中的重要作用。GDP 本身并不能全面反映社会福利改善情况,不能反映最低生活保障、养老保障、失业保障、医疗保障、住房保障和社会服务的改善情况,而这些福利项目恰恰是反映民众生活质量的重要方面。

2010 年,中国成为世界第二大经济体,但在联合国发布的第二十个报告中,中国在 169 个国家的人类发展指数(HDI)的排名中仅名列第 89 位。这一年的报告首席撰稿人库鲁格曼在提及中国的时候说:“经济增长本身并不一定能自动带来医疗和教育的改善。”这充分表明 GDP 这一指标在衡量社会发展方面的局限性。因此,设计一套科学性、系统性、可操作性、可比性及可量化性的评价体系,从而全面衡量经济社会发展,提升公众生活质量,是当前政府面临的最紧迫问题,也是学术界需要深入研究的重大课题。

本书尝试建立“社会福利发展指数”,用以测度中国社会福利发展状况,比较各地区社会福利改善状况,监测各地区社会福利发展进程,引导各级政府重视社会发展投入,从而提升公众的生活质量,促进经济社会的可持续和均衡发展。

社会福利内涵广、项目多,建立社会福利发展指数要处理的数据达到上万条。为避免陷入数据的海洋中，本书保留8个一级指标、36个二级指标，并根据一级指标最终计划得到社会福利发展指数。应该说明的是，受统计数据不全、统计口径不一致、统计方法不同等因素的影响，部分社会福利发展指数与常识有所出入，为保持客观中立，本书将原始数据附录于每章之后，以便查询。

受时间和研究能力的限制，中国社会福利发展指数仍有许多需要完善之处。希望本报告能起到抛砖引玉的作用，欢迎学术界和实践部门提出不同看法，将这一研究持续深入下去。

杨立雄

2014年端午节于中国人民大学求是楼

目　录

第一章　社会福利发展指数概论

一、社会福利概述

（一）社会福利定义

社会福利是指依据国家相关法规，以政府为责任主体，通过国民收入再分配的形式，对全体社会成员尤其是无收入、低收入或遭受各种意外灾害的公民以及劳动者在年老、失业、患病、工伤、生育时提供的多层次保障项目。根据保障对象和层次划分，社会福利由低到高分别为社会救助、社会保险和福利服务。社会救助对无收入、低收入或遭受各种意外灾害的公民提供满足其生存需要的保障；社会保险对劳动者在年老、失业、患病、工伤、生育时提供满足其多种需要的保障；福利服务是对全社会成员或特定群体在教育、文化、卫生等方面提供的满足其改善物质文化生活需求的保障。

（二）社会福利作用

一是保障基本生活。通过社会救助、社会保险以及福利服务由低到高的多层次福利体系，对无收入、低收入或遭受各种意外灾害的公民以及年老、失业、患病、工伤、生育的劳动者提供全方位的基本保障。保障公民基本生活，免除劳动者后顾之忧，不仅是经济发展和社会稳定的需要，也是人权保障的重要内容和社会进步的体现。

二是促进经济发展。社会福利可以调节社会总需求，平抑经济波动；社会福利基金的长期积累和投资运营有助于完善资本市场;社会福利确保劳动者在丧失经济收入或劳动能力的情况下,能维持自身及其家庭成员的基本生活,保证劳动力再生产进程不致受阻或中断。同时,国家还可以通过生育、抚育子女和教育津贴等形式对劳动力再生产给予资助,以提高劳动力的整体素质。

三是维系社会公平。社会福利制度通过保障全体社会成员的基本生活,在一定程度上消除社会发展过程中因意外灾害、失业、疾病等因素导致的机会不均等,使社会成员在没有后顾之忧的情况下参与市场的公平竞争;通过在全体社会成员之间的风险共担,实现国民收入的再分配,缩小贫富差距,减少社会分配结果的不公平,缓解社会矛盾。

四是促进社会共享。现代社会福利不仅承担着“救贫”和“防贫”的责任,而且还要为全体社会成员提供更广泛的津贴、基础设施和公共服务,从而使人们尽可能充分地享受经济和社会发展成果,不断提高物质生活和精神生活的质量。

(三)社会福利保障原则

一是法定权利原则。从法理角度来看,社会福利法规具有鲜明的以权利为本位的特征。无论是宪法,还是宣言、公约、建议等,均规定要求各成员国保证公民享受社会福利的权利,社会福利权利已成为人权概念的重要构成内容。尊重人的价值和人的基本需要是人道主义的基本要求,也是现代社会福利立法的起点和归宿。

二是普遍性原则。普遍保障是指社会福利的保障对象、范围应该覆盖所有社会成员,一切社会成员均享有社会福利权利,其标准内容对全体社会成员具有普遍适用性。普遍性是各国社会福利立法共同奉行的一条基本原则,它不仅体现社会公平和人人平等,也是发挥互助互济作用和保障基本人权的需要。

三是保障基本生活和提高生活质量相结合原则。人的基本生活包括营养、衣着、住所和获得个人自由与进步的机会等,这正是多层次社会福利保障的基本要求。除经济物质内容的保障外,还需要给予尊重、关心和基本公共服务，以提高社会成员的生活质量和幸福感。

四是国家保障和社会化相结合原则。社会福利的普遍性决定了其保障不仅要以国家、政府为主要责任主体，而且需要依靠广大社会力量在社会福利资金筹集、运行投资和日常事务监督管理等方面的参与，共同编制“无漏洞”社会安全网。

二、社会福利的发展和演变

（一）从济贫法到福利国家

欧洲社会福利起源于1601年英国政府颁布的《伊丽莎白济贫法》。该法规定：凡年老及丧失劳动力的，在家接受救济；贫穷儿童在指定的人家寄养，长到一定年龄时送去做学徒；流浪者被关进监狱或送入教养院。1834年，英国又通过了《济贫法（修正案）》，又称《新济贫法》。新法将救济对象改为受救济者必须是被收容在济贫院中的贫民。此阶段的福利停留在救济层次，基本原则是保障受救济人的生存权。

19世纪末，随着垄断资本主义的发展，失业人数增加，贫富差距扩大，各种社会矛盾激化，出现了许多与社会福利相关的社会运动。为使每个社会成员能够依法得到基本的生活资料，同时也为了缓解劳资矛盾，德国率先在1883—1889年间通过了《健康保险计划》、《工伤事故保险计划》和《退休金保险计划》三项保险立法，开创了社会保险历史。在此后的二十余年间，英国、法国、挪威、丹麦、荷兰和瑞典等国也先后建立起了社会保险制度。在美国，1929年的经济大萧条改变了政府对市场的看法，凯恩斯主义成为当时政府发展经济的指导思想。在罗斯福执政期间，通过了具有划时代的《社会保障法》，建立了失业保险、养老保险和社会救济为主的社会保障制度。

第二次世界大战后，英国在《贝弗里奇报告——社会保险和相关服务》的指导下，开始建立现代福利制度，确立了福利国家的基本原则。包括：普享性原则(Universality),即所有公民不论其职业为何,都应被覆盖以预防社会风险;统一性原则(Unity),即建立大一统的福利行政管理机构;均一性原则(Uniformity),即每一个受益人根据其需要而非收入状况获得资助。1947年,英国率先宣布建成了一套"从摇篮到坟墓"的福利国家制度。随后西方发达国家纷纷效仿,先后迈入福利国家行列。

(二)中国社会福利的发展

中国是一个多灾的国家,历代均重视救灾和社会救助工作。主要表现在以下几个方面:一是实施减灾工程,主要是兴修水利;二是重视农业生产,包括鼓励垦荒、减免赋税等;三是增加粮食储备,主要表现在实行仓储制度;四是成立社会福利机构,主要是对社会弱势群体进行救助。

随着管理权从封建官府向早期民族资产阶级的转移,近代中国社会保障功能得到发展,保障面不断扩大,保障层次有所提高。到民国时期,北洋军阀政府与南京国民政府为了维持其统治及维护其所代表的阶级的既得利益,制定和颁布了一些有关社会保险、救灾、福利与救济、优抚安置等方面的社会保障法律法规和政策措施。社会保险制度开始建立,政府成立专门的救灾、救济福利机构,制定优抚安置计划等。

新中国成立后,政府开始实行与计划经济相适应的国家—单位保障制度,主要对国有单位职工实施养老、医疗等保障。改革开放后,城市经济体制开始逐步打破原有的计划经济体制,建立商品经济体制,并最终迈向具有中国特色的市场经济体制。与其相适应,城市社会保障制度也开始打破国家—单位体制,先后对城镇职工养老保险、医疗保险进行改革,建立统账结合模式。为了保障下岗失业职工基本生活,上海率先建立最低生活保障制度,随后在全国推广。另外,失业保险、生育保险、工伤保险相继建立并完善起来。2000年以后,以农村最低生活保障、新型农村医疗保险、新型农村养老保险等项目为主的农村社会保障制度得到了前所未有的快速发展,建立覆盖城乡居民的社会福利体系成为一个目标。经过多年的努力,我国已基本建成包括社会救助、社会保险和福利服务在内的无缝安全保障网。

三、传统福利制度结构

（一）社会救助

社会救助旨在通过对贫困者和弱势群体提供基本生活服务，保障其基本生存，并在社会服务领域进行公共投资，提供就业机会，鼓励自立的一种保障制度。社会救助的功能决定了它在社会保障中的重要地位，特别是对于发展中国家来说，这种选择性的保障方式受到广泛青睐。即使在福利制度比较完善的发达国家甚至福利国家，社会救助仍然占有相当重要的位置，它往往被看成是“最后的安全网”。

我国社会救助主要包括最低生活保障、灾害救助、医疗救助、教育救助、临时救助、流浪乞讨救助等。

一是城乡最低生活保障制度。最低生活保障是指政府对家庭人均收入低于划定的最低生活标准的家庭给予一定的现金资助，以保证该家庭成员基本生活所需的一种保障制度。1993 年 6 月 1 日，上海市率先建立了城市居民最低生活保障制度，开始了城市社会救助制度的改革。在 1994 年召开的第十次全国民政工作会议上，民政部肯定了上海的经验，提出“对城市社会救济对象逐步实行按当地最低生活保障线标准进行救济”的改革目标，并部署在东部沿海地区进行试点。1995 年 5 月，民政部在厦门、青岛分别召开全国城市最低生活保障线工作座谈会，要求将这项制度推向全国。1997 年 9 月，国务院颁布《关于在全国建立城市居民最低生活保障制度的通知》，要求已建立这项制度的城市要逐步完善，尚未建立这项制度的要抓紧做好准备工作，1998 年年底以前，地级以上城市要建立起这项制度；1999 年年底以前，县级市和县政府所在地的镇要建立起这项制度。1999 年 9 月以国务院颁布的《城市居民最低生活保障条例》为标志，城市居民最低生活保障工作开始走上规范化、法制化管理的轨道。2007 年中共中央 1 号文件明确提出，在全国范围建立农村最低生活保障制度，中央财政对财政困难地区给予适当补助。至此,最低生活保障制度将所有居民纳入保障范围。最低生活保障制度的实施,标志着中国的社会救助制度从人道转向人权,从慈善性救济转向制度性救助,对中国社会保障制度产生了重大影响。

二是灾害救助。灾害救助是指当社会成员遭受自然灾害袭击而造成生活困难时,由国家和社会紧急提供援助的一种社会救助,目的在于帮助社会成员渡过灾害发生带来的生活困境,如地震救助、洪水救助等。灾害救助包括现金救助、实物救助以及以工代赈等。灾害救助的内容包括:(1)救助灾民生命。灾害尤其是突发性重大自然灾害的发生是以造成人员伤亡和财产损失为特征的,因此,尽最大努力最大限度地减少和抢救灾区伤亡人员是灾害救助的最直接目的和基本内容。(2)为灾民提供基本生活保障。灾害的发生往往使灾民的衣、食、住、医等生存条件丧失,这就要求灾害救助在抢救灾民生命的同时,还必须迅速解决好灾民基本生活问题,为灾民提供基本的生活资料,包括发放食物、水、搭建帐篷以及提供必要的药品等救灾物品。(3)安抚灾民情绪,实施精神救灾。大灾的发生不仅严重破坏灾民的生存条件,还冲击着灾民的精神和心理,从而产生不利于恢复的消极情绪和心态。实施精神救灾,安抚灾民情绪,重构被灾害破坏了的精神世界,日益成为各国灾害救助的重要内容。(4)帮助灾民确立自行生存的能力。灾民自行生存能力,是指灾民在大规模救灾活动停止后,依靠自己的力量,进行正常的物质和精神生活的能力。当然,这并不意味着政府在灾后不再帮助灾民,许多国家在灾后也会出面帮助灾民重建灾区社会,但主要依靠灾民自己来恢复受创的生活与生产条件。因此,恢复或帮助灾民确立自行生存的能力,既是灾害救助的重要内容,也是灾害救助的根本目的。①

三是医疗救助。医疗救助是政府通过提供财务、政策和技术上的支持以及社会通过各种慈善行为,对贫困人群中因病而无经济能力进行治疗的人群,或者因支付数额庞大的医疗费用而陷入困境的人群,实施专项帮助和经济支持,使他们获得必要的卫生服务,以维持其基本生存能力,改善目标人群健康状况的一种医疗保障制度。2002 年,国务院召开了全国农村工作

① 参见郑功成:《社会保障学》,劳动和社会保障出版社 2005 年版,第 279—280 页。

会议，作出了《中共中央、国务院关于进一步加强农村卫生工作的决定》，指出“建立和完善农村合作医疗制度和医疗救助制度”，对农村贫困家庭实行医疗救助。医疗救助对象主要是农村五保户和贫困农民家庭。医疗救助形式可以是对救助对象患大病给予一定的医疗费用补助，也可以是资助其参加当地新型农村合作医疗。2003 年，《民政部、卫生部、财政部关于实施农村医疗救助的意见》中对农村医疗救助的内涵、目标原则、救助对象和救助办法有了更为具体的规定。2005 年 3 月 14 日，国务院办公厅转发了民政部、卫生部、劳动保障部和财政部《关于建立城市医疗救助制度试点工作意见》，提出从 2005 年开始，用两年时间在各省、自治区、直辖市的部分县（市、区）进行试点，之后再用 2 至 3 年的时间在全国建立起管理制度化、操作规范化的城市医疗救助制度。至此，我国建立了将全民纳入医疗救助保障的无缝网。

四是教育救助。从 20 世纪 90 年代开始，我国在普及义务教育的同时，开始积极探索和建立教育救助制度。主要的做法是：对于义务教育阶段家庭困难的学生，采取“两免一补”政策，或通过设立助学金、建立助学基金等形式给予资助；对于高中教育阶段家庭困难的学生，学校采取“缓、减、免”交学费的办法，各地政府还拨专款设立助学金资助困难学生；对于高等教育阶段家庭经济困难的学生，初步建立起以奖学金、学生贷款、勤工俭学、特殊困难补助和学费减免为主要内容的资助经济困难学生政策体系。按救助的对象划分，我国教育救助主要分为义务教育救助和高校家庭经济困难学生资助两种形式。义务教育救助的内容主要包括：两免一补、义务教育阶段人民助学金、义务教育阶段特教伙食补助等。高等教育阶段社会救助体系由国家助学金、国家励志奖学金、国家奖学金、国家助学贷款、师范生免费教育、勤工助学、特殊困难补助、学费减免和“绿色通道”等组成。

五是临时救助。临时救助是指对在日常生活中由于各种特殊原因造成基本生活出现暂时困难的家庭，给予非定期、非定量生活救助的制度。临时救助制度主要是为困难家庭提供临时性生活救助，其对象主要包括：一是在最低生活保障和其他专项社会救助制度覆盖范围之外，由于特殊原因造成基本生活出现暂时困难的低收入家庭，重点是低保边缘家庭；二是虽然已纳入最低生活保障和其他专项社会救助制度覆盖范围,但由于特殊原因仍导致基本生活暂时出现较大困难的家庭;三是当地政府认定的其他特殊困难人员。

(二)社会保险

社会保险是国家依法建立的面向劳动者的一项社会保障制度,它由政府、单位和个人三方共同筹资,目标是保证劳动者和个人在因年老、疾病、工伤、生育、死亡、失业等风险暂时或永久失去劳动能力从而失去收入来源时,能够从国家或社会获得物质帮助,以此解除劳动者和个人的后顾之忧。社会保险实行权利义务相结合,并由个人、单位和国家(政府)三方责任共担。

我国社会保险由养老保险、医疗保险、工伤保险、失业保险和生育保险组成。

一是养老保险。养老保险是对法定范围内的个人和劳动者因年老(符合法定退休条件)而退出社会劳动后,能够获得满足其基本生活需要的、稳定可靠的经济来源的社会保险项目。我国养老保险包括:城镇职工基本养老保险、城乡居民养老保险。(1)职工基本养老保险的缴纳比例是:职工所在企业缴纳20%,职工个人承担8%。城镇职工基本养老保险实行统账结合模式,企业缴费全部进行社会统筹账户,个人缴费进入个人账户。城镇职工基本养老保险领取条件是:本人达到法定退休年龄并办理了退休手续;所在单位和个人依法参加基本养老保险并履行缴费义务;个人累计缴费时间满15年。享受的待遇包括:按月领取按规定计发的基本养老金,直至死亡;享受基本养老金的正常调整待遇;对企业退休人员实行社会化管理服务;死亡待遇。(2)城乡居民养老保险的参保对象为年满16周岁(不含在校学生)、不符合职工基本养老保险参保条件的城乡居民。城乡居民养老保险基金主要由个人缴费和政府补贴构成。参保人自主选择档次缴费,多缴多得。地方人民政府对参保人员缴费给予补贴,养老金待遇由基础养老金和个人账户养老金构成,支付终生。中央确定的基础养老金标准为每人每月55元。参加城乡居民养老保险的城镇居民,年满60周岁,可按月领取养老金。

二是医疗保险。医疗保险是指为当保障范围内的被保险人生病或受到伤害后，由国家或社会提供患病时基本医疗服务或经济补偿的一种社会保障制度。我国医疗保险具有“低水平，广覆盖”和“双方负担，统账结合”两个特点，缴费以低水平的绝大多数单位和个人能承受的费用为准，广泛覆盖城镇所有单位和职工，不同性质单位的职工都能享有基本医疗保险的权利。我国医疗保险主要分为三种类型：城镇职工基本医疗保险、城镇居民医疗保险、农村新型合作医疗。（1）城镇职工医疗保险的参保者为城镇所有用人单位，包括企业（国有企业、集体企业、外商投资企业、私营企业等）、机关、事业单位、社会团体、民办非企业单位及其职工。基本医疗保险费由用人单位和职工共同缴纳，用人单位缴费率应控制在职工工资总额的6%左右，职工缴费率一般为本人工资收入的2%。（2）城镇居民医疗保险的参保对象属于城镇职工基本医疗保险制度覆盖范围的中小学阶段的学生（包括职业高中、中专、技校学生）、少年儿童和其他非从业城镇居民。目前试点城市的参保居民，政府每年按不低于人均40元给予补助，对属于低保对象的或重度残疾的学生和儿童参保所需的家庭缴费部分，政府原则上每年再按不低于人均10元给予补助；对其他低保对象、丧失劳动能力的重度残疾人、低收入家庭60周岁以上的老年人等困难居民参保所需家庭缴费部分，政府每年再按不低于人均60元给予补助。（3）农村新型合作医疗制度是由政府组织、引导、支持，农民自愿参加，个人、集体和政府多方筹资，以大病统筹为主的农民医疗互助共济制度。新型农村合作医疗制度实行个人缴费、集体扶持和政府资助相结合的筹资机制。农民个人每年的缴费标准不应低于10元，经济条件好的地区可相应提高缴费标准。乡镇企业职工（不含以农民家庭为单位参加新型农村合作医疗的人员）是否参加新型农村合作医疗由县级人民政府确定。有条件的乡村集体经济组织应对本地新型农村合作医疗制度给予适当扶持。扶持新型农村合作医疗的乡村集体经济组织类型、出资标准由县级人民政府确定，但集体出资部分不得向农民摊派。鼓励社会团体和个人资助新型农村合作医疗制度。地方财政每年对参加新型农村合作医疗农民的资助不低于人均10元，具体补助标准和分级负担比例由省级人民政府确定。经济较发达的东部地区，地方各级财政可适当增加投入。

三是工伤保险。工伤保险是指劳动者在工作中或在规定的某些特殊情况下因遭受意外伤害和患职业病,暂时或永久丧失劳动能力以及死亡时,劳动者或其遗属从国家和社会获得物质帮助的一种社会保险制度。它包含了两层含义:一是劳动者本人因工伤造成暂时或永久丧失劳动能力时,可以从国家和社会获得医疗救治、职业康复、经济补偿等物质帮助;二是劳动者本人因工伤死亡时,其遗属可以从国家和社会获得遗属抚恤、丧葬补助等物质帮助。我国的工伤保险的适用范围包括中华人民共和国境内的企业、事业单位、社会团体、民办非企业单位、基金会、律师事务所、会计师事务所等组织和有雇工的个体工商户。公务员和参照公务员法管理的事业单位、社会团体的工作人员因工作遭受事故伤害或者患职业病的,由所在单位支付费用。工伤保险缴费实行差别费率制和浮动费率制。

四是失业保险。失业保险是指劳动者由于非本人原因暂时失去工作,致使工资收入中断而失去维持生计来源,在重新寻找新的就业机会时,由社会集中建立基金,对其因失业而暂时中断生活来源的劳动者提供物质帮助以保障基本生活的一种社会保险制度。失业保险的目标是提高劳动者抵御失业风险的能力;采取的手段包括向失业者提供失业保险金以保障失业期间失业者及其家属的基本生活,通过再就业培训和就业指导帮助失业者尽快实现再就业等。失业保险作为社会保险制度的一个基本项目,同样具有社会保险的强制性、互济性、社会性、福利性等特点。失业保险待遇一般包括失业保险金、失业补助和附加补助金。

五是生育保险。生育保险是指国家通过立法,对怀孕和分娩的妇女劳动者在暂时中断劳动时,由国家或社会对生育的职工给予必要的经济补偿和医疗保健服务的社会保险制度。我国生育保险待遇主要包括两项:一是生育津贴,用于保障女职工产假期间的基本生活需要;二是生育医疗待遇,用于保障女职工怀孕、分娩期间以及职工实施节育手术时的基本医疗保健需要。其目的在于通过向生育女职工提供生育津贴、产假以及医疗服务等方面的待遇,保障她们因生育而暂时丧失劳动能力时的基本经济收入和医疗保健,帮助其恢复劳动能力,重返工作岗位,是国家和社会对妇女在这一特殊时期给予支持和爱护的体现。

（三）特殊群体福利

一是妇女儿童福利制度。妇女儿童福利制度是指为保障女性平等参与社会经济生活（就业、健康等与男性享有相同权利外，还享有与女性生理特点和女性母亲职能相联系的一系列特殊保障），保障母亲儿童身体健康和儿童成长（健康、教育、权益）而实施的一系列社会福利措施的总和，具体包括生育保险、儿童教育、残疾儿童保障等。

二是老年人福利制度。老年福利制度包括老年优待、高龄津贴和五保供养。老年优待是指国家、政府为了完善社会福利制度，按照规定给予老人在乘车、就医、免费享受法律咨询等社会服务的一种优惠、照顾的待遇。高龄津贴是指按照“低标准、广覆盖、保基本、多层次、可持续”的总体要求，创新高龄老人养老福利制度模式，健全养老保障服务体系，建立保障高龄老人基本生活需求的长效机制，推进补缺型老年福利向适度普惠型社会福利发展，使广大高龄老人的基本生活得到保障，不断提高高龄老人的生活质量。五保供养是指依照《农村五保供养工作条例》规定，通过集中供养和分散供养方式，在吃、穿、住、医、葬方面给予村民的生活照顾和物质帮助。资金主要来源于地方财政预算、农村集体经营收入、中央财政补助和供养机构的农副业生产等。

三是残疾人社会福利。国家和社会根据立法，对有残疾的公民在年老、疾病、缺乏劳动能力及退休、失业、失学等情况下给予一定的物质帮助，从而保证其依法赋予的基本生活权利，维护社会稳定的社会安全制度。具体包括残疾人托养、残疾人康复、残疾人教育、残疾人就业保障和生活与福利服务保障等。其中：残疾人康复是指综合运用医疗、教育、心理等措施对残疾人进行治疗、辅导、帮扶，以提高、改善或恢复残疾人参与社会生活的条件；残疾人教育、就业是指对残疾人在教育、就业等方面提供扶持、帮助，以促进其参与社会活动。

(四)住房保障制度

1994年,我国正式开始城镇住房制度改革,实行住房货币分配制度,职工不能依靠单位解决住房问题,而需要通过市场解决。这也决定了低收入人群甚至部分中等收入人群无法通过市场解决,必然要通过政府解决住房问题。1998年,国务院发布《关于进一步深化城镇住房制度改革、加快住房建设的通知》,要求对不同收入家庭实行不同的住房供应政策:最低收入家庭租赁由政府或单位提供廉租住房;中低收入家庭购买经济适用住房;其他收入高的家庭购买、租赁市场价商品住房。自此,全国各地住房保障制度相继建立起来。

我国城市廉租住房保障实行货币补贴和实物配租等方式相结合,主要通过发放租赁补贴,增强低收入家庭在市场上承租住房的能力。廉租住房的租赁补贴标准由城市人民政府根据当地经济发展水平、市场平均租金、保障对象的经济承受能力等因素确定。其中,对符合条件的城市低保家庭,可按当地的廉租住房保障面积标准和市场平均租金给予补贴。

经济适用住房是指已经列入国家计划,由城市政府组织房地产开发企业或者集资建房单位建造,以微利价向城镇中低收入家庭出售的住房。它是具有社会福利性质的商品住宅,具有经济性和适用性的特点,其中经济性是指住房的价格相对同期市场价格来说是适中的,适合中等及低收入家庭的负担能力;适用性是指在房屋的建筑标准上不能削减和降低,要达到一定的使用效果。和其他许多国家一样,经济适用房是国家为低收入人群解决住房问题所作出的政策性安排。

住房公积金是单位及其在职职工缴存的长期住房储蓄金,是住房分配货币化、社会化和法制化的主要形式。住房公积金制度是国家法律规定的重要的住房社会保障制度,具有强制性、互助性、保障性,单位和职工个人必须依法履行缴存住房公积金的义务。这里的单位包括国家机关、国有企业、城镇集体企业、外商投资企业、城镇私营企业及其他城镇企业、事业单位、民办非企业单位和社会团体。

农村建房补助住房保障资助对象主要包括农村低保户中的无房户、极度危房户，或住房处于自然灾害严重地段、不适合居住的分散供养五保户。农村低保户和分散供养的五保户住房破损，影响正常居住的，可申请房屋维修补助。农村困难群众住房保障补助资金将由省财政统筹安排，县（市、区）集中管理、统一使用。各级财政将开设“农村困难群众住房保障补助资金”财政专户，资金实行专项管理、封闭运行。民政部门按期把核定的资金发放人数及金额报送到同级财政部门，财政部门及时将资金从财政专户划拨到乡镇金融网点，存入资助对象一卡通账户，实行社会化发放。项目动工前，按审批补助额先付50%补助资金，项目竣工验收合格后付清余款。

（五）卫生保健制度

卫生保健制度是由政府承担经费，采用适宜的医疗技术和基本药物，向全体居民免费提供公共卫生服务和按成本收费提供基本医疗服务的健康保障制度。实质是健全财政经费保障机制，加强公共卫生体系、农村卫生体系和社区卫生体系建设，完善公共卫生机构和城乡基层卫生机构的公共服务职能；目标是实现人人享有基本卫生保健权益。健康教育、预防保健、促进健康等方式是从源头上减少疾病发生概率的有效措施，包括医疗保险、基本公共卫生保健等。其中，基本公共卫生保健是指由疾病预防控制机构、城市社区卫生服务中心、乡镇卫生院等城乡基本医疗卫生机构向全体居民提供的具有公益性的公共卫生干预保障，旨在起疾病预防控制作用。

（六）工作关联保障制度

工作关联保障制度是指对劳动者在工作过程中因意外伤害、失业等特殊因素提供的保障以及与享受年金、家属津贴等职业福利保障，具体包括工伤保险、失业保险、生育保险等。工作关联福利制度的基本特征是福利的资格条件是就业，也就是说，其保障对象是就业人群。随着社会福利制度的逐步完善，原来与就业关联的福利制度开始呈现向灵活就业甚至非就业群体扩张的趋势。

四、社会福利结构的新分类

在我国社会福利的传统分类基础上,参照国际通常划分标准,本书对上述社会福利结构进行修正,形成新的社会福利体系框架结构(见表 1-1)

表 1-1 社会福利项目组成

	项　目	子 项 目
社会福利	社会救助	1. 最低生活保障
		2. 医疗救助
		3. 教育救助
		4. 临时救助
	老年福利	1. 养老保险
		2. 五保供养
		3. 老年津贴
		4. 老年优待
	卫生保健	1. 医疗保险
		2. 基本公共医疗服务
	住房保障	1. 廉租房
		2. 经济适用房
		3. 住房补助
		4. 住房公积金
	工作关联福利	1. 失业保险
		2. 工伤保险
		3. 生育保险
		4. 职业福利
	残疾人福利	1. 残疾人就业
		2. 残疾人康复
		3. 残疾人教育
		4. 残疾人津贴
		5. 护理津贴
		6. 残疾人优待

续表

	项　目	子　项　目
社会福利	妇女儿童福利	1. 托幼
		2. 义务教育
		3. 家庭津贴
		4. 生育产假制度
	社会服务	1. 社区服务
		2. 托养、护理机构
		3. 服务设施

五、社会福利指数研究现状

（一）国外研究现状

国外关于社会发展指数的研究主要有两种思路。

一是以 GDP 为基础，补充社会发展指标，构建综合性指数。对于 GDP 存在的问题，早在 20 世纪 70 年代就受到经济家的质疑，①为克服其不足，萨缪尔森曾提出过"纯经济福利"(Net Economic Welfare)的概念，即在 GDP 中减去污染、环境破坏这些对社会福利有负面作用的项目，再加上家务劳动、闲暇价值这些有福利贡献却没有计入 GDP 的项目。② 但这种方式无法在现实中应用。阿玛蒂亚 · 森认为，不大可能发明一种全新指标取代 GDP，他认为只可能以 GDP 为关键性指标，再将环境和生活

① See WilliamD.Nordhaus &JamesTobin,1972."Is Growth Obsolete?"NBER Chapters,in:Economic Research:Retrospect and ProspectVol5:*Economic Growth*,pages1-80 National Bureau of Economic Research,Inc.

② See Paul A. Samuelson, William D. Nordhaus. *Macroeconomics* (17 Edition) . 2001, the McGraw-Hill Companies,Inc.

质量等因素加入其中,建立综合指标库。① 阿玛蒂亚·森的思想为联合国所采用。1990 年,联合国在《人文发展报告》中首次提出了人类发展指数(HDI),这是一个以"预期寿命、教育水准和生活质量"三项基础变量组成的综合指标。② 此外,还有可持续经济福利指数(Index of Sustainable Economic Welfare)③和真实发展指标(Genuine Progress Indicator)。④ 这两种方法的指标选择具有武断性,没有考虑这种成本是否已经反映在住户和工人的行为决策之中。此外,也没有对那些影响福利的因素给出客观的解释。

另一种思路是摒弃货币这种统一测度单位,主要使用综合指数指标来描述生活质量状况和社会发展过程。如,20 世纪 60 年代学者们提出的统一指数(Unitary Index),包括营养、住房、健康、教育、休闲、社会保障等指标;70 年代的物质生活质量指数(Physical Quality of Life Index)则包括了生育率、预期寿命及受教育情况;⑤80 年代的国际人类痛苦指数(International Human Suffering Index)包括了预期寿命、热量摄取、清洁饮用水、入学率等指标。⑥ 此外还有加权的社会发展指数(Weighted Index of Social Progress)、社会健康指数(Index of Social Health)、生活质量指数(Quality of Life Index)、经济福利指数(Index of Economic Well-Being)、幸福星球指数(Happy Planet Index)和环境友好型幸福国家指数(Environmentally Responsible Happy Nation Index)。

---

① 参见阿玛蒂亚·森:《以自由看待发展》,中国人民大学出版社 2002 年版,第 59 页。

② See Human Development Report1990:*Conception and Measurement of Human Development*, Oxford UniversityPress,1990.

③ See Herman Daly and John Cobb. *For The Common Good: Redirecting The Economy Toward Community,The Environment,and Sustainable Future*,Boston,BeaconPress,1989.

④ See Lawn,Philip A.(2003).A Theoretical Foundation to Support The Index of Sustainable Economic Welfare (ISEW), Genuine Progress Indicator (GPI), and Other Related Indexes. *Ecological Economics*,Elsevier,vol.44(1):105-118.

⑤ See Morris,David Morris.1979.*Measuring the Condition of the World's Poor: The Physical Quality of Life Index*.New York: Pergamon Press.

⑥ See Population Crisis Committee. *The International Human Suffering Index for* 141 *Countries*.Washington:1992.

1970年,不丹国王提出“国民幸福指数”(GNH),共分4个维度、9个一级指标和72项二级指标。不丹的幸福指数提出之后,有关幸福的研究成为热点问题,①国内也开始逐步关注这一问题,②但只有少数文献探讨了“幸福”的量化问题。③ 在测度幸福时,各学者提出的方法有一定差别,如有学者提出测量个人主观体验的狭义幸福指数以及作为发展目标或考评标准的广义幸福指数④,有学者将幸福指数分为身心健康、物质充裕、社会交际、家庭生活以及自我价值实现五个维度。⑤ 朱成全等人则从自由发展的角度将幸福指数分解为物质文明、精神文明、生态文明和政治文明四个维度。⑥ 由于幸福是一种主观体验,因此现有的幸福指数均注重个人对幸福的一种自身评价,具有很强的主观性,学术界对此存在不同意见。⑦

(二)国内研究现状

近年来,“民生”问题成为政府、社会和公众关注的焦点问题之一,对民

① 参见路易吉诺·布鲁尼,皮尔·路易吉·波尔塔.《经济学与幸福》,上海人民出版社,2007版.布伦特·S弗雷,阿洛伊斯·斯塔特勒.《幸福与经济学:经济和制度对人类福祉的影响》,北京大学出版社,2006版.Clark AE,Oswald AJ.Unhappiness and Unemployment.*Economic Journal*,1994,(104);Easterlin RA.Will Raising the Income So Fall Increase the Happiness of All?.*Journal of Economic Behavior and Organization*,1995,(27);Lane R E.Diminishing Returns to Income,Companionship and Happiness.*Journal of Happiness Studies*,2000,1(1);Veen hoven R.*Conditions of Happiness*.Dordrecht:Kluwer Academic,1984.

② 参见李朝霞:《温州城市居民幸福指数现状调查与研究》,《浙江社会科学》2011年第6期;张美涛:《西部少数民族地区农村居民生活质量“幸福指数”实证调查》,《贵州财经学院学报》2010年第2期。

③ 参见王雪梅、李鸥:《“幸福”的量化》,《特区经济》2011年第7期;肖成勇:《幸福指数测量方法研究》,《特区经济》2007年第12期。

④ 参见郑方辉:《幸福指数及其评价指标体系构建》,《学术研究》2011年第6期。

⑤ 参见俞灵燕:《提升城市居民幸福指数的调查与思考——以绍兴为例》,《调研世界》2011年第1期。

⑥ 参见朱成全:《自由发展视野下幸福指数体系的构建》,《南京社会科学》2009年第11期。

⑦ 参见杨少浪:《幸福指数能替代GDP吗》,《中国统计》2009年第10期;毛长江:《既要GDP,更要幸福指数》,《人民论坛》2009年第15期;于洪良:《幸福指数:经济发展的终极追求》,《价格月刊》2005年第7期;林蔚:《推“幸福指数”是否适时》,《瞭望》2006年第38期。

生的学术研究也逐日增多,但有关民生指数的研究文献相对较少。① 由于目前对"民生"一词的界定不明确,且由于其包括的内容过于庞杂,对民生指数的量化研究还远未成熟。从现有的文献看,仅有两篇文章提及民生指数的编制,其中王威海从社会学的视角将民生指数分解为富民、智民、健民、便民、助民、安民、怡民、惠民 8 个维度、61 个指标;②北京师范大学"中国民生发展报告"课题组则将"中国福利发展指数"分解成民生质量、公共服务、社会管理 3 个维度、62 个指标。③ 现有研究虽然民生指数克服了幸福指数主观过强的不足,但是由于其内容的庞杂性,导致指标数量过多,可操作性下降。

从现有文献看,多数文献在谈论福利指数建设的思路时未触及指数化的问题。刘长生等学者借鉴阿玛蒂亚·森的福利指数和美国社会保健协会的 ASHA 指数,在将两者结合起来的基础上,进行了若干方面的改进,④这种社会福利指数缺乏经济理论的支持,也与统计基本方法相冲突。杨缅昆在此基础上提出了新的福利指数构建方法,将社会福利分解成经济福利和非经济福利两个维度,并分别进行测量。⑤ 朱荣科采用数学期望值的方法测度福利指数。⑥ 上述学者在构建福利指数时,均以庇古的福利经济学为理论前提,将福利理解成广义的生活质量,因而其所构建的所谓福利指数。从某种意义上说是一种经济指数,或者说是掺杂了社会指标的经济指数。

---

① 参见王威海:《社会学视角的民生指标体系研究》,《人文杂志》2011 年第 3 期;张利:《中国西部地区民生指数比较分析——内蒙古自治区民生现状及其走向》,《内蒙古社会科学》(汉文版)2011 年第 1 期;邓平:《需要建立中国民生指数》,《瞭望》2007 年第 17 期;严卫华:《建立民生指数促进科学发展》,《江海纵横》2007 年第 6 期;浙江省统计局:《2009 年度浙江省民生指数与民生评价报告》,《统计科学与实践》2010 年第 10 期;邓平:《建立中国民生指数的建议》,《特区实践与理论》2009 年第 2 期。

② 参见王威海:《社会学视角的民生指标体系研究》,《人文杂志》2011 年第 3 期。

③ 参见北京师范大学"中国民生发展报告"课题组:《中国福利发展指数总体设计框架》,《改革》2011 年第 9 期。

④ 参见刘长生等:《社会福利指数、政府支出规模及其结构优化》,《公共管理学报》2008 年第 3 期。

⑤ 参见杨缅昆:《社会福利指数构造的理论和方法初探》,《统计研究》2009 年第 7 期。

⑥ 参见朱荣科:《福利指数及确定方法》,《数量经济技术经济研究》1992 年第 7 期。

在社会保障领域,中央财政大学储福灵教授构建了一套社会保障指标体系,用以比较中国各地区社会保障发展水平。另外,中国社会科学院的郑秉文教授也构建了一套养老金发展指数。

到目前为止,国内还没有学者对中国社会福利发展状况进行量化研究,而随着社会保障研究的深入,对其进行指数化研究,具有重要的理论价值和现实意义。

第二章　中国社会福利发展指数

一、中国社会福利发展指数设计

（一）指数设计原则

一是科学性。中国社会福利发展指数评价指标体系的设计必须以经典社会福利理论为研究依据和理论指导，从中国社会福利发展实践出发。指标设定的方法要具有规范性、科学性，能够充分反映出社会福利本质和中国社会福利整体发展特征和区域性发展规律。同时，指标体系中各级指标力求内涵准确、内容完备、结构合理、层次清晰以及各指标间具有协调统一性。

二是系统性。社会福利发展水平是诸多相关要素系统发展的集成结果，其评价体系必须具有整体性和广泛的覆盖面，能够对相关各重要方面都有很强的反映功能。一个科学的福利发展指数评价指标体系并不是相关指标的简单集合体，指标之间必须相辅相成，能够从各个不同角度、不同层面来度量和评价各地区福利发展水平。

三是可操作性。可操作性是中国社会福利发展指数课题的最根本要求。这就要求每个指标的数据要具有可采集性，对于无法采集数据信息的指标需充分考察其是否可使用其他替代性指标。指标的界定要准确、严谨，内容要易于理解，避免产生歧义，使所构建的指标体系在实践中能准确、便捷地应用。

四是可量化性。即采取量化方法对各地福利发展水平的各个方面进行客观分析和评价，尽量避免主观随意性。可量化的指标数据要具有一定信息宽度和广度，能够较好反映社会福利的本质和特征。对于一些在理论上有较好解释力、但实际分析中无法或暂时难以量化的指标且暂无其他替代性指标的，则暂不纳入评价体系。

五是可比性。指标的可比性既体现在能够对各地社会福利发展水平的分析结果进行区域间横向比较，也体现在一个地区不同时期社会福利发展水平的纵向比较。这就要求指标、指标数据的口径、采集和处理方法要具有统一性和一致性。要尽量采用国际通用或者实践中相对成熟的指标，充分把握指标内涵和外延。数据来源要注重公开性、权威性和规范性，各个指标数据的统计口径要一致、分析方法要统一。

（二）指数设计思路

社会福利发展指数是对一个地区一定时期内社会福利发展状况的客观反映，其核心是由众多指标所构成的社会福利指标体系。各级指标是社会福利发展指数的重要支柱和基础。遵循前述指标设计原则，中国社会福利发展指数指标设计的总体思路是“数据权威、重点突出、结构合理、导向明确”。

“数据权威”是指选取的数据来源全部来自官方统计数据。权威数据是指标分析的基础，也是分析结果具有信服力的保证。中国社会福利发展指数各级指标的设计，首要的任务是确保指标数据的适用性和权威性。因此，需要舍弃掉那些在理论上有较好解释力、但缺少现实数据支撑或难以由现实数据支撑的指标。为保证数据权威性，中国社会福利发展指数所使用的原始数据均源自政府部门公开发布的权威数据，主要包括《中国统计年鉴》、《中国社会统计年鉴》、《中国民政统计年鉴》、《中国教育统计年鉴》、《中国残疾人事业统计年鉴》、《中国卫生统计年鉴》等。同时，尽量避免对数据进行加工。

“重点突出”是指在设计中国社会福利发展指数时并不考虑面面俱到，舍弃次要的，只选取最关键的指标。为了全面地、系统地反映社会福利发展状况，必须考虑众多影响因素（指标），但各因素都在不同程度上反映了社会福利发展的某些信息，并且指标之间会存在相关性而导致指标间信息的重叠。另外,指标太多会增加计算量和增加分析问题的复杂性,不利于控制偏差。因此,这就需要对众多的指标进行筛选,保留彼此独立或相关度小的指标。也就是说,要突出具有代表性的关键指标。

"结构合理"首先体现在指标体系的层次合理性上。社会福利发展指数指标体系由 8 个一级指标(维度)和 36 个二级指标构成。一级指标由社会福利主要项目组成,二级指标是对一级指标的细化和具体化,而二级指标值为统计年鉴原始数据或基于原始数据的简单计算而得。其次,结构合理体现在指标之间的组织协调上。作为一级指标的社会福利项目本身就是社会福利事业的有机组成部分,缺一不可。而二级指标彼此间的独立性较强,但通过赋予其不同的权重使它们有机地支撑着所对应的一级指标。

"导向性"是指通过指标所传递的信息可以看清社会福利的结构状况,并为相关部门提升社会福利发展水平提供参考。社会福利发展指数是社会福利发展整体情况的反映,其所释放的信息是抽象的、综合的,而更为明确的信息则要通过具体指标来传递。各级指标的可追溯性可以使人们便捷地认识社会福利结构状况和发现存在的问题,可以为政府部门改进和提升社会福利发展水平提供依据和参考。指标导向性的直接体现是基于社会福利本质和德尔菲法咨询社会福利研究领域的专家而确定的指标权重。看似带有主观色彩的权重赋予,实质上是在传递理想的社会福利发展状态的重要信息。

(三)数据处理

本报告选取的样本是我国内地 31 个省(市、自治区),以省份为单位进行区域社会福利发展指数的测算与比较。这是因为我国省级行政区是在政治、经济、人文、地理等多种因素作用下,经过长期历史演变而形成的具有特色的行政区域单元。省级政府是国家宏观经济政策的执行者,也是发展省级经济、保障和促进区域内民生发展水平的责任者。

在中国福利发展指数指标体系中,部分指标为逆向指标。为便于比较和指数计算汇总,需要对逆向指标进行正向化处理,将其转变为正向指标。依据各逆向指标的实际含义和表征内容,对于非零数值类的指标数据,采用取其倒数的方法将其转化为正向指标；对于比率类的指标，则主要通过公式“100% - 指标值”即求补法来将其正向化。

由于各项指标数据的量纲不同，要对这些指标进行综合集成，所有指标数据都必须进行无量纲化处理，再进行统一计算。即：

$$标准值(无量纲化)=\frac{变量观察值}{变量均值}$$

通过综合比较多种无量纲化方法，并根据社会福利发展指数数据及研究目的，最终确定采用均值标准化法。无量纲化方法在保留原始变量变异程度信息时，并不是仅取决于原始变量标准差，而是还取决于原始变量的变异系数，这也就保证了保留变量变异程度信息的同时还保留了数据的可比性问题。

结合国内外通用规则以及中国社会福利发展指数的研究目的和要求，课题组通过采用综合评价指数法对中国区域社会福利发展水平进行评价。综合指数法主要包括线性加权模型、乘法评价模型、加乘混合评价模型等。即首先采用加权平均计算出部分指标的原始值，然后对其进行无量纲化处理生成标准值；再对 36 个二级指标的标准值加权平均，生成 8 个分项社会福利指数（一级指标）；最后，采用几何平均合成社会福利发展指数。

社会福利发展指数为$(0,+\infty)$的无量纲标准化数值，其本身不具有单位意义，但它可以表示一个地区相对于全国平均水平的程度。数值越大表示其相对于平均水平来说发展程度越好，数值为 1 时为全国平均水平。

全国各省市社会福利发展状况不一，但由于各指标静态数据及其关系的相似性，所以各地区之间的社会福利发展水平具有区域性分布特征。为了更好地反映变量之间的综合差异，以便对各地区社会福利发展状况进行合理归类，本书采用基于离差平方和的 Q 型系统聚类方法。由于各个相关因素的单位并不一致，因此对其进行无量纲化处理。考虑到各个变量的变异性（离散程度）及他们之间存在的相关性，本书采用均值法（实际值/均值）对各项数据进行无量纲化。

二、中国社会福利发展指数构成

(一)社会福利发展指数(SWDI)

社会福利发展指数(Social Welfare Development Index, SWDI)是用来衡量地区社会福利发展水平的指数。社会福利发展指数值越高,表明社会福利发展水平越高;反之,则越低。编制中国社会福利发展指数的目的在于衡量各省市居民基本福祉的现状和发展变化,同时引导各级政府围绕改进居民福祉开展工作。

(二)社会救助发展指数(SADI)

社会救助发展指数(Social Assistance Development Index, SADI)是用来衡量地区社会救助发展水平的指数。社会救助发展指数越高,表明社会救助发展水平越高;反之,则越低。

中国社会救助体系由最低生活保障、医疗救助、教育救助、临时救助等项目组成,在这些项目中,最低生活保障制度是社会救助的核心组成部分,项目的根本目的在于保障贫困家庭的基本生活。目前,我国医疗保险制度已经覆盖到绝大多数城乡居民,但由于医疗费用报销比例较低和封顶线较低的问题,需要医疗救助制度发挥重要的补充作用。教育救助和临时救助的重要性低于前两项,而且由于这两项救助制度没有分省的数据可查,因此本书对教育救助不作讨论。最终,社会救助只保留两个项目,即最低生活保障和医疗救助,每个项目又分为标准和受助率两个指标,从而得到四个指标:(1)最低生活保障标准;(2)最低生活保障受助率;(3)医疗救助标准;(4)医疗救助受助率。

(三)养老保障发展指数(OSDI)

养老保障发展指数(Old-age Security Development Index, OSDI)是衡量地区养老保障发展水平的指数。养老保障发展指数越高,表明养老保障发展水平越高;反之,则越低。

养老保障是福利制度的核心内容之一,也是福利制度中发展较早、制度较为完善的福利制度之一。中国早在几千年前就已建立了以家庭保障为主的老年福利制度,形成独具特色的敬老、尊老文化。德国在19世纪后期建立养老保险制度后,被其他国家所仿效,至今已超过170个国家和地区建立养老保险制度。目前,多数国家形成了多支柱的养老保障体系。在中国,现代意义的养老保险制度建立于新中国成立之后,经过多年的改革,已建立机关事业单位的退休金制度、城镇职工养老保险制度、城镇居民养老保险制度、新型农村养老保险制度①和农民工养老保险制度。除此之外,我国还建立"五保"供养制度和高龄老年津贴制度。在计算中国养老保障指数时,考虑到未来的发展趋势,并没有按不同养老保障项目分别进行计算,而是将城镇职工养老保险、城镇居民养老保险和新型农村养老保险三种制度统一起来。另外,相较于养老保险,"五保"供养的受益人数较少,因而将其与养老保险合二为一。这样养老保障发展指数保留三个指标:(1)养老保险参保率;(2)养老保障待遇水平;(3)高龄津贴覆盖率。

(四)卫生保健发展指数(HCDI)

卫生保健发展指数(Health Care Development Index,HCDI)是衡量地区卫生保健发展水平的指数。卫生保健发展指数越高,表明卫生保健发展水平越高;反之,则越低。

卫生保健关系到社会成员的生命安全,是社会福利的核心内容之一。目前,世界各国的卫生保健制度存在较大差别,一些国家实行全民免费医疗制度,一些国家实行社会医疗保险制度,还有一些国家则以市场为主解决医疗需求。卫生保健制度涉及的内容较多,医疗保险制度是其重要组成部分。目前中国的医疗保险制度主要包括城镇职工基本医疗保险、城镇居民医疗保险和新型农村合作医疗等。除此之外,还有大病补充医疗保险和公费医

---

①　目前部分地区已将城镇居民养老保险和新型农村养老保险合并,统称为城乡居民养老保险。

疗等制度。卫生保健的另一个重要内容是基本公共卫生服务。

在设计指标时,考虑到医疗保险制度的未来发展趋势,并没有按不同项目分别计算指标,而是将三种医疗制度合并;在设计基本卫生公共服务制度时,有些分省数据无法查找,同时按照重要程度,只保留了部分指标。最终,卫生保健发展指数就分解为以下指标:(1)医疗保险待遇;(2)医疗保险参保率;(3)每千人口卫生技术人员数;(4)每千人口医疗卫生机构床位数。虽然人均卫生费用支出是一个非常重要的指标,但是目前还有部分省市没有此统计数据,故没有将此指标列入。

(五)工作关联福利发展指数(EWDI)

工作关联福利发展指数(Employment Welfare Development Index,EWDI)是衡量一个地区与就业相关的福利发展水平的指数。工作关联福利发展指数越高,表明该地区工作关联福利发展水平越高;反之,则越低。

工作关联福利发展指数由四部分组成,即失业保障发展指数、工伤保险发展指数、生育保障发展指数和职业福利发展指数。由于没有分省职业福利数据,因此在指数计算中将它排除在外。最终,工作关联福利指数共保留失业保险、工伤保险和生育保险三项,其指标共分为6个:(1)失业保险待遇;(2)失业保险参保率;(3)工伤保险待遇;(4)工伤保险参保率;(5)生育保险待遇;(6)生育保险参保率。

(六)妇女儿童福利发展指数(WCWDI)

妇女儿童福利发展指数(Women and Children Welfare Development Index,WCWDI)是衡量一个地区妇女和儿童福利发展水平的指数。妇女儿童福利发展指数越高,表明该地区妇女儿童福利发展水平越高;反之,则越低。

目前,国内一般从广义上理解妇女儿童福利的内涵。根据《中国儿童发展纲要(2011—2020年)》可知,儿童福利领域包括:儿童健康福利服务、儿童教育服务、儿童福利服务、儿童社会环境改善、儿童权益保护。根据《中国妇女发展纲要(2011—2020年)》,妇女福利领域包括:妇女健康福利服务、妇女社会保障,包括女性在社会保障中的平等程度。全国妇女儿童工作委员会在每一个方面都制定了非常详细的指标。

从上可知,妇女儿童的一些指标已在其他福利制度中所有反映,排除一些无数据可查的指标和与福利制度无关的指标,最终,妇女儿童福利指数保留以下指标:(1)孕产妇产前检查率;(2)孕产妇住院分娩率;(3)孕产妇死亡率;(4)出生体重<2500g的婴儿比重;(5)5岁以下儿童中重度营养不良比重;(6)7岁以下儿童保健系统管理率。

(七)残疾人福利发展指数(DWDI)

残疾人福利发展指数(Disability Welfare Development Index,DWDI)是衡量地区残疾人福利发展水平的指数。残疾人福利发展指数越高,表明该地区残疾人福利发展水平越高;反之,则越低。

虽然从人数上看,残疾人占总人口的比例较低,但残疾人福利制度是一个国家福利制度公正性的重要体现,所以各国都比较重视残疾人福利制度的建设。近些年来,我国残疾人福利制度建设取得了相当大的进展,各项保障制度相继建立起来,较好地保障了残疾人的各项权益。我国残疾人福利包括:残疾人教育就业福利、残疾人康复保障、残疾人服务设施保障、残疾人托养服务等。

中国残联为监测残疾人的生存状态,设计了监测问卷表,其中涉及残疾人福利的指数主要有:康复服务覆盖率、学龄残疾儿童接受义务教育比例、城镇残疾人基本社会保障覆盖率和农村残疾人合作医疗覆盖率。考虑到以上数据为抽样调查数据,所以与统计数据存在差距;而且这些数据不能全面反映残疾人的发展状况,故本书没有采用这些指标,而是根据残疾人福利工作的重要程度保留了以下指标:(1)残疾人就业比例;(2)残疾人接受康复服务比例;(3)残疾人托养比例;(4)残疾人人均综合服务设施面积;(5)残疾儿童、少年未入学率。

(八)社会服务发展指数(SSDI)

社会服务发展指数(Social Service Development Index,SSDI)是衡量地区

社会服务发展水平的指数。社会服务发展指数越高,表明该地区社会服务发展水平越高;反之,则越低。

社会服务是基本公共服务的重要组成部分,它以提供劳务的形式来满足社会需求的社会活动。社会服务有狭义和广义之分:狭义指直接为改善和发展社会成员生活福利而提供的服务,如衣、食、住、行、用等方面的生活福利服务;广义的社会服务包括生活福利性服务、生产性服务和社会性服务。生产性服务是指直接为物质生产提供的服务,如原材料运输、能源供应、信息传递、科技咨询、劳动力培训等;社会性服务是指为整个社会正常运行与协调发展提供的服务,如公用事业、文教卫生事业、社会保障和社会管理等。本书所指的服务是指狭义上的服务。

民政部把社会服务的内容划分为提供住宿的社会服务、不提供住宿的社会服务、社会福利企业、社会救助、慈善事业、优抚安置、社区服务、婚姻服务、殡葬服务等内容,很明显这些服务均属于民政部门的工作范围。这种划分并不准确,需要重新调整。根据数据可得性和重要程度,保留以下指标:(1)千人口社会服务床位;(2)万人口福利彩票销售;(3)社区服务设施覆盖率;(4)万人口社会组织;(5)万人口社会工作师和助理社会工作师。

(九)社会福利财政支出指数(WFEI)

社会福利财政支出指数(Welfare Fiscal Expenditure Index,WFEI)是衡量地区社会财政支出水平的指数。社会福利财政支出指数越高,表明地区社会福利水平越高;反之,则越低。

社会福利财政支出虽然不是社会福利项目的组成部分,但其作为一个综合性指标,是衡量社会福利水平的最重要指标,因而在所有维度中占有比较大的比重。由于我国财政支出分类科目不够精细,很多财政支出项目仅公布了总额而没有具体项目支出明细,因此难以将本书所界定的社会福利项目支出精确地分离出来。但总体上,社会福利财政支出仍然是客观反映一个地区一定时间内社会福利发展水平的重要指标。社会福利财政支出指数主要包括以下几个指标:(1)人均社会福利财政支出;(2)社会福利财政支出占 GDP 的比重;(3)社会福利财政支出占财政总支出的比重。

三、中国社会福利发展指数排名

（一）社会福利发展指数构成

社会福利发展指数由社会救助发展指数、养老保障发展指数、卫生保健发展指数、工作关联福利发展指数、妇女儿童福利发展指数、残疾人福利发展指数、社会服务发展指数和社会福利财政支出指数8个维度（一级指标）构成。经过主成分分析和综合考虑，本书最终确定了36个二级指标。中国社会福利发展指数的指标体系构成见表2-1。

表2-1　中国社会福利发展指数指标体系

指数	维　　度	指　　标	单　位	权重
社会福利发展指数	社会福利财政支出指数	1. 人均社会福利财政支出	元/人	0.7
		2. 社会福利财政支出占GDP比重	元/人	0.15
		3. 社会福利财政支出占财政总支出比重	%	0.15
	社会救助发展指数	1. 低保标准	元/月	0.5
		2. 低保受助率	%	0.2
		3. 城乡医疗救助标准	元/人/次	0.2
		4. 医疗救助受助率	%	0.1
	养老保障发展指数	1. 城乡养老加五保平均待遇	元/月/人	0.5
		2. 城乡养老保险参保率	%	0.3
		3. 高龄津贴覆盖率	%	0.2
	卫生保健发展指数	1. 每千人口卫生技术人员	人	0.20
		2. 每千人口医疗卫生机构床位	张	0.20
		3. 医疗保险参保率	%	0.3
		4. 城乡医疗保险平均补偿水平	元/人次	0.3
	工作关联福利发展指数	1. 失业保险参保率	%	0.2
		2. 人均失业待遇水平	元	0.2
		3. 工伤保险参保率	%	0.175
		4. 人均工伤保险待遇水平	元	0.175
		5. 生育保险参保率	%	0.125
		6. 人均生育待遇水平	元	0.125

续表

指数	维　　度	指　　标	单　位	权重
社会福利发展指数	妇女儿童福利发展指数	1. 产前检查率	%	0.1
		2. 住院分娩率	%	0.1
		3. 孕产妇死亡率▼	1/10万	0.2
		4. 出生体重<2500g 婴儿比重▼	%	0.15
		5. 5岁以下儿童中重度营养不良比重▼	%	0.3
		6. 7岁以下儿童保健管理率	%	0.15
	残疾人福利发展指数	1. 残疾人就业比例	%	0.3
		2. 残疾人接受康复服务比例	%	0.3
		3. 残疾人托养比例	‰	0.15
		4. 人均残疾人服务设施面积	平方米/万人	0.15
		5. 未入学残疾儿童,少年比例▼	%	0.1
	社会服务发展指数	1. 千人口社会服务床位	张/千人	0.2
		2. 每万人口福利彩票销售	万元/万人	0.1
		3. 社区服务设施覆盖率	%	0.25
		4. 每万人口社会组织	个/万人	0.2
		5. 社工师	人/万人	0.25

注:带"▼"者为逆向指标。

考虑到现阶段中国各省市在人口、经济发展水平及财政实力等方面存在较大差距,为便于定量分析比较,所有指标的原始数据均采用相对值表示。中国社会福利发展指数的最终得分根据8个维度的几何平均计算而得。计算公式如下:

$$\begin{array}{c}\text{社会福利}\\\text{发展指数}\end{array}=\left(\begin{array}{c}\text{社会福利}\\\text{财政支出指数}\end{array}\times\begin{array}{c}\text{社会救助}\\\text{发展指数}\end{array}\times\begin{array}{c}\text{养老保障}\\\text{发展指数}\end{array}\times\begin{array}{c}\text{卫生保健}\\\text{发展指数}\end{array}\times\begin{array}{c}\text{工作关联福利}\\\text{发展指数}\end{array}\times\begin{array}{c}\text{社会服务}\\\text{发展指数}\end{array}\times\begin{array}{c}\text{妇女儿童福利}\\\text{发展指数}\end{array}\times\begin{array}{c}\text{残疾人福利}\\\text{发展指数}\end{array}\right)^{1/8}$$

各级指标的确定基于其所包含的信息量、代表性和可操作性。指标权重的确定主要是根据德尔菲法,即在征求各方面专家意见的基础上确定了各个指标的权重。由于我国城乡二元结构特点突出,因此在涉及反映城乡社会福利发展水平的二级指标值时,采用对城乡原始值加权平均的方法计算而得。如,以人口比重为权重,即不同群体的社会福利覆盖人口占社会福利覆盖总人口的比重。城乡最低生活保障标准就采用此加权平均方法确定而得。

（二）社会福利发展指数排名

2012 年，中国社会福利发展指数得分超过平均水平的省市有上海、北京、天津、江苏、浙江、青海、广东、宁夏和辽宁 9 个省市。其中，位居排名前两位的上海和北京，其社会福利发展指数的得分明显高于其他省市。社会福利发展指数低于平均水平的 22 个省市中，重庆、陕西、新疆、内蒙古和山东 5 个省的得分超过了 0.9，分别位居排名的第十位至第十四位；社会福利发展指数低于 0.7 的省份为河南和广西两省，分别位居排名的第三十位和第三十一位（见表 2-2）。

表 2-2　2012 年中国社会福利发展指数排名

地区	社会福利发展总指数	排名	社会福利财政支出指数	社会救助发展指数	养老保障发展指数	卫生保健发展指数	工作关联福利发展指数	社会服务发展指数	妇女儿童福利发展指数	残疾人福利发展指数
上海	1.9474	1	1.3914	1.7264	1.5013	1.3140	2.1741	1.8198	4.1056	2.6871
北京	1.8117	2	1.4492	1.2195	1.9019	2.2451	2.3062	4.1412	2.1209	0.7593
天津	1.3820	3	1.4754	1.2166	1.1372	2.9717	1.2128	1.1900	1.3689	1.1105
江苏	1.2343	4	0.8470	1.0319	1.2682	0.8018	1.2362	2.0506	2.1428	1.1162
浙江	1.1124	5	0.7380	0.9565	1.4745	0.8466	1.1596	1.8688	1.1315	1.0855
青海	1.1002	6	1.7900	1.4833	2.1540	0.9738	0.8599	0.6587	0.5648	1.2048
广东	1.0833	7	0.7071	0.7436	1.1650	1.6427	1.2848	2.0595	0.7933	0.8979
宁夏	1.0407	8	1.1974	0.9503	0.9196	0.9661	1.0179	1.0182	0.9250	1.4197
辽宁	1.0242	9	1.0471	0.9509	0.8266	1.0542	0.9458	1.1569	0.9408	1.3556
重庆	0.9693	10	1.1290	0.9043	1.0166	1.0867	0.7079	0.9951	0.9229	1.0623
陕西	0.9689	11	0.9622	1.0057	2.0376	0.8325	0.8053	0.6395	0.9654	0.9517
新疆	0.9609	12	1.1607	1.0281	0.7323	1.0230	1.4865	0.7152	0.6394	1.1958
内蒙古	0.9483	13	1.1815	1.1934	1.0422	1.0442	0.8252	0.6690	0.9178	0.8409
山东	0.9294	14	0.6728	0.8958	1.0131	0.7968	1.0803	0.9974	1.0518	1.0095
福建	0.8380	15	0.6872	0.6603	0.8701	1.1439	0.8826	0.7871	0.7782	0.9961

续表

地区	社会福利发展总指数	排名	社会福利财政支出指数	社会救助发展指数	养老保障发展指数	卫生保健发展指数	工作关联福利发展指数	社会服务发展指数	妇女儿童福利发展指数	残疾人福利发展指数
安徽	0.8358	16	0.8043	0.8425	0.8131	0.7283	0.7759	0.8679	0.9591	0.9189
甘肃	0.8304	17	0.9258	1.1850	0.7438	0.7377	0.7387	0.6714	0.7449	1.0163
山西	0.8279	18	0.8103	0.9837	0.8410	0.8222	0.9738	0.5201	0.8163	0.9691
海南	0.8169	19	1.0213	1.0015	0.9382	0.7817	1.1783	0.5257	0.5951	0.7169
吉林	0.8143	20	0.9114	0.9327	0.4974	0.9820	0.7471	0.7107	1.0301	0.8513
黑龙江	0.8129	21	0.8644	1.0682	0.7498	0.8777	0.8983	0.7757	0.6951	0.6478
四川	0.8054	22	0.7524	0.8390	0.7356	0.8101	0.9548	0.7472	0.7436	0.8873
贵州	0.7973	23	0.9191	1.0769	0.5077	0.7268	0.8583	0.7585	0.8371	0.8203
西藏	0.7945	24	2.3220	1.3073	0.9514	0.6161	0.8310	0.3732	0.3654	0.7878
湖北	0.7892	25	0.7330	0.8308	0.7257	0.7524	0.5984	0.9263	0.8631	0.9457
云南	0.7554	26	0.8834	0.9777	0.8391	0.6714	0.7099	0.4805	0.5660	1.1292
湖南	0.7375	27	0.7590	0.8191	0.6984	0.8071	0.7537	0.6427	0.6506	0.7922
河北	0.7292	28	0.6711	0.7804	0.7680	0.6918	0.9594	0.5479	0.7060	0.7738
江西	0.7184	29	0.7554	0.9913	0.7553	0.7396	0.5372	0.6904	0.6756	0.6769
河南	0.6988	30	0.6826	0.6425	0.6915	0.7478	0.7988	0.5043	0.8050	0.7730
广西	0.6728	31	0.7481	0.7547	0.6836	0.7644	0.7014	0.4906	0.5779	0.7153

资料来源:《中国统计年鉴》(2013年)、《中国社会统计年鉴》(2013年)、《第二次全国残疾人抽样调查资料》(全国卷)、《中国民政统计年鉴》(2013年)、《中国人口和就业统计年鉴》(2013年)等。

2011年,社会福利发展指数得分高于平均水平的有北京、上海、天津、江苏、浙江、内蒙古和辽宁7个省市,依次位居排名的第一名至第七名。其中,北京、上海和天津3个直辖市的得分明显高于其他省市。在社会福利发展指数低于平均水平的24个省市中,青海、陕西、西藏、广东和吉林5个省的得分高于0.9,依次位居排名的第八位至第十二位。处于排名最后一位的是广西,其社会福利发展指数低于0.7(见表2-3)。

表 2-3　2011 年中国社会福利发展指数及排名

地区	社会福利发展总指数	排名	社会福利财政支出指数	社会救助发展指数	养老保障发展指数	卫生保健发展指数	工作关联福利发展指数	社会服务发展指数	妇女儿童福利发展指数	残疾人福利发展指数
北京	1.9412	1	1.4805	1.4853	2.1231	2.4425	2.1935	4.7413	1.8749	0.9068
上海	1.9067	2	1.4832	2.1389	1.7709	1.4398	2.1853	1.0518	3.7928	2.4778
天津	1.5978	3	1.5142	1.3272	1.2698	3.2756	1.2939	2.4231	1.5554	1.0422
江苏	1.2090	4	0.8710	1.0450	1.4354	0.8180	1.3123	0.9204	2.5106	1.4083
浙江	1.0716	5	0.7847	1.0779	1.7413	0.8587	1.1536	0.9007	1.0628	1.2448
内蒙古	1.0536	6	1.2125	1.1201	1.0971	1.0130	0.7898	1.6750	0.8983	0.8468
辽宁	1.0301	7	1.0416	0.8986	0.8811	1.1491	0.9627	1.4703	0.8740	1.0815
青海	0.9954	8	1.8228	1.2517	1.1499	1.0726	0.7123	0.4337	0.5425	2.0432
山西	0.9174	9	0.8222	0.8664	0.9320	0.8321	0.9183	1.8368	0.7599	0.7089
西藏	0.9141	10	2.3402	1.6711	1.2832	0.6789	0.5519	0.5745	0.4909	0.9190
广东	0.9049	11	0.7096	0.7553	1.0381	1.0591	1.4389	0.6604	0.8105	0.9902
吉林	0.9014	12	0.9282	0.9770	0.5522	1.0230	0.7881	1.0868	1.2852	0.7728
河北	0.8894	13	0.6766	0.7368	0.7834	0.6969	1.0377	1.8548	0.7416	1.0080
新疆	0.8871	14	1.1726	0.9736	0.9444	1.0515	1.6087	0.4041	0.6027	0.8636
陕西	0.8804	15	0.9497	1.0144	1.3084	0.8092	0.8236	0.4717	0.8773	1.0382
山东	0.8695	16	0.6635	0.6962	1.0786	0.7974	0.9873	0.6688	1.1247	1.1072
宁夏	0.8603	17	1.1764	0.9644	1.1089	0.7635	0.9930	0.3455	0.9193	0.9908
重庆	0.8599	18	1.0853	0.8533	1.0703	0.8041	0.7089	0.5516	0.8576	1.1187
福建	0.8252	19	0.6692	0.6292	0.7856	1.4574	0.8696	0.7791	0.7500	0.8777
黑龙江	0.8236	20	0.8459	1.0065	0.6949	0.9063	0.8818	1.0656	0.7132	0.5892
海南	0.8200	21	1.0066	0.9549	0.8867	0.7844	1.1558	0.6181	0.6557	0.6525
甘肃	0.7956	22	0.9377	1.1393	0.7720	0.7161	0.8729	0.4691	0.6735	0.9858
安徽	0.7784	23	0.7741	0.7933	0.7235	0.7069	0.7249	0.7785	0.8980	0.8466
四川	0.7650	24	0.7534	0.8083	0.7061	0.7670	0.9370	0.5982	0.7809	0.8122
云南	0.7600	25	0.8481	0.9275	1.0122	0.6733	0.6370	0.5609	0.5458	1.0650
贵州	0.7525	26	0.8724	1.0353	0.5341	0.6513	0.8541	0.5657	0.8023	0.8439
湖北	0.7426	27	0.6988	0.8222	0.7178	0.7255	0.5551	0.7032	0.8759	0.9043
江西	0.7401	28	0.7257	0.9325	0.7707	0.7343	0.6935	0.7933	0.7172	0.5955

续表

地区	社会福利发展总指数	排名	社会福利财政支出指数	社会救助发展指数	养老保障发展指数	卫生保健发展指数	工作关联福利发展指数	社会服务发展指数	妇女儿童福利发展指数	残疾人福利发展指数
河南	0.7383	29	0.6647	0.6330	0.7168	0.7190	0.8702	0.7322	0.7734	0.8264
湖南	0.7149	30	0.7325	0.7575	0.6397	0.8115	0.7458	0.6134	0.6473	0.7996
广西	0.6541	31	0.7357	0.7073	0.4718	0.7620	0.7424	0.6510	0.5858	0.6325

数据来源:《中国统计年鉴》(2012年)、《中国社会统计年鉴》(2012年)、《第二次全国残疾人抽样调查资料》(全国卷)、《中国民政统计年鉴》(2012年)、《中国人口和就业统计年鉴》(2012年)等。

2010年,社会福利发展指数得分高于平均水平的有上海、北京、天津、江苏、浙江、辽宁和青海7个省市。其中,上海、北京和天津3个直辖市的得分明显高于其他省市,位居排名的前三位。在得分低于平均水平的省市中,广东、宁夏、山东、内蒙古、重庆、陕西和新疆7个省市的社会福利发展指数高于0.9,依次位居排名的第八位至第十四位。河南和广西两省区的社会福利发展指数低于0.7,处于排名的最后两位(见表2-4)。

表2-4 2010年中国社会福利发展指数排名

地区	社会福利发展总指数	排名	社会福利财政支出指数	社会救助发展指数	养老保障发展指数	卫生保健发展指数	工作关联福利发展指数	社会服务发展指数	妇女儿童福利发展指数	残疾人福利发展指数
上海	2.1406	1	1.5766	1.8317	2.2394	1.4805	2.3042	1.7481	3.9170	2.9188
北京	1.8749	2	1.6395	1.3908	2.2871	2.3181	2.1479	3.5691	1.6570	0.9941
天津	1.5732	3	1.5289	1.6463	1.4489	3.2932	1.4375	1.3117	1.7867	0.9273
江苏	1.2075	4	0.8725	1.0325	1.2249	0.8086	1.0606	1.9350	1.7728	1.3925
浙江	1.1952	5	0.8071	1.1865	1.6283	0.8719	1.0593	1.9370	1.1835	1.2617
辽宁	1.0376	6	1.0760	0.9884	0.9481	1.1740	0.9558	1.1281	0.9881	1.0651
青海	1.0022	7	2.0118	1.2978	1.0929	0.9162	0.7018	0.6938	0.5644	1.4162
广东	0.9949	8	0.7091	0.7377	0.8700	1.0101	1.4152	1.5119	0.9582	1.0187
宁夏	0.9584	9	1.1678	0.9508	1.1914	0.7892	0.9489	0.9510	0.8538	0.8851
山东	0.9431	10	0.6762	0.6972	1.1309	0.7838	0.9829	1.2131	1.1214	1.1202

续表

地区	社会福利发展总指数	排名	社会福利财政支出指数	社会救助发展指数	养老保障发展指数	卫生保健发展指数	工作关联福利发展指数	社会服务发展指数	妇女儿童福利发展指数	残疾人福利发展指数
内蒙古	0.9367	11	1.2374	1.1491	1.0406	0.9460	0.9310	0.7323	0.7987	0.7773
重庆	0.9349	12	0.9889	0.8873	1.1670	0.7566	0.7690	1.0049	0.9211	1.0586
陕西	0.9327	13	0.9514	1.0050	1.1571	0.8186	0.9025	0.7275	0.9409	1.0238
新疆	0.9144	14	1.1470	1.0125	0.6619	1.1210	1.3124	0.9681	0.6149	0.7258
福建	0.8602	15	0.6794	0.6146	0.8873	1.5661	0.8547	0.7552	0.8736	0.9160
西藏	0.8587	16	1.9839	1.4612	1.3836	0.6782	0.5143	0.5313	0.3329	1.1949
黑龙江	0.8472	17	0.8459	1.0857	0.8416	0.9575	0.9924	0.7627	0.7504	0.6313
山西	0.8419	18	0.8393	0.8581	1.0373	0.8645	0.9268	0.6015	0.8746	0.8012
吉林	0.8340	19	0.9368	1.0296	0.5247	1.0151	0.8056	0.6401	1.1820	0.7476
海南	0.8122	20	1.0162	0.9466	0.8711	0.7593	1.0035	0.4498	0.6681	0.9874
四川	0.7982	21	0.7087	0.7937	0.7649	0.8182	0.9197	0.7289	0.8390	0.8324
甘肃	0.7930	22	0.9317	1.0949	0.6479	0.7345	0.9179	0.6575	0.6763	0.7895
湖北	0.7903	23	0.6897	0.7840	0.6156	0.7211	0.6274	1.1279	0.9212	0.9721
河北	0.7732	24	0.6790	0.7405	0.7083	0.7242	1.1246	0.6460	0.6897	0.9883
安徽	0.7718	25	0.7485	0.7741	0.5729	0.7223	0.7623	0.9227	0.8863	0.8425
贵州	0.7631	26	0.8454	1.0197	0.5556	0.6361	0.9657	0.6392	0.7724	0.7919
云南	0.7493	27	0.8683	0.9027	1.1639	0.6614	0.6694	0.4264	0.5737	1.0052
江西	0.7427	28	0.7076	0.9767	0.6311	0.7452	0.6286	0.8827	0.8331	0.6160
湖南	0.7349	29	0.7156	0.7579	0.5635	0.8534	0.7426	0.6843	0.6570	0.9765
河南	0.6964	30	0.6560	0.6362	0.6421	0.6941	0.9065	0.5890	0.7744	0.7195
广西	0.6401	31	0.7569	0.7101	0.5000	0.7612	0.7088	0.5232	0.6167	0.6025

数据来源：《中国统计年鉴》(2011 年)、《中国社会统计年鉴》(2011 年)、《第二次全国残疾人抽样调查资料》(全国卷)、《中国民政统计年鉴》(2011 年)、《中国人口和就业统计年鉴》(2011 年)等。

2010—2012 年，全国各省市的社会福利发展指数排名变化不大。位居排名前三位的北京、上海和天津 3 个直辖市，三年的社会福利发展指数均明显高于其他省市；而江西、湖南、河南和广西 4 省区三年的排名均处于全国的后四位,其中,广西的得分均处于末位。从三年的平均水平来看,位居首位的是上海市,社会福利发展平均指数高达 1.9983,领先于其他各省市;广西社会福利发展平均指数最低,仅为 0.6557,不足上海市的三分之一(见图 2-1)。

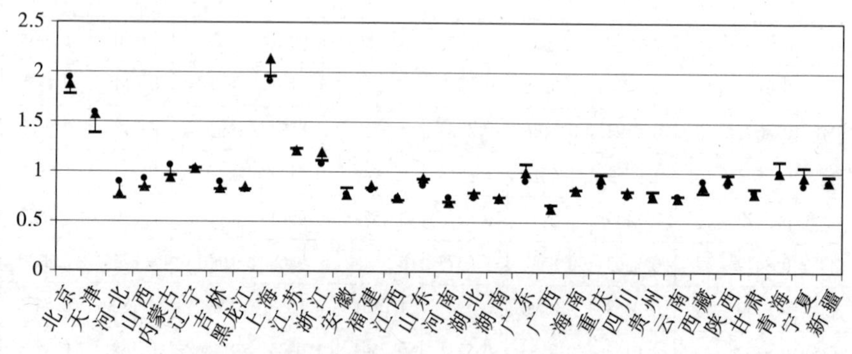

图 2-1 社会福利发展指数三年对比情况

(三)社会福利发展指数分布地图

从社会福利发展指数区域分布来看,东部地区省市社会福利发展指数明显高于其他省市,指数居中的省市多分布在东北或西北地区,中西部地区省市的社会福利发展指数相对较低。而青海、新疆等省市的社会福利发展指数得分明显高于中西部其他省市。社会福利发展指数地图分布情况如下。

2012 年,北京、上海、天津社会福利发展指数明显高于其他省市,处于第一梯队;江苏、浙江、青海、广东、宁夏、辽宁处于第二梯队,社会福利发展指数高于全国平均水平;重庆、陕西、新疆、内蒙古、山东、福建、安徽、甘肃、山西、海南、吉林、黑龙江、四川处于第三梯队,社会福利发展指数略低于全国平均水平;贵州、西藏、湖北、云南、湖南、河北、江西、河南、广西处于第四梯队,社会福利发展指数明显低于全国平均水平(见图 2-2)。

2011 年,北京、上海和天津处于第一梯队,社会福利发展指数明显高于

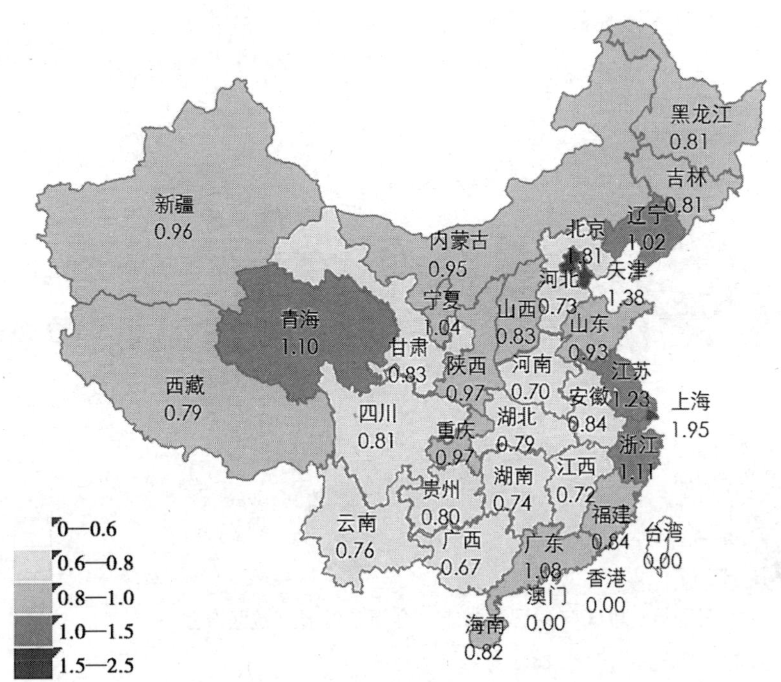

图 2-2 2012 年中国各省市社会福利发展指数区域分布

其他省市;江苏、浙江、内蒙古、辽宁处于第二梯队,社会福利发展指数高于全国平均水平;青海、山西、西藏、广东、吉林、河北、新疆、陕西、山东、宁夏、重庆、福建、黑龙江、海南处于第三梯队,社会福利发展指数略低于全国平均水平;甘肃、安徽、四川、云南、贵州、湖北、江西、河南、湖南、广西处于第四梯队,社会福利发展指数明显低于全国平均水平(见图 2-3)。

2010 年,北京、上海和天津处于第一梯队,社会福利发展指数明显高于其他省市;江苏、浙江、辽宁和青海处于第二梯队,社会福利发展指数高于全国平均水平;广东、宁夏、山东、内蒙古、重庆、陕西、新疆、福建、西藏、黑龙江、山西、吉林、海南处于第三梯队,社会福利发展指数略低于全国平均水平;四川、甘肃、湖北、河北、安徽、贵州、云南、江西、湖南、河南、广西处于第四梯队,社会福利发展指数明显低于全国平均水平(见图 2-4)。

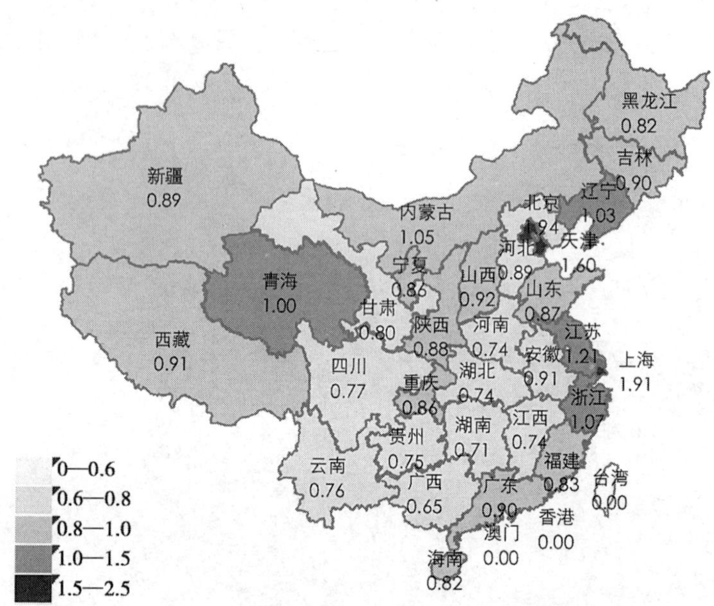

图 2-3　2011 年中国各省市社会福利发展指数区域分布

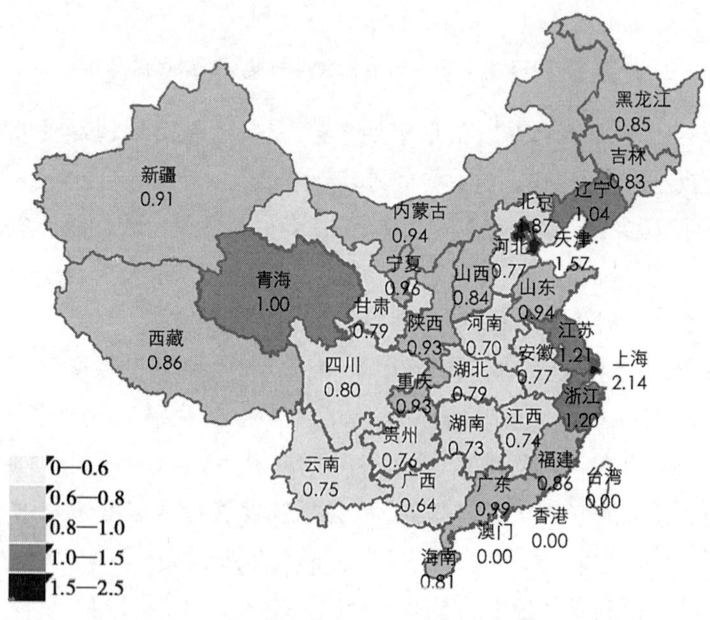

图 2-4　2010 年中国各省市社会福利发展指数区域分布

(四)社会福利指数统计描述

通过对2010—2012年社会福利发展指数各个指标的描述性统计发现，社会服务发展指数和妇女儿童福利发展指数的变异系数比较大，各地区之间的离散程度大，说明此两项指标地区差异较大，对社会福利发展指数变化的贡献较大。而变异系数最小的是社会救助发展指数，离散程度最小，各地区的社会救助总体发展水平差距较小。

2012年，中国社会福利发展指数最小值为0.6728(广西)，最大值为1.9474(上海)，标准差和变异系数为0.29，相比2010年和2011年，各地区之间社会福利发展总体水平差距逐步缩小。在所有指标中，2012年社会发展指数在各省市间的离散程度最大(变异系数为0.74)，社会救助发展指数的离散程度最小(变异系数为0.23)。各指标的指数分布并不成正态分布。与标准正态分布相比，其峰度偏向较小数值方，分布相对尖锐。详细情况见表2-5。

表2-5　2012年社会福利发展指数统计描述

社会福利项目	极小值	极大值	均值		标准差	变异	偏度		峰度	
	统计量	统计量	统计量	标准误	统计量	系数	统计量	标准误	统计量	标准误
社会福利发展指数	0.6728	1.9474	1	0.0524	0.29	0.29	2.1390	0.4205	4.8930	0.8208
社会福利财政支出指数	0.6711	2.322	1	0.0664	0.37	0.37	1.9746	0.4205	4.6028	0.8208
社会救助发展指数	0.6425	1.7264	1	0.0414	0.23	0.23	1.1952	0.4205	2.3180	0.8208
养老保障发展指数	0.4974	2.1540	1	0.0748	0.42	0.42	1.5640	0.4205	1.9507	0.8208
卫生保健发展指数	0.6161	2.9717	1	0.0874	0.49	0.49	2.9697	0.4205	9.6000	0.8208
工作关联福利发展指数	0.5372	2.3062	1	0.0707	0.39	0.39	2.1487	0.4205	5.1302	0.8208
社会服务发展指数	0.3732	4.1412	1	0.1332	0.74	0.74	2.9063	0.4205	10.3310	0.8208

续表

社会福利项目	极小值	极大值	均值		标准差	变异	偏度		峰度	
	统计量	统计量	统计量	标准误	统计量	系数	统计量	标准误	统计量	标准误
妇女儿童福利发展指数	0.3654	4.1056	1	0.1244	0.69	0.69	3.4429	0.42051	3.7935	0.8208
残疾人福利发展指数	0.6446	2.6871	1	0.0664	0.37	0.37	3.3196	0.42051	4.5457	0.8208

2011 年,中国社会福利发展指数最小值为 0.6541(广西),最大值为 1.9412(北京),标准差和变异系数为 0.31。在所有指标中,社会服务发展指数在各省市间的离散程度最大(变异系数为 0.85),社会救助发展指数的离散程度最小(变异系数为 0.32)。2011 年各个指标偏度和峰度值与 2010 年相同,与标准正态分布相比,分布相对尖锐。详细情况见表 2-6。

表 2-6　2011 年社会福利发展指数统计描述

社会福利项目	极小值	极大值	均值		标准差	变异	偏度		峰度	
	统计量	统计量	统计量	标准误	统计量	系数	统计量	标准误	统计量	标准误
社会福利发展指数	0.6541	1.9412	1	0.0563	0.31	0.31	2.310	0.421	4.989	0.821
社会福利财政支出指数	0.6635	2.3402	1	0.0690	0.38	0.38	1.906	0.421	4.066	0.821
社会救助发展指数	0.6292	2.1389	1	0.0569	0.32	0.32	1.929	0.421	4.873	0.821
养老保障发展指数	0.4718	2.1231	1	0.0686	0.38	0.38	1.210	0.421	1.524	0.821
卫生保健发展指数	0.6513	3.2756	1	0.0982	0.55	0.55	3.191	0.421	10.956	0.821
工作关联福利发展指数	0.5519	2.1935	1	0.0722	0.40	0.40	1.838	0.421	3.453	0.821
社会服务发展指数	0.3455	4.7413	1	0.1527	0.85	0.85	3.198	0.421	12.418	0.821
妇女儿童福利发展指数	0.4909	3.7928	1	0.1193	0.66	0.66	3.089	0.421	10.712	0.821
残疾人福利发展指数	0.5892	2.4778	1	0.0695	0.39	0.39	2.546	0.421	7.704	0.821

2010 年,中国社会福利发展指数最小值为 0. 6401(广西),最大值为 2. 1406(上海),标准差和变异系数为 0. 33。在所有指标中,妇女儿童福利发展指数在各省市间的离散程度最大(变异系数为 0. 64),社会救助发展指数的离散程度最小(变异系数为 0. 29)。各指标的指数分布并不成正态分布。与标准正态分布相比,其峰度偏向较小数值方,分布相对尖锐。详细情况见表 2-7。

表 2-7　2010 年社会福利发展指数统计描述

社会福利项目	极小值	极大值	均　值		标准差	变异	偏　度		峰　度	
	统计量	统计量	统计量	标准误	统计量	系数	统计量	标准误	统计量	标准误
社会福利发展指数	0. 6401	2. 1406	1	0. 0598	0. 33	0. 33	2. 395	0. 421	5. 813	0. 821
社会福利财政支出指数	0. 6560	2. 0118	1	0. 0677	0. 38	0. 38	1. 523	0. 421	1. 595	0. 821
社会救助发展指数	0. 6146	1. 8317	1	0. 0516	0. 29	0. 29	1. 196	0. 421	1. 482	0. 821
养老保障发展指数	0. 5000	2. 2871	1	0. 0806	0. 45	0. 45	1. 459	0. 421	2. 344	0. 821
卫生保健发展指数	0. 6361	3. 2932	1	0. 0975	0. 54	0. 54	3. 188	0. 421	11. 181	0. 821
工作关联福利发展指数	0. 5143	2. 3042	1	0. 0702	0. 39	0. 39	2. 124	0. 421	5. 126	0. 821
社会服务发展指数	0. 4264	3. 5691	1	0. 1127	0. 63	0. 63	2. 621	0. 421	8. 748	0. 821
妇女儿童福利发展指数	0. 3329	3. 9170	1	0. 1142	0. 64	0. 64	3. 508	0. 421	15. 057	0. 821
残疾人福利发展指数	0. 6025	2. 9188	1	0. 0737	0. 41	0. 41	3. 580	0. 421	16. 338	0. 821

四、聚类分析和相关分析

(一)聚类分析

通过系统聚类分析,2012年各省市社会福利发展总体情况可以划分为三类:上海单独聚为一类;北京、天津、江苏、广东、浙江为第二类;其余的重庆、内蒙古、宁夏等25省市为第三类(见表2-8)。

表2-8 2012年各省市社会福利发展指数聚类情况

类别	聚类成员	聚类成员特征
第一类	上海	1. 妇女儿童福利发展指数、残疾人福利发展指数、社会救助发展指数位居全国首位; 2. 各分项指数均处于全国中等偏上位置; 3. 社会福利发展总指数位居第一。
第二类	北京、天津、江苏、广东、浙江	1. 社会福利财政支出绝对规模大; 2. 社会福利发展指数排名靠前; 3. 成员间社会福利发展指数差距不大; 4. 成员间各分项指数发展不一。
第三类	湖南、广西、河北、河南、江西、贵州、甘肃、云南、山西、四川、黑龙江、海南、福建、山东、安徽、湖北、吉林、重庆、宁夏、辽宁、新疆、内蒙古、陕西、青海、西藏	1. 社会福利发展指数排名平均处于中等水平; 2. 成员间社会福利发展指数的差距并不很大; 3. 成员间各分项指数发展不平衡。

通过系统聚类分析,2011年的社会福利发展总体情况可以划分为三类:第一类是北京、天津,社会福利财政支出绝对规模和相对规模均相对较高,社会福利整体发展水平明显领先于其他省市;第二类是上海、江苏,社会福利发展指数排名靠前,社会福利整体发展水平处于全国前列;第三类有贵州、甘肃、山西等27个省市(见表2-9)。

表 2-9　2011 年各省市社会福利发展指数聚类情况

类别	聚类成员	聚类成员特征
第一类	北京、天津	1. 社会福利财政支出绝对规模和相对规模均相对高；2. 社会福利发展指数排名位居前列；3. 成员间社会福利发展指数差距不大。
第二类	上海、江苏	1. 社会福利财政支出绝对规模大；2. 社会福利发展指数排名靠前；3. 成员间各分项指数发展相对均衡。
第三类	贵州、甘肃、山西、四川、黑龙江、海南、云南、安徽、江西、湖北、河南、广西、湖南、河北、重庆、陕西、宁夏、内蒙古、辽宁、吉林、新疆、山东、广东、福建、浙江、西藏、青海	1. 社会福利发展指数排名平均处于中等水平；2. 成员间各分项指数发展较为均衡；3. 成员间社会福利发展指数的差距并不很大。

通过系统聚类分析，2010 年各省市社会福利聚类情况可以划分为三类：第一类是上海，社会福利财政支出绝对规模和相对规模均相对较高，社会福利整体发展水平明显领先于其他省市；第二类是北京和天津，社会服务发展指数、残疾人福利发展指数等各项指标均居于前列，社会福利发展指数明显高于其他各省市，社会福利整体发展水平处于全国领先位置；第三类有贵州、甘肃、山西等 28 个省市，尽管其社会福利财政支出绝对规模较高，但社会福利整体发展水平平均处于中等水平（见表 2-10）。

表 2-10　2010 年各省市社会福利发展指数聚类情况

类别	聚类成员	聚类成员特征
第一类	上海	1. 社会福利财政支出绝对规模和相对规模均相对高；2. 社会福利发展指数排名位居首位；3. 各分项指数排名靠前。
第二类	北京、天津	1. 社会福利财政支出绝对规模大；2. 社会福利发展指数排名靠前；3. 成员社会福利发展指数差异不大。
第三类	贵州、甘肃、山西、四川、黑龙江、海南、云南、安徽、江西、湖北、河南、广西、湖南、河北、重庆、陕西、宁夏、内蒙古、辽宁、吉林、新疆、山东、广东、福建、江苏、浙江、青海、西藏	1. 社会福利发展指数排名平均处于中等水平；2. 成员间社会福利发展指数的差距并不很大；3. 各分项指标发展较为平衡。

(二)相关分析

相关分析结果显示,2010 年至 2012 年,城乡居民人均收入、人均 GDP、人均财政支出与社会福利发展指数均在 0.01 水平上显著相关。其中,城乡居民人均收入与人均 GDP 的相关系数明显高于人均财政支出,说明其对社会福利发展水平的影响程度较大(见表 2-11)。

表 2-11　人均收入、人均 GDP、人均财政支出与社会福利发展指数(2010—2012 年)

		社会福利发展指数(2010)	社会福利发展指数(2011)	社会福利发展指数(2012)
城乡居民人均收入(加权)	Pearson 相关性	0.929 **	0.866 **	0.873 **
	显著性(双侧)	0.000	0.000	0.000
	N	31	31	31
人均财政支出	Pearson 相关性	0.624 **	0.572 **	0.479 **
	显著性(双侧)	0.000	0.000	0.006
	N	31	31	31
人均 GDP	Pearson 相关性	0.894 **	0.879 **	0.837 **
	显著性(双侧)	.000	.000	.000
	N	31	31	31

注:** 在 0.01 水平(双侧)上显著相关。

第三章　社会救助发展指数

一、社会救助概述

（一）社会救助发展历程

社会救助制度是指社会成员在其不能维持最低限度的生活水平时，根据有关法律规定，由国家和社会按照法定的标准提供满足基本需求的一种保障制度。社会救助旨在通过在社会服务领域进行公共投资，更好地保护贫困者和弱势群体，并为有劳动能力的人提供就业机会，鼓励自立，最终摆脱对福利的依赖。其功能主要是为了避免没有可利用资源的人陷入极端贫困，防止社会边缘化和社会排斥。①

我国的社会救助制度可谓源远流长。早在原始社会，就存在以巫术救助为主的保障方式。后来政府在救助中的作用日渐上升，在济贫措施上主要包括灾荒救助和贫困救助两种。灾荒救助分为生活救济、住房救济、安辑流民、恤死难、蠲缓、放贷、以工代赈以及仓储制度等措施；贫困救助则主要包括对“鳏寡孤独废疾者”的生活救助、赈贷、举办救济设施或机构等。到了近代，中国的社会救助一方面继承了儒家思想的传统；另一方面又受到资产阶级民主革命和西方福利思想的影响。这一时期，中国相继颁布了一些济贫法律。其中，1943 年公布实施的《社会救济法》是中国历史上第一部国

① 参见杨立雄：《社会救助研究》，经济日报出版社 2008 年版。

家济贫大法,但并未得到认真执行。当时,国外教会和慈善机构如基督教青年会、救世军等曾在中国开办了一些慈善活动。新中国成立以来,中国社会救助体系逐渐完善。从发展体系来看,基本遵循城乡分治原则,在农村建立了以救灾救济及特困户救济为主要内容的救助体系,在城市建立了以边缘性群体为主体的矫治性社会救助体系。① 20 世纪 50 年代新中国成立起来的社会救济制度包括救济贫困人口的社会救济制度、救济无依无靠鳏寡孤独者的“五保”制度及灾害救济制度以及 90 年代以后逐步建立的城市和农村居民最低生活保障制度等。

目前,我国已初步建立了以城乡最低生活保障为基础,以灾害救助、五保供养、城乡医疗救助、流浪乞讨人员救助为重要内容,以临时救助、慈善救助、社会互助为补充,与教育救助、住房救助、就业救助、司法救助等救助衔接配套,与经济社会发展相适应,且覆盖城乡居民的新型社会救助体系的基本框架(见表 3-1)。

表 3-1 中国社会救助结构

<table>
<tr><th></th><th>类 型</th><th>项 目</th><th>保 障 对 象</th></tr>
<tr><td rowspan="8">社会救助</td><td>长期生活救助</td><td>最低生活保障</td><td>贫困家庭</td></tr>
<tr><td rowspan="4">专项救助</td><td>医疗救助</td><td>低收入家庭、无医疗保险者、高额医疗支出远超出家庭负担能力者</td></tr>
<tr><td>教育救助</td><td>低收入家庭</td></tr>
<tr><td>住房救助</td><td>住房困难的低收入家庭</td></tr>
<tr><td>灾害救助</td><td>受灾者</td></tr>
<tr><td rowspan="2">临时救助</td><td>低收入家庭临时救助</td><td>低收入家庭</td></tr>
<tr><td>流浪乞讨救助</td><td>流浪乞讨人员</td></tr>
</table>

(二)社会救助指数设计

通常,社会救助制度与其他社会保障呈现负相关,即建立了完善的风险

① 参见杨立雄:《社会救助研究》,经济日报出版社 2008 年版。

预防体系和基本公共服务体系，会导致绝对贫困发生率降低，社会救助的作用下降；反之，绝对贫困发生率高，社会救助的作用上升。也就是说，社会救助类似于一个负向指标。但是，如果从相对的角度来理解贫困，则社会救助又是一个正向指标。因为社会救助的标准升高，则受助人数增加，从而更有利于缩小贫困差距，保障低收入阶层的基本生活。

1. 社会救助发展指数

社会救助发展指数主要考察各省（市）的最低生活保障制度与医疗救助制度的发展水平，考虑到各项目在社会救助体系中的重要程度，根据德尔菲法，最终确定城乡最低生活保障与城乡医疗救助的权重分别为 0.7 与 0.3。其中，城乡最低生活保障标准与城乡最低生活保障受助率的权重分别为 0.5 与 0.2，城乡医疗救助标准与医疗救助受助率的权重分别为 0.2 与 0.1。社会救助发展指数的计算公式如下：

$$\text{社会救助发展指数} = \text{城乡最低生活保障标准} \times 0.5 + \text{城乡最低生活保障受助率} \times 0.2 + \text{城乡医疗救助标准} \times 0.2 + \text{医疗救助受助率} \times 0.1$$

2. 城乡最低生活保障指数

城乡最低生活保障标准是反映社会救助水平的最重要因素。标准越高，则社会救助水平越高；反之，则越低。最低生活保障制度分为城镇最低生活保障制度和农村最低生活保障制度，但本报告从城乡统筹的角度来进行测量。

最低生活保障标准的计算公式如下：

$$\begin{array}{c}\text{最低生活保障}\\\text{月平均标准}\end{array} = \frac{\text{农村受助人数}}{\text{总受助人数}} \times \begin{array}{c}\text{农村最低生活}\\\text{保障标准}\end{array} + \frac{\text{城镇受助人数}}{\text{总受助人数}} \times \begin{array}{c}\text{城镇最低生活}\\\text{保障标准}\end{array}$$

$$\text{农村最低生活保障标准} = \frac{\Sigma\ \text{季度农村最低生活保障标准}}{4}$$

$$\text{城镇最低生活保障标准} = \frac{\Sigma\ \text{季度城镇最低生活保障标准}}{4}$$

最低生活保障受助率不分城乡,而是采用一个综合指标。

计算公式如下:

$$\text{城乡最低生活保障受助率} = \frac{\text{城乡最低生活保障受助总人数}}{\text{地区总户籍人口}} \times 100\%$$

应该说明的是,本书以相对贫困概念测量最低生活保障,也就是说,经济发展水平高,最低生活保障水平高,受助率也会提高。故将最低生活保障受助率当作一个正向的指标。

3. 城乡均次医疗救助标准

均次医疗救助标准的计算公式如下:

$$\text{城乡均次医疗救助标准} = \frac{\text{城乡医疗救助总支出}}{\text{城市医疗救助人次数} + \text{农村医疗救助人次数}}$$

城市医疗救助人次数 = 医疗救助人次 + 资助参加医疗保险人数

农村医疗救助人次数 = 医疗救助人次 + 资助参加新农合人数

医疗保险制度越完善,医疗救助制度的作用越小,受助人数也就越少,因此从这个意义上说,城乡医疗救助受助率是一个负向指标。但目前我国并没有实施全民免费医疗制度,也没有实施强制性的全民医疗保险制度,因而部分人群仍然面临“看病贵、看病难”的问题,所以仍把城乡医疗救助受助率当作一个正向指标。计算公式如下:

$$\text{医疗救助受助率} = \frac{\text{城镇医疗救助人次} + \text{农村医疗救助人次}}{\text{地区户籍总人口}} \times 100\%$$

二、社会救助发展指数排名

(一)社会救助发展指数排名

2012 年,社会救助发展指数高于全国平均水平的有上海、青海、西藏、北京等 13 个省市。其中,位居排名前五位的上海、青海、西藏、北京和天津明显高于其他省市。在社会救助指数低于全国平均水平的 18 省市中,福建和河南两省的得分明显较低,位居排名的最后两位(见表 3-2)。

表 3-2　2012 年各省(市)社会救助发展指数

地区	社会救助发展指数	排名	城乡低保标准(元/月)	低保受助率(%)	城乡医疗救助标准(元/人/次)	医疗救助受助率(%)
上海	1.7264	1	551.48	1.80	3205.83	0.62
青海	1.4833	2	218.77	11.14	449.51	12.54
西藏	1.3073	3	167.25	12.26	3191.11	1.20
北京	1.2195	4	485.99	1.33	908.50	0.87
天津	1.2166	5	463.32	1.89	1073.55	0.84
内蒙古	1.1934	6	307.65	8.21	1416.69	1.56
甘肃	1.1850	7	157.25	16.77	1164.34	2.86
贵州	1.0769	8	151.72	13.32	1797.65	1.04
黑龙江	1.0682	9	250.61	7.09	1414.97	2.12
江苏	1.0319	10	370.49	2.32	610.59	2.18
新疆	1.0281	11	183.29	10.36	922.65	3.58
陕西	1.0057	12	219.52	7.13	1717.71	1.09
海南	1.0015	13	267.57	4.48	1426.70	1.72
江西	0.9913	14	241.06	5.51	1472.02	1.78
山西	0.9837	15	206.57	6.64	1937.58	0.78
云南	0.9777	16	165.19	11.40	1150.16	1.86
浙江	0.9565	17	347.03	1.34	718.43	1.90
辽宁	0.9509	18	292.89	4.69	1072.76	0.66
宁夏	0.9503	19	160.68	8.44	517.53	5.55
吉林	0.9327	20	223.56	6.20	1133.44	1.98
重庆	0.9043	21	241.87	3.76	418.40	4.62
山东	0.8958	22	214.16	3.17	2119.70	0.34
安徽	0.8425	23	223.10	4.30	1220.01	1.11
四川	0.8390	24	174.96	6.83	552.97	3.61
湖北	0.8308	25	205.01	5.84	1017.35	1.28
湖南	0.8191	26	199.43	5.89	863.49	1.75
河北	0.7804	27	202.98	3.91	1314.75	0.61

续表

地区	社会救助发展指数	排名	城乡低保标准(元/月)	低保受助率(%)	城乡医疗救助标准(元/人/次)	医疗救助受助率(%)
广西	0.7547	28	135.49	7.33	1193.53	1.05
广东	0.7436	29	236.65	2.49	909.70	0.74
福建	0.6603	30	202.81	2.41	819.99	0.79
河南	0.6425	31	158.39	4.80	652.71	1.26

数据来源:《中国民政统计年鉴》(2013年),民政部网站统计数据。

2011年,社会救助发展指数高于全国平均水平的省市有上海、西藏、北京、天津等12个省市。其中,排名前五位的是上海、西藏、北京、天津和青海,其社会救助发展指数明显高于全国其他省市。社会救助发展指数低于全国平均水平的19个省(市)中,山东、河南和福建3个省的得分明显较低,位居排名最后三位(见表3-3)。

表3-3　2011年各省(市)社会救助发展指数排名

地区	社会救助发展指数	排名	城乡低保标准(元/月)	低保受助率(%)	城乡医疗救助标准(元/人/次)	医疗救助受助率(%)
上海	2.1389	1	435.12	2.75	1538.22	1.42
西藏	1.6711	2	110.88	9.03	1872.72	0.89
北京	1.4853	3	419.85	1.46	537.32	1.75
天津	1.3272	4	399.11	2.78	237.23	3.72
青海	1.2517	5	152.84	11.41	248.47	24.70
甘肃	1.1393	6	106.26	15.02	525.75	5.61
内蒙古	1.1201	7	225.37	8.16	315.71	6.12
浙江	1.0779	8	284.87	1.40	432.66	2.48
江苏	1.0450	9	287.56	2.43	268.32	4.05
贵州	1.0353	10	123.90	13.81	132.14	13.90
陕西	1.0144	11	163.28	7.81	473.85	4.52
黑龙江	1.0065	12	179.77	7.22	318.70	8.61
吉林	0.9770	13	170.24	7.83	185.19	12.44
新疆	0.9736	14	119.82	10.48	221.29	14.17

续表

地区	社会救助发展指数	排名	城乡低保标准(元/月)	低保受助率(%)	城乡医疗救助标准(元/人/次)	医疗救助受助率(%)
宁夏	0.9644	15	125.41	9.02	171.69	17.86
海南	0.9549	16	218.54	4.57	231.37	7.26
江西	0.9325	17	184.95	5.22	300.04	7.67
云南	0.9275	18	111.95	10.88	130.32	15.20
辽宁	0.8986	19	222.06	4.99	171.11	4.08
山西	0.8664	20	158.41	6.53	311.32	4.47
重庆	0.8533	21	175.72	4.75	151.02	10.98
湖北	0.8222	22	164.59	5.96	179.43	6.90
四川	0.8083	23	130.87	6.78	181.72	10.31
安徽	0.7933	24	165.15	4.37	254.93	5.23
湖南	0.7575	25	138.18	5.69	209.94	6.61
广东	0.7553	26	197.48	2.59	185.57	3.31
河北	0.7368	27	163.59	4.04	228.98	3.29
广西	0.7073	28	115.50	7.12	176.24	5.38
山东	0.6962	29	158.98	3.13	249.97	2.46
河南	0.6330	30	124.38	4.65	155.88	4.88
福建	0.6292	31	155.33	2.56	164.11	3.19

数据来源:《中国民政统计年鉴》(2012 年),民政部网站统计数据。

2010 年,社会救助发展指数排名前五位的是上海、天津、西藏、北京和青海,其社会救助发展指数得分明显高于其他省市。浙江、内蒙古、甘肃、黑龙江、江苏、吉林、贵州、新疆和陕西 9 省市的社会救助指数也高于全国平均水平。社会救助发展指数低于全国平均水平的省市为辽宁、江西、宁夏等 17 个省。其中,山东、河南和福建三个省的得分明显低于全国其他省市,位居排名最后三位(见表 3-4)。

表 3-4 2010 年各省(市)社会救助发展指数排名

地区	社会救助发展指数	排名	城乡低保标准(元/月)	低保受助率(%)	城乡医疗救助标准(元/人/次)	医疗救助受助率(%)
上海	1.8317	1	421.94	3.08	711.01	2.39
天津	1.6463	2	405.36	2.87	562.01	1.12
西藏	1.4612	3	101.54	9.25	1099.51	2.86
北京	1.3908	4	373.57	1.70	385.65	1.40
青海	1.2978	5	157.19	10.99	142.87	26.66
浙江	1.1865	6	257.27	1.40	536.03	1.89
内蒙古	1.1491	7	219.86	8.19	259.62	5.67
甘肃	1.0949	8	100.69	15.29	301.91	6.32
黑龙江	1.0857	9	186.85	6.87	320.93	7.15
江苏	1.0325	10	267.70	2.44	239.59	2.61
吉林	1.0296	11	174.94	7.82	178.99	10.73
贵州	1.0197	12	116.50	14.05	78.40	12.41
新疆	1.0125	13	122.25	10.65	178.57	13.08
陕西	1.0050	14	182.59	5.77	336.65	4.13
辽宁	0.9884	15	231.04	5.13	184.04	3.39
江西	0.9767	16	164.03	5.28	327.77	7.09
宁夏	0.9508	17	124.87	8.38	179.33	13.33
海南	0.9466	18	203.71	4.47	194.56	6.42
云南	0.9027	19	101.73	10.39	93.41	14.38
重庆	0.8873	20	176.88	5.38	101.51	10.10
山西	0.8581	21	149.90	6.44	217.57	4.93
四川	0.7937	22	125.53	6.46	166.99	7.57
湖北	0.7840	23	155.82	5.70	102.53	6.35
安徽	0.7741	24	153.17	4.44	197.32	4.07
湖南	0.7579	25	129.32	5.75	174.01	5.69
河北	0.7405	26	159.07	3.83	160.70	3.94
广东	0.7377	27	184.37	2.64	138.94	2.84
广西	0.7101	28	117.64	7.05	105.36	5.34

续表

地区	社会救助发展指数	排名	城乡低保标准(元/月)	低保受助率(%)	城乡医疗救助标准(元/人/次)	医疗救助受助率(%)
山东	0.6972	29	153.60	3.25	178.64	2.39
河南	0.6362	30	118.59	4.79	106.63	5.03
福建	0.6146	31	142.02	2.53	133.00	2.86

数据来源:《中国民政统计年鉴》(2011 年),民政部网站统计数据。

2010—2012 年,全国有超过一半省市的社会救助发展指数出现较大变动。其中,上升幅度较大的有青海、山西、山东、云南、湖南等省市,而天津、北京、浙江、西藏、上海等省市的指数则有所下降。河南和福建两省的社会救助发展指数在 2010—2012 年均处于全国各省市的末位(见图 3-1)。

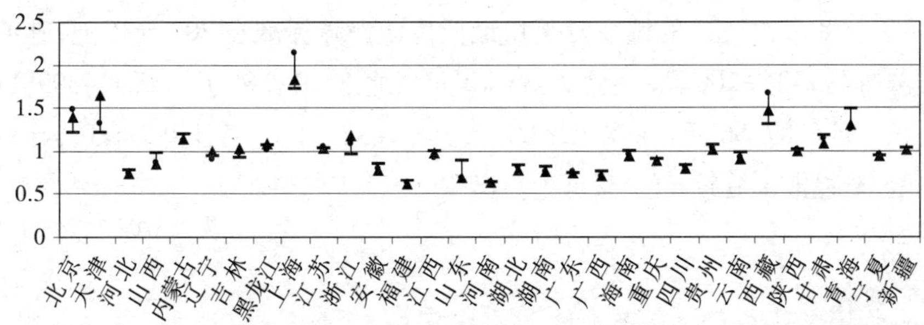

图 3-1　社会救助发展指数三年对比情况

(二)最低生活保障标准排名

2012 年,城乡月平均最低生活保障标准全国平均为 246 元(如图 3-2 所示)。上海市的最低生活保障标准为 551.48 元,位居第一位;紧随其后的是北京和天津,分别达到了 485.99 元、463.32 元;而宁夏(160.68 元)、河南(158.39 元)、甘肃(157.25 元)、贵州(151.72 元)、广西(135.49 元)排在最后五位。

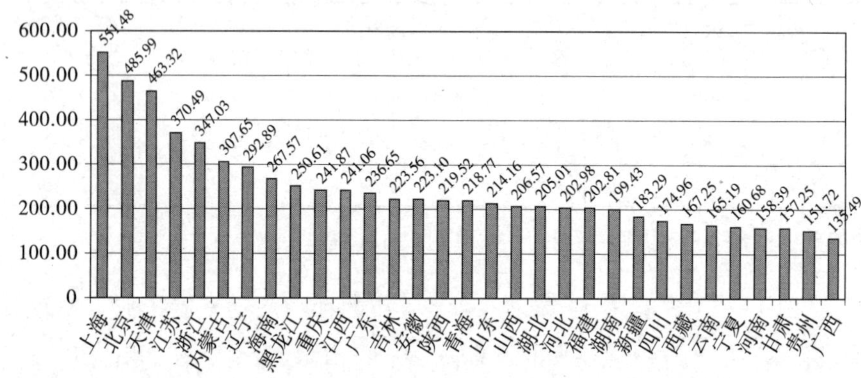

图 3-2　2012 年城乡月平均最低生活保障标准情况

数据来源:《中国民政统计年鉴》(2013 年)。

2011 年,城乡月平均最低生活保障标准全国为 190 元(如图 3-3 所示)。有 8 个省(市)的城乡月平均最低生活保障标准在 200 元以上,其他省份均在 100—200 元。上海(435. 12 元)、北京(419. 85 元)、天津(399. 11 元)、江苏(287. 56 元)、浙江(284. 87 元)排在前五位。而甘肃、西藏、云南、广西、新疆排在最后五位,最低生活保障标准均低于 120 元。

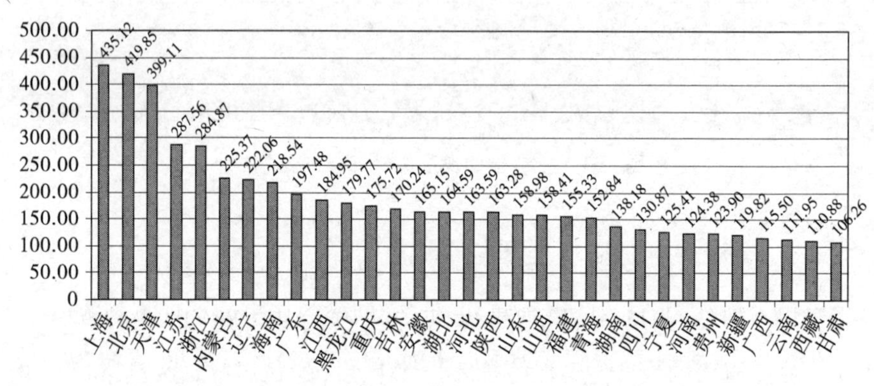

图 3-3　2011 年城乡月平均最低生活保障标准情况

数据来源:《中国民政统计年鉴》(2012 年)。

2010 年,城乡月平均最低生活保障标准全国平均为 183. 21 元(如图

3-4 所示)。共有 8 个省(市)的城乡月平均最低生活保障标准在 200 元以上,其他省份均在 100—200 元。上海(421. 94 元)、天津(405. 36 元)、北京(373. 57 元)、江苏(267. 70 元)、浙江(257. 27 元)排在前五位;西藏、云南、贵州、广西、河南排在最后五位,最低生活保障标准均低于 120 元。

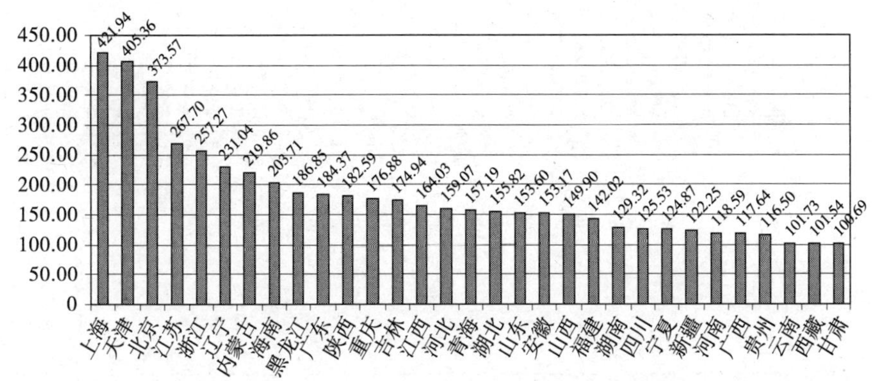

图 3-4　2010 年城乡月平均最低生活保障标准情况

数据来源:《中国民政统计年鉴》(2011 年)。

(三)城乡最低生活保障受助率

2012 年居于前五位的是甘肃、贵州、西藏、云南和青海,城乡最低生活保障受助率均在 10%以上,最高的为甘肃省,达到了 16. 77%。受助率最低的 5 个省市为北京、浙江、上海、天津、江苏、福建,其中北京市 1. 33%(见图 3-5)。

2011 年,最低生活保障受助率居于前五位的是甘肃、贵州、青海、云南和新疆,受助率均在 10%以上,其中甘肃省达到了 15. 02%。受助率最低的五个省市为浙江、北京、江苏、福建、广东,受助率均在 4%以下(见图 3-6)。

2010 年,最低生活保障受助率居于前五位的是甘肃、贵州、青海、新疆、云南,受助率均在 10%以上,浙江、北京、江苏、福建、广东的受助率均在 4%以下,位居最后五位。(见图 3-7)。

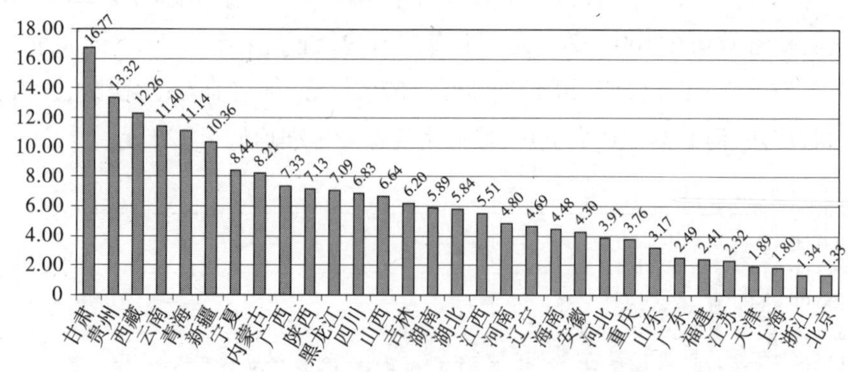

图 3-5　2012 年城乡最低生活保障受助率(%)

数据来源:《中国民政统计年鉴》(2013 年),民政部网站统计数据。

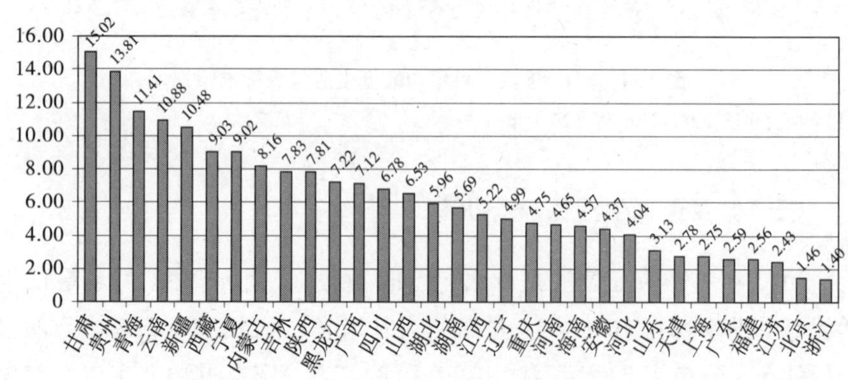

图 3-6　2011 年城乡最低生活保障受助率(%)

数据来源:《中国民政统计年鉴》(2012 年),民政部网站统计数据。

(四)城乡每人次医疗救助标准

2012 年,城乡每人次医疗救助标准全国平均为 1238.20 元/人,其中上海和西藏的城乡医疗救助标准超过 3000 元,山东、山西、辽宁、湖北等 17 个省市的医疗救助标准超过了 1000 元。其余 12 个省市的标准处在 400—1000 元之间,青海和重庆不足 500 元,如图 3-8 所示。

2011 年,城乡每人次医疗救助标准全国平均为 347.14 元/人,其中西

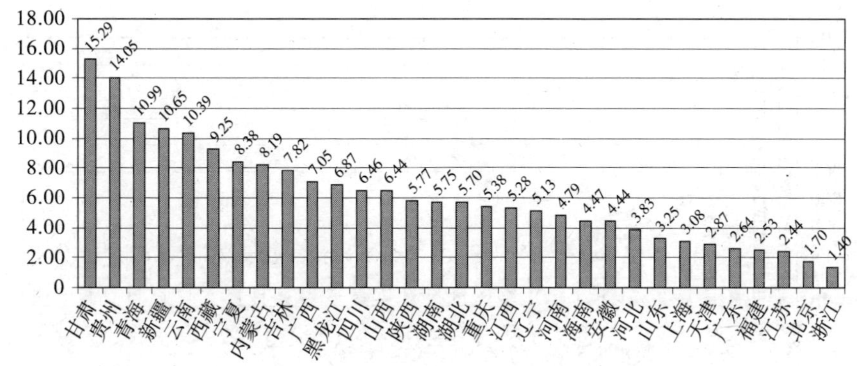

图 3-7　2010 年城乡最低生活保障受助率(%)

数据来源:《中国民政统计年鉴》(2011 年),民政部网站统计数据。

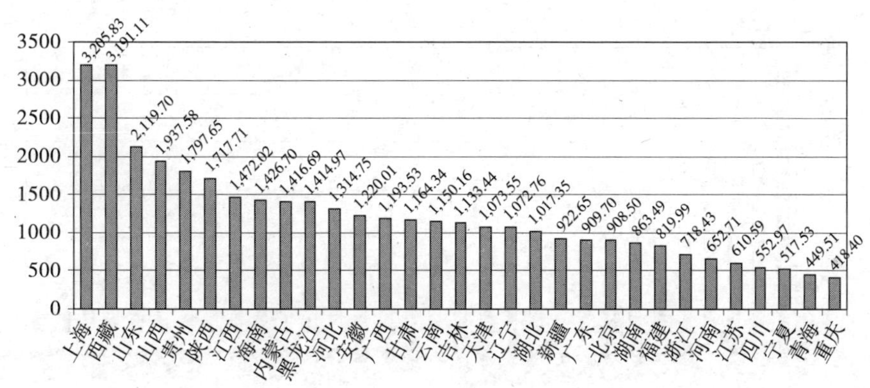

图 3-8　2012 年城乡每人次医疗救助标准(元)

数据来源:《中国民政统计年鉴》(2013 年)。

藏和上海的城乡医疗救助标准超过 1500 元,其余省份标准均在 130—540 元之间,详见图 3-9。

2010 年,城乡每人次医疗救助标准全国平均为 261. 10 元/人,其中西藏和上海城乡医疗救助标准分别超过 1000 元和 700 元,其余省份标准均在 70—570 元之间。云南和贵州的医疗救助标准均不足 100 元,详见图 3-10。

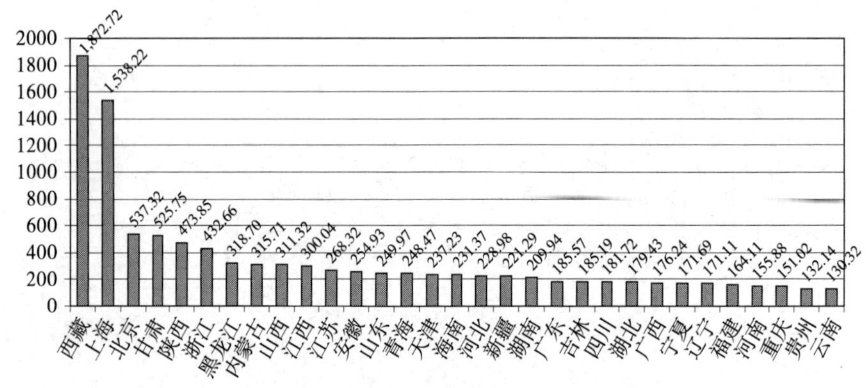

图 3-9　2011 年城乡每人次医疗救助标准(元)

数据来源:《中国民政统计年鉴》(2012 年)。

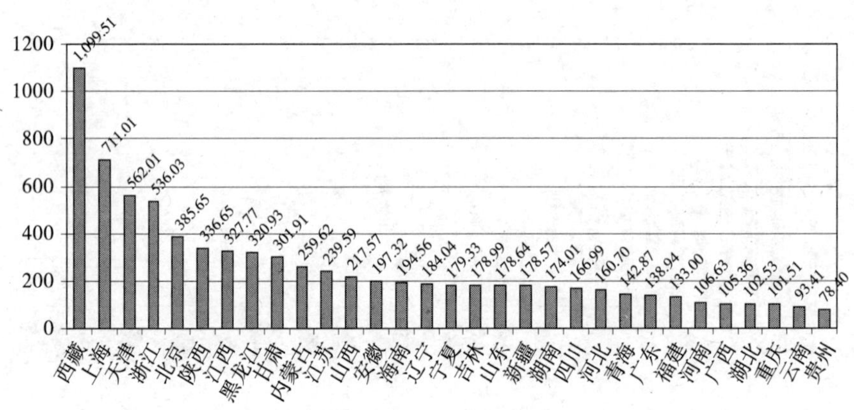

图 3-10　2010 年城乡每人次医疗救助标准(元)

数据来源:《中国民政统计年鉴》(2011 年)。

(五)城乡医疗救助受助率

从城乡医疗救助受助率来看,2012 年整体差异较大,青海的受助率全国最高,为 12. 54%,其余 30 个省市的受助率均在 10%以下。山东、上海等 9 个省市的城乡医疗救助受助率低于 1%,其中山东省仅为 0. 34%(见图 3-11)。

2011 年,青海的城乡医疗救助受助率为 24. 70%,超过 10%的省(市)还

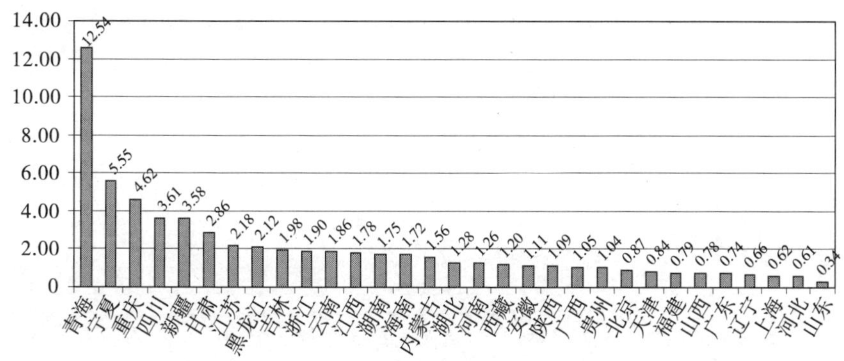

图 3-11　2012 年城乡医疗救助受助率(%)

数据来源:《中国民政统计年鉴》(2013 年)。

有宁夏、云南、新疆、贵州、吉林、重庆、四川。上海、北京,城乡医疗救助受助率低于 2%,而西藏仅为 0. 89%(见图 3-12)。

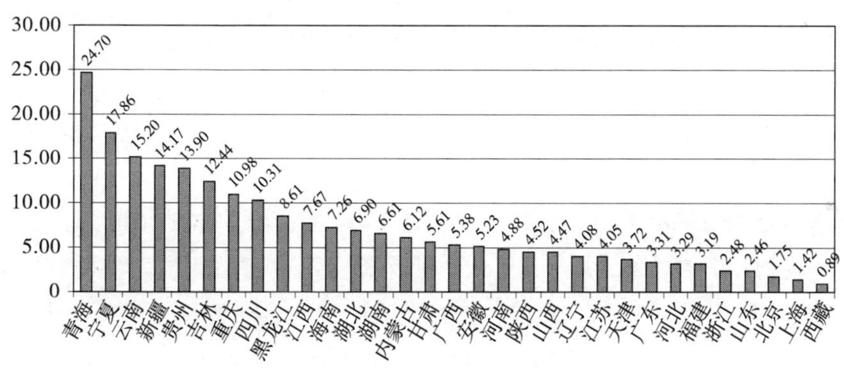

图 3-12　2011 年城乡医疗救助受助率(%)

数据来源:《中国民政统计年鉴》(2012 年)。

2010 年,青海的城乡医疗救助受助率为 26. 66%,排在第一位;超过 10%的省(市)还有云南、宁夏、新疆、贵州、吉林、重庆。天津、北京、浙江的城乡医疗救助受助率低于 2%(见图 3-13)。

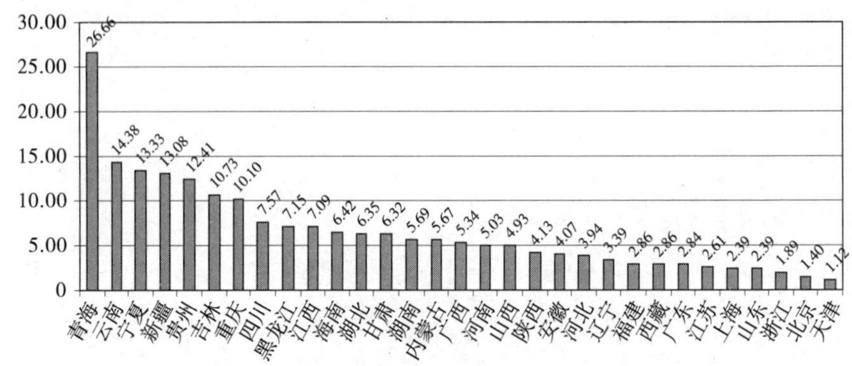

图3-13　2010年城乡医疗救助受助率(%)

数据来源:《中国民政统计年鉴》(2011年)。

三、相关分析和聚类分析

(一)聚类分析

基于系统聚类分析,将2012年各省(市)社会救助水平划分为三个类型。青海单独聚为第一类,其最低生活保障受助率和医疗救助受助率居于全国前列,社会救助水平较高。第二类为四川、新疆、重庆、宁夏、贵州、云南、甘肃、西藏8个省市,相似程度较高,社会救助水平处于中等偏上的位置。第三类则为其余的上海、浙江、江苏等22个省市,各项指数比较分散,处于中等或偏下水平(见表3-5)。

基于系统聚类分析,2011年,各省(市)社会救助水平划分为四个类型。第一类型为上海、西藏。其社会救助标准较高高,尽管自身财政实力较弱,但得益于中央财政转移支付的大力支持,因而社会救助发展指数得分明显较高。青海、贵州、宁夏、新疆、云南聚为第二类型,这五个省市医疗救助受助率和最低生活保障受助率较高,具有一定的相似性。第三类型为北京和天津两个直辖市,其社会救助发展水平明显高于其他省市。湖北、湖南、安

表 3-5　2012 年社会救助发展情况聚类表

聚类类型	聚类成员(省市)
第一类型	青海
第二类型	四川、新疆、重庆、宁夏、贵州、云南、甘肃、西藏
第三类型	上海、浙江、江苏、天津、北京、山东、陕西、山西、内蒙古、黑龙江、吉林、海南、江西、广西、河南、湖南、湖北、辽宁、安徽、河北、广东、福建

徽等 22 个省市为第四类,其社会救助各分项指标发展程度相当,社会救助水平多处于中等水平,如表 3-6 所示。

表 3-6　2011 年社会救助发展情况聚类表

聚类类型	聚类成员(省市)
第一类型	西藏、上海、
第二类型	宁夏、新疆、贵州、云南、青海
第三类型	北京、天津
第四类型	湖北、湖南、安徽、广西、四川、吉林、重庆、海南、黑龙江、江西、山西、陕西、辽宁、福建、内蒙古、甘肃、江苏、浙江、山东、广东、河北、河南

基于聚类分析,将 2010 年各省(市)社会救助水平划分为三个类型。西藏、浙江、北京、上海、天津属于第一类型,浙江、北京、上海、天津较高的最低生活保障和医疗救助标准,使得社会救助支出水平也较高。西藏自治区则由于国家财政转移支付比重比较大,其社会救助水平也处于比较高的行列。宁夏、新疆、云南、贵州、甘肃、青海为第二类型,此 6 个省市社会救助处于中等水平。其余的山东、广东等 20 个省市聚为第三类型,各分项指标差异不大,成员间社会救助发展水平差距较小,具有相似性(见表 3-7)。

表 3-7 2010 年社会救助发展情况聚类表

聚类类型	聚类成员(省市)
第一类型	西藏、浙江、北京、上海、天津
第二类型	宁夏、新疆、贵州、云南、甘肃、青海
第三类型	山东、广东、江苏、河南、四川、河北、安徽、湖北、湖南、广西、吉林、重庆、海南、黑龙江、江西、山西、陕西、辽宁、福建、内蒙古

(二)相关性分析

2010—2012 年,人均社会福利财政支出与社会救助发展指数之间的 Person 相关系数逐年降低,但仍呈高度正相关关系。这说明政府社会福利财政支出水平对社会救助事业的发展状况有着非常大的影响力。2010 年和 2011 年,人均 GDP 水平、城乡居民人均收入水平与社会救助发展指数之间的相关系数都呈现显著相关。而 2012 年,它们之间的相关系数出现了明显下降,且未能通过显著性检验。(见表 3-8)。

表 3-8 人均收入、人均 GDP、人均社会福利财政支出与社会救助发展指数(2010—2012 年)

		社会救助发展指数(2010)	社会救助发展指数(2011)	社会救助发展指数(2012)
人均 GDP	Pearson 相关性	0.557 **	0.468 **	0.347
	显著性(双侧)	0.001	0.008	0.056
	N	31	31	31
人均社会福利财政支出	Pearson 相关性	0.858 **	0.826 **	0.778 **
	显著性(双侧)	0.000	0.000	0.000
	N	31	31	31
城乡居民人均收入	Pearson 相关性	0.560 **	0.493 **	0.323
	显著性(双侧)	0.001	0.005	0.077
	N	31	31	31

注: ** 在 0.01 水平(双侧)上显著相关。

四、主要结论与思考

（一）主要结论

2010—2012 年的三年，全国享受城镇最低生活保障的总人数超过 2000 万人/年，但根据统计数据，2010 年城镇贫困人口已约为 5000 万人，为最低生活保障受助人数的两倍左右。最低生活保障标准虽然随物价逐年调整，但是仍然偏低。城乡最低生活保障标准最高与最低省市之间的差距三年均达到 4 倍及以上。医疗救助受助率与救助标准均偏低，救助的作用有限，难以有效满足困难群众的医疗需求。

根据聚类分析的结果，三年均聚为同一类的广东、山东等东部省市，相对于自身的经济发展水平，其社会救助水平偏低。而四川与云南均属人口大省，其社会救助水平也不高。而西藏、青海、甘肃等地，尽管自身经济发展相对落后，但社会救助发展指数排名却位居全国前列。

（二）几点思考

部分地方政府的一些决策者对贫困问题的理解还停留在“绝对贫困”的概念上，对社会救助的要求也只停留在保障最低生活保障对象“吃饱穿暖”的水平上，缺乏对相对贫困的认识和重视。2008 年广东、浙江、江苏、山东、辽宁、福建等东部 6 省已基本消除绝对贫困，但相对贫困问题却日益凸显。虽然中国绝对贫困发生率呈现逐年下降趋势，但相对贫困，特别是城市相对贫困发生率却逐年升高。

我国贫困线测量方法的不科学导致各省份设定的贫困线与社会救助标准不统一且标准普遍偏低。现行的各省社会救助标准根据中央政府制定的原则自行制定，缺乏统一的依据，随意性过大。另外，中央与地方政府对社会救助财政责任的分担机制不明确，导致省际之间的地区财政支出差距拉大。中央政府承担多少，地方各级政府承担多少，缺乏有效的法律制度规范与约束,没有建立合理的财政责任分担机制。①

基于当前社会救助制度实践存在的问题,提出以下几点政策建议。

一是采用相对贫困测量方法科学设定贫困线。最简单易行的方法是采用国际贫困标准线,即以中位收入的百分比来计算,结合我国实际,我国城乡贫困线可定为人均可支配收入的30%—35%之间。② 同时,为了应对通货膨胀的影响,需要建立正常的贫困线调整机制。

二是建立稳定的医疗救助经费来源渠道。一方面,各省(市)的医疗救助制度要努力实现省内统一、城乡一体。考虑到地方财政较为困难,特别是县(区)以及以下财政普遍紧张,医疗救助经费应由中央、省(市)及区(县)三级政府分担比较合理,分担比例因区域不同而有所区别,东部地区地方政府分担比例可以高一点,中西部地区中央财政分担比例应高一点。③ 另一方面,积极探索实施多元化医疗救助经费来源方式,如,从福利彩票公益金中提取一定比例用于医疗救助,并通过社会捐赠、慈善捐赠等,扩大医疗救助基金筹集范围和规模。

三是完善大病医疗保险制度,扩大大病救助受益面。一方面,2012年8月30日发布的《关于开展城乡居民大病保险工作的指导意见》提出未来城镇居民医保基金、新农合基金中将划出一定比例向商业保险机构购买大病保险,据此,各省份要合理确定大病保险补偿政策;另一方面,要扩大纳入大病救助的病种,简化申请救助的流程与降低救助门槛。

---

① 参见郑功成:《中国社会保障30年》,人民出版社2008年版。

② 参见郑功成:《中国社会保障改革与发展战略》(救助与福利卷),人民出版社2011年版。

③ 参见杨立雄:《社会救助研究》,经济日报出版社2008年版。

五、附录:数据表

附表 3-1 各省(市)社会救助指数

地区	2010				2011				2012			
	城乡最低生活保障		城乡医疗救助		城乡最低生活保障		城乡医疗救助		城乡最低生活保障		城乡医疗救助	
	城乡低保标准(元/月)	低保受助率(%)	城乡医疗救助标准(元/人/次)	医疗救助受助率(%)	城乡低保标准(元/月)	低保受助率(%)	城乡医疗救助标准(元/人/次)	医疗救助受助率(%)	城乡低保标准(元/月)	低保受助率(%)	城乡医疗救助标准(元/人/次)	医疗救助受助率(%)
北京	373.57	1.70	385.65	1.40	419.85	1.46	537.32	1.75	485.99	1.33	908.50	0.87
天津	405.36	2.87	562.01	1.12	399.11	2.78	237.23	3.72	463.32	1.89	1073.55	0.84
河北	159.07	3.83	160.70	3.94	163.59	4.04	228.98	3.29	202.98	3.91	1314.75	0.61
山西	149.90	6.44	217.57	4.93	158.41	6.53	311.32	4.47	206.57	6.64	1937.58	0.78
内蒙古	219.86	8.19	259.62	5.67	225.37	8.16	315.71	6.12	307.65	8.21	1416.69	1.56
辽宁	231.04	5.13	184.04	3.39	222.06	4.99	171.11	4.08	292.89	4.69	1072.76	0.66
吉林	174.94	7.82	178.99	10.73	170.24	7.83	185.19	12.44	223.56	6.20	1133.44	1.98
黑龙江	186.85	6.87	320.93	7.15	179.77	7.22	318.70	8.61	250.61	7.09	1414.97	2.12
上海	421.94	3.08	711.01	2.39	435.12	2.75	1538.22	1.42	551.48	1.80	3205.83	0.62
江苏	267.70	2.44	239.59	2.61	287.56	2.43	268.32	4.05	370.49	2.32	610.59	2.18
浙江	257.27	1.40	536.03	1.89	284.87	1.40	432.66	2.48	347.03	1.34	718.43	1.90
安徽	153.17	4.44	197.32	4.07	165.15	4.37	254.93	5.23	223.10	4.30	1220.01	1.11
福建	142.02	2.53	133.00	2.86	155.33	2.56	164.11	3.19	202.81	2.41	819.99	0.79
江西	164.03	5.28	327.77	7.09	184.95	5.22	300.04	7.67	241.06	5.51	1472.02	1.78

续表

地区	2010				2011				2012			
	城乡最低生活保障		城乡医疗救助		城乡最低生活保障		城乡医疗救助		城乡最低生活保障		城乡医疗救助	
	城乡低保标准(元/月)	低保受助率(%)	城乡医疗救助标准(元/人/次)	医疗救助受助率(%)	城乡低保标准(元/月)	低保受助率(%)	城乡医疗救助标准(元/人/次)	医疗救助受助率(%)	城乡低保标准(元/月)	低保受助率(%)	城乡医疗救助标准(元/人/次)	医疗救助受助率(%)
山东	153.60	3.25	178.64	2.39	158.98	3.13	249.97	2.46	214.16	3.17	2119.70	0.34
河南	118.59	4.79	106.63	5.03	124.38	4.65	155.88	4.88	158.39	4.80	652.71	1.26
湖北	155.82	5.70	102.53	6.35	164.59	5.96	179.43	6.90	205.01	5.84	1017.35	1.28
湖南	129.32	5.75	174.01	5.69	138.18	5.69	209.94	6.61	199.43	5.89	863.49	1.75
广东	184.37	2.64	138.94	2.84	197.48	2.59	185.57	3.31	236.65	2.49	909.70	0.74
广西	117.64	7.05	105.36	5.34	115.50	7.12	176.24	5.38	135.49	7.33	1193.53	1.05
海南	203.71	4.47	194.56	6.42	218.54	4.57	231.37	7.26	267.57	4.48	1426.70	1.72
重庆	176.88	5.38	101.51	10.10	175.72	4.75	151.02	10.98	241.87	3.76	418.40	4.62
四川	125.53	6.46	166.99	7.57	130.87	6.78	181.72	10.31	174.96	6.83	552.97	3.61
贵州	116.50	14.05	78.40	12.41	123.90	13.81	132.14	13.90	151.72	13.32	1797.65	1.04
云南	101.73	10.39	93.41	14.38	111.95	10.88	130.32	15.20	165.19	11.40	1150.16	1.86
西藏	101.54	9.25	1099.51	2.86	110.88	9.03	1872.72	0.89	167.25	12.26	3191.11	1.20
陕西	182.59	5.77	336.65	4.13	163.28	7.81	473.85	4.52	219.52	7.13	1717.71	1.09
甘肃	100.69	15.29	301.91	6.32	106.26	15.02	525.75	5.61	157.25	16.77	1164.34	2.86
青海	157.19	10.99	142.87	26.66	152.84	11.41	248.47	24.70	218.77	11.14	449.51	12.54
宁夏	124.87	8.38	179.33	13.33	125.41	9.02	171.69	17.86	160.68	8.44	517.53	5.55
新疆	122.25	10.65	178.57	13.08	119.82	10.48	221.29	14.17	183.29	10.36	922.65	3.58

数据来源:《中国统计年鉴》(2011 年、2012 年、2013 年)、《中国民政统计年鉴》(2011 年、2012 年、2013 年)、《中国人口和就业统计年鉴》(2011 年、2012 年)。

附表 3-2-1　2010 年各省(市)城乡最低生活保障状况

地区	农村平均月标准(元/人)	城镇平均月标准(元/人)	农村低保人数(万人)	城镇低保总人数(万人)	受助总人数(万人)	城乡年平均低保标准(元/人)	户籍总人口(万人)	低保受助率(%)
北京	273.10	430.00	7.70	13.70	21.40	373.57	1261.70	1.70
天津	302.80	450.00	8.61	19.79	28.40	405.36	989.56	2.87
河北	110.00	265.30	191.26	88.35	279.61	159.07	7298.05	3.83
山西	93.50	231.30	132.08	91.51	223.59	149.90	3473.62	6.44
内蒙古	161.40	299.00	115.57	85.37	200.93	219.86	2453.20	8.19
辽宁	144.20	296.10	93.37	124.61	217.98	231.04	4251.68	5.13
吉林	112.20	227.90	97.52	115.53	213.04	174.94	2723.81	7.82
黑龙江	115.40	240.10	112.66	151.15	263.81	186.85	3842.79	6.87
上海	300.00	450.00	8.13	35.32	43.45	421.94	1412.32	3.08
江苏	244.80	342.30	139.43	42.81	182.23	267.70	7466.59	2.44
浙江	240.10	367.00	57.37	8.98	66.35	257.27	4747.95	1.40
安徽	111.60	254.10	214.62	88.39	303.02	153.17	6825.10	4.44
福建	122.60	218.30	71.32	18.15	89.47	142.02	3529.69	2.53
江西	111.70	243.90	149.75	98.11	247.86	164.03	4693.55	5.28
山东	116.80	285.70	242.58	67.58	310.16	153.60	9536.19	3.25
河南	84.90	202.50	369.21	148.21	517.42	118.59	10799.63	4.79
湖北	93.60	252.20	212.91	137.46	350.37	155.82	6148.95	5.70
湖南	82.30	213.90	261.15	145.17	406.31	129.32	7069.04	5.75
广东	168.90	254.40	184.01	40.65	224.66	184.37	8521.55	2.64
广西	96.60	228.00	315.68	60.19	375.87	117.64	5331.43	7.05
海南	169.50	250.20	23.08	16.98	40.06	203.71	896.09	4.47
重庆	135.80	255.90	116.88	60.77	177.65	176.88	3303.45	5.38
四川	85.50	210.00	394.47	186.97	581.44	125.53	9001.27	6.46
贵州	106.90	211.60	534.74	53.98	588.72	116.50	4189.00	14.05
云南	76.10	206.40	378.00	92.57	470.57	101.73	4528.22	10.39
西藏	64.20	305.80	23.00	4.20	27.20	101.54	293.95	9.25
陕西	112.60	283.60	132.08	91.51	223.59	182.59	3873.87	5.77
甘肃	76.90	189.20	326.74	87.81	414.55	100.69	2712.12	15.29
青海	113.00	232.00	38.00	22.45	60.45	157.19	549.97	10.99
宁夏	70.70	211.90	33.19	20.66	53.84	124.87	642.61	8.38
新疆	77.90	183.20	133.41	97.07	230.48	122.25	2164.44	10.65

附表 3-2-2　2011 年各省(市)城乡最低生活保障状况

地区	农村平均月标准(元/人)	城镇平均月标准(元/人)	农村低保人数(万人)	城镇低保总人数(万人)	受助总人数(万人)	城乡年平均低保标准(元/人)	户籍总人口(万人)	低保受助率(%)
北京	363.23	453.73	7.00	11.70	18.70	419.85	1280.92	1.46
天津	327.00	438.38	9.80	18.00	27.80	399.11	1000.40	2.78
河北	126.01	252.48	208.40	88.10	296.50	163.59	7344.76	4.04
山西	112.82	226.43	136.80	91.70	228.50	158.41	3499.50	6.53
内蒙古	178.55	289.69	116.50	84.80	201.30	225.37	2465.93	8.16
辽宁	158.98	271.85	93.60	118.60	212.20	222.06	4254.98	4.99
吉林	119.09	213.56	97.90	115.60	213.50	170.24	2726.54	7.83
黑龙江	117.00	228.74	121.40	155.60	277.00	179.77	3834.32	7.22
上海	345.00	453.75	6.70	32.40	39.10	435.12	1419.36	2.75
江苏	272.38	340.13	141.70	40.90	182.60	287.56	7514.25	2.43
浙江	271.81	371.08	58.10	8.80	66.90	284.87	4781.31	1.40
安徽	134.26	244.62	216.60	84.20	300.80	165.15	6886.58	4.37
福建	137.08	228.63	72.70	18.10	90.80	155.33	3551.76	2.56
江西	135.98	259.87	150.10	98.10	248.20	184.95	4752.56	5.22
山东	132.74	262.61	239.30	60.60	299.90	158.98	9591.00	3.13
河南	98.01	192.33	365.60	141.90	507.50	124.38	10922.45	4.65
湖北	118.75	241.47	230.10	137.20	367.30	164.59	6164.06	5.96
湖南	103.40	200.64	260.60	145.10	405.70	138.18	7134.89	5.69
广东	185.76	251.40	184.10	40.00	224.10	197.48	8637.19	2.59
广西	100.47	200.81	325.10	57.30	382.40	115.50	5368.64	7.12
海南	193.22	254.67	24.40	17.10	41.50	218.54	907.82	4.57
重庆	140.91	237.71	101.30	56.90	158.20	175.72	3329.81	4.75
四川	101.18	197.56	425.10	189.30	614.40	130.87	9058.39	6.78
贵州	114.05	220.30	530.90	54.30	585.20	123.90	4238.44	13.81
云南	93.63	191.34	403.40	93.10	496.50	111.95	4562.29	10.88
西藏	78.19	285.78	23.00	4.30	27.30	110.88	302.27	9.03
陕西	127.13	257.57	220.70	84.60	305.30	163.28	3908.68	7.81
甘肃	87.65	174.27	321.80	88.10	409.90	106.26	2728.88	15.02
青海	116.44	214.95	40.10	23.50	63.60	152.84	557.59	11.41
宁夏	85.75	197.85	38.00	20.80	58.80	125.41	651.63	9.02
新疆	87.82	164.80	134.90	96.00	230.90	119.82	2202.66	10.48

附表 3-2-3　2012 年各省（市）城乡最低生活保障状况

地区	农村平均月标准（元/人）	城镇平均月标准（元/人）	农村低保人数（万人）	城镇低保总人数（万人）	受助总人数（万人）	城乡年平均低保标准（元/人）	户籍总人口（万人）	低保受助率（%）
北京	426.62	520.0	6.3	11.0	17.3	485.99	1297.50	1.33
天津	370.17	520.0	10.1	16.6	26.7	463.32	1413.00	1.89
河北	153.92	335.0	208.0	77.3	285.3	202.98	7287.51	3.91
山西	146.33	308.5	150.6	89.0	239.6	206.57	3610.83	6.64
内蒙古	242.19	407.7	123.5	80.8	204.3	307.65	2489.90	8.21
辽宁	207.07	366.6	91.9	107.0	198.9	292.89	4244.80	4.69
吉林	144.18	291.1	77.0	90.5	167.5	223.56	2701.50	6.20
黑龙江	157.33	323.7	119.4	152.4	271.8	250.61	3834.00	7.09
上海	430.00	570.0	3.4	22.3	25.7	551.48	1426.93	1.80
江苏	353.39	434.3	138.1	37.0	175.1	370.49	7553.48	2.32
浙江	331.12	462.7	56.7	7.8	64.5	347.03	4799.34	1.34
安徽	178.72	339.4	214.6	81.9	296.5	223.10	6901.97	4.30
福建	174.93	324.1	73.5	16.9	90.4	202.81	3748.00	2.41
江西	172.71	345.9	150.3	98.0	248.3	241.06	4503.93	5.51
山东	182.46	364.1	250.7	53.0	303.7	214.16	9580.00	3.17
河南	117.83	271.8	373.0	133.4	506.4	158.39	10543.00	4.80
湖北	132.33	334.5	230.7	129.5	360.2	205.01	6165.40	5.84
湖南	144.28	304.5	277.4	145.6	423.0	199.43	7179.87	5.89
广东	220.47	314.0	177.8	37.2	215.0	236.65	8635.89	2.49
广西	114.60	270.5	332.8	51.5	384.3	135.49	5240.00	7.33
海南	236.67	316.2	24.7	15.7	40.4	267.57	901.93	4.48
重庆	183.55	326.0	74.3	51.5	125.8	241.87	3343.44	3.76
四川	131.32	276.7	434.5	186.4	620.9	174.96	9097.40	6.83
贵州	135.58	308.0	513.0	53.0	566.0	151.72	4249.48	13.32
云南	139.68	284.4	437.5	93.6	531.1	165.19	4659.00	11.40
西藏	133.33	399.7	32.9	4.8	37.7	167.25	307.62	12.26
陕西	167.31	363.1	205.4	74.7	280.1	219.52	3926.22	7.13
甘肃	133.11	251.3	344.0	88.3	432.3	157.25	2577.55	16.77
青海	165.86	310.8	40.0	23.0	63.0	218.77	565.55	11.14
宁夏	114.77	252.5	36.4	18.2	54.6	160.68	647.19	8.44
新疆	128.64	261.0	135.8	95.5	231.3	183.29	2232.78	10.36

数据来源：《中国统计年鉴》（2011 年、2012 年、2013 年）、《中国人口和就业统计年鉴》（2011 年、2012 年）、2010 年、2011 年、2012 年 4 个季度各省民政事业统计数据、2010 年、2011 年、2012 年各省民政事业统计季报。

附表 3-3-1　2010 年各省(市)城乡医疗救助状况

地区	城市医疗救助支出(万元)	农村医疗救助支出(万元)	总医疗救助支出(万元)	城市医疗救助人次数(万人次)	农村医疗救助人次数(万人次)	总救助人次(万人)	城乡医疗救助支出(元/人/次)	户籍总人口(万人)	医疗救助受助率(%)
北京	5001.00	1795.90	6796.90	7.50	10.12	17.62	385.65	1261.70	1.40
天津	4447.80	1760.50	6208.30	7.90	3.14	11.05	562.01	989.56	1.12
河北	15026.8	31139.1	46165.90	35.08	252.20	287.28	160.70	7298.05	3.94
山西	18398.5	18835.5	37234.00	82.92	88.22	171.13	217.57	3473.62	4.93
内蒙古	15519.4	20597.3	36116.70	47.89	91.22	139.11	259.62	2453.20	5.67
辽宁	14034.0	12519.7	26553.70	58.14	86.14	144.28	184.04	4251.68	3.39
吉林	30019.1	22270.7	52289.80	156.40	135.74	292.15	178.99	2723.81	10.73
黑龙江	50080.2	38083.6	88163.80	139.35	135.37	274.71	320.93	3842.79	7.15
上海	12307.9	11696.6	24004.50	20.27	13.49	33.76	711.01	1412.32	2.39
江苏	11247.9	35475.2	46723.10	43.50	151.51	195.01	239.59	7466.59	2.61
浙江	9682.60	38495.60	48178.20	9.25	80.63	89.88	536.03	4747.95	1.89
安徽	14761.10	39988.30	54749.40	31.68	245.79	277.47	197.32	6825.10	4.07
福建	3062.40	10366.00	13428.40	15.24	85.73	100.96	133.00	3529.69	2.86
江西	46365.30	62747.50	109112.80	126.05	206.84	332.89	327.77	4693.55	7.09
山东	13446.40	27258.70	40705.10	24.75	203.12	227.86	178.64	9536.19	2.39
河南	16789.20	41149.30	57938.50	110.64	432.74	543.37	106.63	10799.63	5.03
湖北	17790.80	22273.10	40063.90	143.93	246.81	390.74	102.53	6148.95	6.35
湖南	27285.40	42677.00	69962.40	125.68	276.38	402.06	174.01	7069.04	5.69
广东	15751.70	17850.10	33601.80	55.61	186.23	241.84	138.94	8521.55	2.84
广西	5372.80	24598.70	29971.50	24.53	259.94	284.47	105.36	5331.43	5.34
海南	3932.40	7255.40	11187.80	21.89	35.61	57.50	194.56	896.09	6.42
重庆	13354.40	20510.50	33864.90	107.75	225.88	333.62	101.51	3303.45	10.10
四川	38556.00	75184.20	113740.20	135.47	545.67	681.14	166.99	9001.27	7.57
贵州	6498.90	34258.90	40757.80	40.11	479.75	519.86	78.40	4189.00	12.41
云南	15162.70	45656.60	60819.30	119.10	531.98	651.08	93.41	4528.22	14.38
西藏	3062.90	6175.20	9238.10	0.58	7.83	8.40	1099.51	293.95	2.86
陕西	16735.20	37098.30	53833.50	20.70	139.21	159.91	336.65	3873.87	4.13
甘肃	13364.10	38359.70	51723.80	34.32	137.00	171.32	301.91	2712.12	6.32
青海	7178.70	13772.60	20951.30	52.02	94.63	146.65	142.87	549.97	26.66
宁夏	5199.40	10165.20	15364.60	28.34	57.33	85.68	179.33	642.61	13.33
新疆	25768.00	24795.00	50563.00	94.73	188.42	283.15	178.57	2164.44	13.08

附表 3-3-2　2011 年各省(市)城乡医疗救助状况

地区	城市医疗救助支出(万元)	农村医疗救助支出(万元)	总医疗救助支出(万元)	城市医疗救助人次数(万人次)	农村医疗救助人次数(万人次)	总救助人次(万人)	城乡医疗救助支出(元/人/次)	户籍总人口(万人)	医疗救助受助率(%)
北京	9145.60	2908.70	12054.30	9.49	12.94	22.43	537.32	1280.92	1.75
天津	4211.40	4621.10	8832.50	11.99	25.24	37.23	237.23	1000.40	3.72
河北	18233.30	37094.20	55327.50	29.62	212.00	241.62	228.98	7344.76	3.29
山西	21936.40	26719.80	48656.20	71.35	84.94	156.29	311.32	3499.50	4.47
内蒙古	20795.40	26817.10	47612.50	53.15	97.66	150.81	315.71	2465.93	6.12
辽宁	15478.70	14253.20	29731.90	84.46	89.30	173.76	171.11	4254.98	4.08
吉林	32715.10	30100.80	62815.90	189.94	149.26	339.20	185.19	2726.54	12.44
黑龙江	58149.20	47040.80	105190.00	176.02	154.04	330.06	318.70	3834.32	8.61
上海	19552.50	11498.10	31050.60	18.14	2.04	20.19	1538.22	1419.36	1.42
江苏	28983.70	52742.00	81725.70	71.00	233.59	304.59	268.32	7514.25	4.05
浙江	10182.50	41095.50	51278.00	9.95	108.57	118.52	432.66	4781.31	2.48
安徽	24670.90	67090.20	91761.10	59.16	300.79	359.95	254.93	6886.58	5.23
福建	4775.70	13842.80	18618.50	16.15	97.30	113.45	164.11	3551.76	3.19
江西	44415.20	64959.60	109374.80	134.91	229.63	364.53	300.04	4752.56	7.67
山东	18491.80	40409.60	58901.40	27.22	208.42	235.64	249.97	9591.00	2.46
河南	21027.40	62121.50	83148.90	104.67	428.76	533.42	155.88	10922.45	4.88
湖北	32109.30	44179.20	76288.50	155.26	269.91	425.17	179.43	6164.06	6.90
湖南	37394.70	61571.00	98965.70	124.01	347.40	471.41	209.94	7134.89	6.61
广东	21982.20	31078.20	53060.40	67.24	218.69	285.93	185.57	8637.19	3.31
广西	9187.50	41749.20	50936.70	31.55	257.46	289.02	176.24	5368.64	5.38
海南	4594.40	10659.00	15253.40	22.52	43.40	65.93	231.37	907.82	7.26
重庆	20734.40	34482.60	55217.00	120.47	245.16	365.63	151.02	3329.81	10.98
四川	56389.10	113241.90	169631.00	203.62	729.87	933.49	181.72	9058.39	10.31
贵州	11790.70	66053.20	77843.90	52.23	536.87	589.10	132.14	4238.44	13.90
云南	20768.10	69579.20	90347.30	116.82	576.43	693.25	130.32	4562.29	15.20
西藏	680.10	4359.40	5039.50	0.15	2.54	2.69	1872.72	302.27	0.89
陕西	27376.40	56289.40	83665.80	22.16	154.41	176.57	473.85	3908.68	4.52
甘肃	20275.30	60149.50	80424.80	31.84	121.13	152.97	525.75	2728.88	5.61
青海	14311.30	19907.20	34218.50	47.25	90.47	137.72	248.47	557.59	24.70
宁夏	7119.50	12862.80	19982.30	37.29	79.10	116.39	171.69	651.63	17.86
新疆	38930.60	30133.60	69064.20	122.28	189.83	312.10	221.29	2202.66	14.17

附表 3-3-3　2012 年各省(市)城乡医疗救助状况

地区	城市医疗救助支出(万元)	农村医疗救助支出(万元)	总医疗救助支出(万元)	城市医疗救助人次数(万人次)	农村医疗救助人次数(万人次)	总救助人次(万人)	城乡医疗救助支出(元/人/次)	户籍总人口(万人)	医疗救助受助率(%)
北京	6686.1	3580.0	10266.1	8.1	3.2	11.3	908.50	1297.50	0.87
天津	7670.1	5105.2	12775.3	11.9	N/A	11.9	1073.55	1413.00	0.84
河北	17950.6	40818.8	58769.4	10.2	34.5	44.7	1314.75	7287.51	0.61
山西	23598.6	30847.5	54446.1	14.7	13.4	28.1	1937.58	3610.83	0.78
内蒙古	23822.1	31287.2	55109.3	16.1	22.8	38.9	1416.69	2489.90	1.56
辽宁	14461.6	15468.5	29930.1	10.2	17.7	27.9	1072.76	4244.80	0.66
吉林	32371.7	28267.2	60638.9	29.2	24.3	53.5	1133.44	2701.50	1.98
黑龙江	63729.7	51024.5	114754.2	53.3	27.8	81.1	1414.97	3834.00	2.12
上海	17475.1	10736.2	28211.3	6.8	2.0	8.8	3205.83	1426.93	0.62
江苏	38842.0	61783.8	100625.8	68.4	96.4	164.8	610.59	7553.48	2.18
浙江	13843.8	51748.7	65592.5	15.0	76.3	91.3	718.43	4799.34	1.90
安徽	25604.1	68214.7	93818.8	12.9	64.0	76.9	1220.01	6901.97	1.11
福建	5835.6	18354.0	24189.6	9.6	19.9	29.5	819.99	3748.00	0.79
江西	47962.8	70240.4	118203.2	28.6	51.7	80.3	1472.02	4503.93	1.78
山东	18655.9	50022.4	68678.3	7.3	25.1	32.4	2119.70	9580.00	0.34
河南	20910.0	65509.0	86419.0	23.4	109.0	132.4	652.71	10543.00	1.26
湖北	29973.3	50397.4	80370.7	18.9	60.1	79.0	1017.35	6165.40	1.28
湖南	39646.4	69153.7	108800.1	38.9	87.1	126.0	863.49	7179.87	1.75
广东	23363.0	34493.9	57856.9	33.5	30.1	63.6	909.70	8635.89	0.74
广西	10763.9	54999.8	65763.7	8.2	46.9	55.1	1193.53	5240.00	1.05
海南	8047.0	14066.9	22113.9	5.5	10.0	15.5	1426.70	901.93	1.72
重庆	25185.5	39499.3	64684.8	62.2	92.4	154.6	418.40	3343.44	4.62
四川	56937.0	124436.9	181373.9	78.2	249.8	328.0	552.97	9097.40	3.61
贵州	12478.6	66977.4	79456.0	5.6	38.6	44.2	1797.65	4249.48	1.04
云南	21968.8	77520.1	99488.9	17.4	69.1	86.5	1150.16	4659.00	1.86
西藏	640.3	11166.8	11807.1	0.3	3.4	3.7	3191.11	307.62	1.20
陕西	19365.2	54324.4	73689.6	6.3	36.6	42.9	1717.71	3926.22	1.09
甘肃	22774.0	63037.5	85811.5	19.0	54.7	73.7	1164.34	2577.55	2.86
青海	11306.5	20563.7	31870.2	24.4	46.5	70.9	449.51	565.55	12.54
宁夏	6722.7	11856.5	18579.2	12.2	23.7	35.9	517.53	647.20	5.55
新疆	40209.6	33602.4	73812.0	33.6	46.4	80.0	922.65	2232.78	3.58

数据来源:《中国统计年鉴》(2011 年、2012 年、2013 年)、《中国民政统计年鉴》(2011 年、2012 年、2013 年)、《中国人口和就业统计年鉴》(2011 年、2012 年、2013 年)。

第四章　养老保障发展指数

一、养老保障概述

（一）中国养老保障制度的发展和演变

中国具有悠久的敬老尊老传统，在奴隶社会向封建社会转型时期，便开始出现公共养老措施。儒家经典《周礼》记载了六条保息政策，其中之一即是"养老"。《管子》提出"行九惠之教"，第一条便是"老老"，即养老。《管子·五辅》中还提出"德有六兴"思想，其中一条为"养长老，慈幼孤，恤鳏寡，问疾病，吊祸丧，此谓匡其急。"我国古代公共养老制度建立在以"孝"为基础的道义要求之上，以"尊老"为重，"养老"为次，通过"尊老"达到治理天下的目的。自汉代以来，"以孝治国"、"以孝治天下"便成为历代统治者的治国理念，《孝经》被列为七经之一，规定全民皆读。历经多个朝代的变更，中国的养老尊老文化不仅没有中断，反而变得更加完善，一直传承至今。

新中国成立后，我国养老保障制度逐步完善起来，建立了现代养老保险制度，创立了"五保"供养制度和老年津贴制度。从我国养老保险制度的发展进程来看，迄今可以分为两个大的发展阶段：一是1950—1985年，为传统养老保险制度时期；二是1986年到现在，为转型期的养老保险制度。在传统养老保险制度时期，养老保障带有典型的"国家—单位"保障的特征，劳动者能否享受到养老金、享受多高水平的养老金和如何领取养老金是与劳动者有无单位、单位的性质和单位发放养老金职责履行得怎样等情况紧密联系的。1986 年养老保险制度开始改革,改革的目标是建立适应社会主义市场经济体制要求,适用于城镇各类企业职工和个体劳动者,资金来源多渠道、保障方式多层次、社会统筹与个人账户相结合、权利与义务相对应和管理服务社会化的养老保险体系。具体来说,筹资模式从现收现付模式转变为部分积累模式,支付模式从待遇确定制转变为缴费确定制,资金来源要从劳动者不缴任何费用转变为政府、企业和个人三方共同负担等。在进一步完善城镇企业职工基本养老保险制度的同时,我国分别于 2009 年发布《国务院关于开展新型农村社会养老保险试点的指导意见》,2011 年发布了《国务院关于开展城镇居民社会养老保险试点的指导意见》,重点推进农村居民和城镇居民的基本养老保险制度。

在老年福利方面,新中国成立后,国家有计划地统一管理老年福利事业,并形成与计划经济体制相适应的“国家—单位(集体)”福利管理体制。改革开放以来,老年人社会福利事业开始了新的探索和改革之路,建立起包括养老服务、老年文化娱乐福利项目、老年优待、老年津贴、特殊老年福利制度、老年福利设施在内的现行的老年福利制度体系。我国养老保障制度的具体架构详见表 4-1。

表 4-1　养老保障制度框架

	制度	项　目	保　障　对　象
养老保障	养老保险	机关事业单位退休制度	公务员、事业单位人员
		城镇职工基本养老保险	城镇职工
		城镇居民养老保险	16 周岁以上城镇居民
		新型农村养老保险	16 周岁以上农村居民
	老年福利	老年优待	60 岁及以上老年人
		高龄津贴	80 岁及以上老年人
		五保供养	无劳动能力、无法定赡养人、无收入来源的老年人

（二）指标设计

1. 养老保障发展指数

养老保障发展指数是一个用于衡量一个国家或地区养老保障整体发展水平的指标。养老保障发展指数是一个综合指标，可以用它反映不同省市间养老保障发展水平的差异。在内容上主要涵盖城乡养老保险和城乡老年福利。

养老保障发展指数的计算公式为：

$$\text{养老保障发展指数} = \sum \text{指标标准值} \times \text{权重}$$

$$= \text{城乡养老保障待遇水平} \times 0.5 + \text{城乡养老保险参保率} \times 0.3 + \text{高龄津贴覆盖率} \times 0.2$$

2. 城乡养老保险参保率

城乡养老保险参保率是考察某一地区城镇企业职工基本养老保险制度、城镇居民养老保险制度（试点）、新型农村社会养老保险制度（试点）三项制度的综合"全覆盖"进展情况的测量指标。由于相关统计年鉴并未公布城镇居民养老保险制度（试点）的相关数据，因此本报告的城乡养老保险参保率计算中未包含城镇居民养老保险制度的参保情况。这一指标不分城乡，只采用一个综合指标测量，目的在于促进城乡均衡发展。

城乡养老保险参保率的计算公式为：

$$\text{城乡养老保险参保率} = \frac{\text{城乡养老保险参保总人数}}{\text{15 岁及以上人口数}} \times 100\%$$

3. 城乡养老保障待遇水平

城乡养老保障待遇水平是考察某一地区企业职工、年满 60 岁农民和高龄老人能从养老保险和老年福利制度中获得的养老待遇高低的重要指标。城乡养老保障待遇水平是由城镇企业职工退休金待遇、城镇居民养老保险待遇、农民养老保险待遇和"五保"供养待遇构成的综合待遇水平，是用来测量某一地区城乡养老保障发展水平的综合性指标。由于相关统计年鉴并未公布城镇居民养老保险制度(试点)的相关数据,因此本报告的城乡养老保障待遇水平在计算中未能加入城镇居民养老保险制度的待遇情况。这一指标也采用一个综合指标测量。

城乡养老保障待遇水平的计算公式为:

$$\text{城乡养老保障待遇水平} = \text{城镇职工基本养老保险待遇} \times \frac{\text{城镇职工离退休人员数}}{\text{领取养老保障待遇总人数}} + \text{新农保待遇} \times \frac{\text{新农保领取待遇人数}}{\text{领取养老保障待遇总人数}} + \text{五保供养人均支出水平} \times \frac{\text{农村五保供养总人口数}}{\text{领取养老保障待遇总人数}}$$

其中:

$$\text{城镇职工基本养老保险待遇} = \frac{\text{城镇职工基本养老保险基金支出}}{\text{城镇职工离退休人员}}$$

$$\text{新农保待遇} = \frac{\text{新农保基金支出}}{\text{领取待遇人数}}$$

$$\text{五保供养人均支出水平} = \text{农村五保集中供养人均支出水平} \times \frac{\text{农村五保集中供养人数}}{\text{农村五保总人数}} + \text{农村五保分散供养人均支出水平} \times \frac{\text{农村五保分散供养人数}}{\text{农村五保总人数}}$$

4. 高龄津贴覆盖率

高龄津贴是指政府为高龄老人(一般为 80 岁)提供的资金支持,是一种兼有社会救助和社会福利性质的社会保障措施。高龄津贴覆盖率是指享受高龄津贴的人数占该地区 80 岁及以上老年人口数的比重,是衡量我国老年福利状况和地区老年福利差异的重要指标。

高龄津贴覆盖率的计算公式为:

$$\text{高龄津贴覆盖率} = \frac{\text{享受高龄津贴老年人数}}{\text{80 岁及以上老年人数}} \times 100\%$$

二、养老保障发展指数排名

(一)养老保障发展指数排名

2012年养老保障发展指数排名位于全国前五位的省市是青海、陕西、北京、上海和浙江,其得分明显高于全国其他省市。江苏、广东、天津、内蒙古、重庆和山东六省市的养老保障发展指数也高于全国平均水平。湖南、河南、广西、贵州和吉林位居排名的最后五位,指数值均不足0.7,明显低于全国平均水平(见表4-2)。

表4-2　2012年各地区养老保障总体水平及排名

地区	养老保障发展指数	排名	城乡养老保险参保率(%)	城乡养老保障待遇水平(元/人/月)	高龄津贴覆盖率(%)
青海	2.1540	1	63.95	255.24	466.61
陕西	2.0376	2	72.53	388.54	336.79
北京	1.9019	3	73.45	722.32	93.80
上海	1.5013	4	68.46	651.79	10.38
浙江	1.4745	5	72.93	504.90	81.45
江苏	1.2682	6	69.15	381.88	91.41
广东	1.1650	7	70.70	289.01	109.71
天津	1.1372	8	46.27	506.94	8.35
内蒙古	1.0422	9	57.02	300.96	82.40
重庆	1.0166	10	74.77	335.76	27.05
山东	1.0131	11	79.27	284.31	49.56
西藏	0.9514	12	61.26	209.51	100.00
海南	0.9382	13	67.17	323.54	19.64
宁夏	0.9196	14	60.97	257.41	61.69

续表

地区	养老保障发展指数	排名	城乡养老保险参保率(%)	城乡养老保障待遇水平(元/人/月)	高龄津贴覆盖率(%)
福建	0. 8701	15	70. 28	262. 51	28. 48
山西	0. 8410	16	69. 72	206. 89	52. 47
云南	0. 8391	17	65. 57	129. 77	103. 46
辽宁	0. 8266	18	67. 23	281. 10	7. 68
安徽	0. 8131	19	83. 97	194. 77	29. 24
河北	0. 7680	20	74. 28	223. 23	11. 94
江西	0. 7553	21	68. 88	193. 82	33. 09
黑龙江	0. 7498	22	52. 35	247. 74	24. 05
甘肃	0. 7438	23	67. 32	208. 94	22. 70
四川	0. 7356	24	65. 42	211. 23	21. 47
新疆	0. 7323	25	56. 07	118. 71	88. 80
湖北	0. 7257	26	68. 95	191. 18	24. 77
湖南	0. 6984	27	76. 86	181. 92	9. 45
河南	0. 6915	28	79. 83	173. 94	7. 47
广西	0. 6836	29	57. 29	224. 51	8. 52
贵州	0. 5077	30	58. 27	105. 22	19. 25
吉林	0. 4974	31	49. 25	124. 53	17. 85

从2012年各指标的离散程度看,变异系数最小的是城乡养老保险参保率,为0. 1339;变异系数最大的是高龄津贴覆盖率,为1. 4697。城乡养老保障待遇水平的变异系数为0. 5206,养老保障发展指数的变异系数为0. 4165。说明各省之间在城乡养老保险参保率中的差距相对较小,而高龄津贴覆盖率、城乡养老保障待遇水平两个指标在不同省市间的差距相对较大。

表 4-3　2012 年各地区养老保障指数指标统计描述表

	极小值	极大值	均值	标准差	变异系数
养老保障发展指数	0.4974	2.1540	1.00	0.4165	0.4165
城乡养老保险参保率(%)	46.27	83.97	66.76	8.9396	0.1339
城乡养老保障待遇水平(元)	105.22	722.32	280.39	145.9764	0.5206
高龄津贴覆盖率(%)	7.47	466.61	66.11	97.1599	1.4697

2011 年,养老保障发展指数排名前五位的省市是:北京、上海、浙江、江苏和陕西,其指数值均在 1.3 以上,得分明显高于其他省市;在养老保障发展指数低于全国平均水平的 17 个省市中,黑龙江、湖南、吉林、贵州和广西得分较低,排在最后五位(见表 4-4)。

表 4-4　2011 年各地区养老保障总体水平及排名

地区	养老保障发展指数	排名	城乡养老保险参保率(%)	城乡养老保障待遇水平(元/人/月)	高龄津贴覆盖率(%)
北京	2.1231	1	70.45	615.83	87.99
上海	1.7709	2	69.34	636.48	8.59
浙江	1.7413	3	57.84	452.02	94.96
江苏	1.4354	4	62.61	317.47	85.21
陕西	1.3084	5	58.61	283.96	78.29
西藏	1.2832	6	57.40	175.54	121.21
天津	1.2698	7	46.58	459.93	8.17
青海	1.1499	8	58.09	146.37	105.83
宁夏	1.1089	9	59.93	219.21	64.05
内蒙古	1.0971	10	34.98	266.23	69.48
山东	1.0786	11	67.56	236.24	41.94
重庆	1.0703	12	74.02	265.16	20.51
广东	1.0381	13	53.15	215.34	58.92

续表

地区	养老保障发展指数	排名	城乡养老保险参保率(%)	城乡养老保障待遇水平(元/人/月)	高龄津贴覆盖率(%)
云南	1.0122	14	43.66	110.09	109.66
新疆	0.9444	15	53.35	114.63	82.98
山西	0.9320	16	53.14	196.12	45.58
海南	0.8867	17	56.34	244.19	12.05
辽宁	0.8811	18	59.68	244.47	7.03
福建	0.7856	19	46.89	200.62	20.86
河北	0.7834	20	56.52	202.11	8.93
甘肃	0.7720	21	49.91	196.01	16.68
江西	0.7707	22	56.06	175.68	18.24
安徽	0.7235	23	59.57	163.12	10.07
湖北	0.7178	24	56.78	169.45	9.33
河南	0.7168	25	60.24	168.02	5.84
四川	0.7061	26	45.06	184.47	13.67
黑龙江	0.6949	27	37.35	184.14	20.21
湖南	0.6397	28	57.76	139.73	5.13
吉林	0.5522	29	41.66	128.93	10.08
贵州	0.5341	30	42.98	103.09	16.03
广西	0.4718	31	35.52	117.22	5.65

从2011年养老保障各个指标的离散程度可以看出,各省市在城乡养老保险参保率间的差距相对较小。高龄津贴覆盖率、城乡养老保障待遇水平在不同省市间的差距相对较大。如西藏、青海和云南等地的高龄津贴覆盖率明显高于其他省市;在城乡养老保障待遇水平上,经济发达地区,如北京、上海、天津等地则明显高于其他省市。西藏、云南等省份因为高龄津贴覆盖率在全国占很大优势,而指数排名较高(见表4-5)。

表 4-5　2011 年各地区养老保障指数指标统计描述表

	极小值	极大值	均值	标准差	变异系数
养老保障发展指数	0.4718	2.1231	1.00	0.3818	0.3818
城乡养老保险参保率(%)	34.98	74.02	54.29	9.9448	0.1832
城乡养老保障待遇水平(元)	103.09	636.48	236.51	133.7559	0.5655
高龄津贴覆盖率(%)	5.13	121.21	40.74	37.7871	0.9275

2010 年,养老保障发展指数排名前五位的省市是:北京、上海、浙江、天津和西藏,其指数值均在 1.3 以上,得分明显高于其他省市。养老保障指数高于全国平均水平的省市还有江苏、宁夏、重庆等 9 个省市。而在养老保障发展指数低于全国平均水平的 17 个省市中,安徽、湖南、贵州、吉林和广西则排在最后五位,指数值均低于 0.6(见表 4-6)。

表 4-6　2010 年各地区养老保障总体水平及排名

地区	养老保障发展指数	排名	城乡养老保险参保率(%)	城乡养老保障待遇水平(元/人/月)	高龄津贴覆盖率(%)
北京	2.2871	1	75.05	444.00	89.66
上海	2.2394	2	69.91	637.77	14.48
浙江	1.6283	3	46.92	379.54	47.09
天津	1.4489	4	56.07	382.42	8.51
西藏	1.3836	5	41.20	164.84	98.59
江苏	1.2249	6	41.15	261.73	37.81
宁夏	1.1914	7	32.93	194.35	67.82
重庆	1.1670	8	66.15	219.97	16.44
云南	1.1639	9	24.13	108.24	106.57
陕西	1.1571	10	35.82	206.26	54.82
山东	1.1309	11	37.63	202.79	50.13
青海	1.0929	12	35.84	126.31	75.60
内蒙古	1.0406	13	33.86	207.83	38.90
山西	1.0373	14	33.37	150.08	60.98

续表

地区	养老保障发展指数	排名	城乡养老保险参保率(%)	城乡养老保障待遇水平(元/人/月)	高龄津贴覆盖率(%)
辽宁	0.9481	15	54.62	195.72	5.88
福建	0.8873	16	32.80	169.33	31.70
海南	0.8711	17	41.60	198.30	8.15
广东	0.8700	18	42.83	174.75	15.57
黑龙江	0.8416	19	42.88	171.62	12.42
四川	0.7649	20	36.08	171.23	8.77
河北	0.7083	21	34.94	159.19	6.13
新疆	0.6619	22	50.39	89.22	8.16
甘肃	0.6479	23	23.85	146.27	14.63
河南	0.6421	24	34.48	137.94	4.79
江西	0.6311	25	29.45	138.10	8.81
湖北	0.6156	26	34.94	134.11	1.74
安徽	0.5729	27	24.51	128.66	9.28
湖南	0.5635	28	33.01	112.50	4.33
贵州	0.5556	29	21.10	103.81	20.05
吉林	0.5247	30	36.94	90.65	2.32
广西	0.5000	31	22.42	119.67	4.12

各省之间在城乡养老保险参保率中的差距较小，而高龄津贴覆盖率、城乡养老保障待遇水平两个指标在不同省市间的离散程度较大，也就是说省市间差距相对较大。如西藏、青海和云南等地的高龄津贴覆盖率明显高于其他省市；城乡养老保障待遇水平上，经济发达地区，如北京、上海、天津等地则明显高于其他省市。西藏、云南等省市因为高龄津贴覆盖率的优势，养老保障指数的排名较高。重庆市的养老保险覆盖率和养老保险待遇水平均位列前茅，但由于较低的高龄津贴覆盖率，导致整体的养老保障发展指数排名相对靠后。

表 4-7　2010 年各地区养老保障指数指标统计描述表

	极小值	极大值	均值	标准差	变异系数
养老保障发展指数	0.5000	2.2871	1.00	0.4488	0.4488
城乡养老保险参保率(%)	21.10	75.05	39.58	13.3668	0.3377
城乡养老保障待遇水平(元)	89.22	637.77	197.65	117.0381	0.5921
高龄津贴覆盖率(%)	1.74	106.57	30.14	30.9598	1.0272

养老保障发展指数变化趋势明显(见图 4-1),仅有天津、河北、河南、湖北、甘肃几乎未发生变化。2010—2012 年,养老保障发展指数增加的省市中,陕西和青海变化较为明显,而山西、辽宁、吉林、黑龙江、云南、宁夏、新疆等多个省市养老保障发展指数下降幅度较大。从三年的平均水平来看,养老保障发展指数最高的为北京市 2.1040,而最低的贵州省仅为 0.5325。

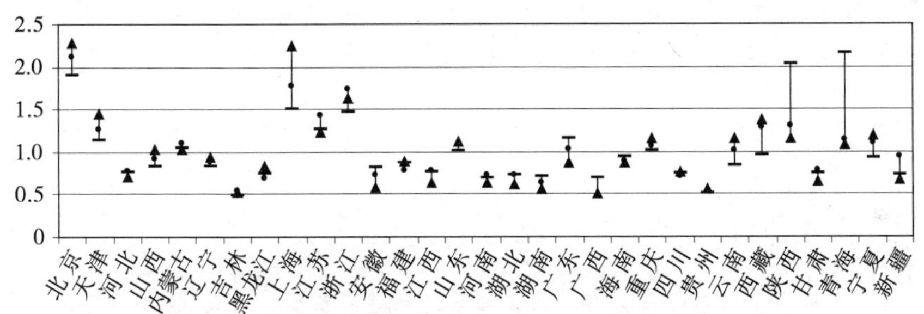

图 4-1　养老保障发展指数三年对比情况

(二)城乡养老保险参保率排名

2012 年,城乡养老保险参保率排名前三位的是安徽(83.97%)、河南(79.83%)和山东(79.27%)。除此之外,湖南、重庆、河北、北京、浙江、陕西、广东、福建 8 个省市的城乡养老保险参保率也都超过了 70%。天津、吉林排在最后两位,其城乡养老保险参保率均未超过 50%。其余 18 个省市参保率介于 50%—70%之间(见图 4-2)。

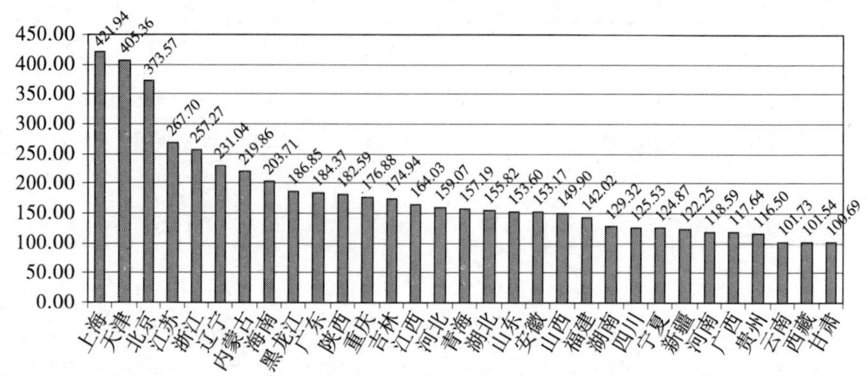

图 4-2　2012 年各地区城乡养老保险参保率

2011 年,城乡养老保险参保率有两个省市超过 70%,即重庆(74.02%)和北京(70.45%),上海、山东、江苏的城乡养老保险参保率均超过 60%。排在最后三位的分别是黑龙江、广西和内蒙古,参保率均未超过 40%。其余省市的参保率在 40%—50%之间(见图 4-3)。

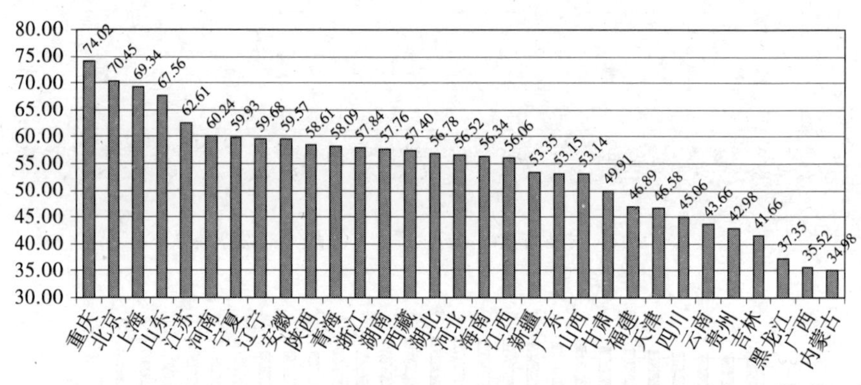

图 4-3　2011 年各地区城乡养老保险参保率

2010 年,城乡养老保险参保率仅有北京市超过 70%。排在其后的省市是上海、重庆、天津、辽宁、新疆,参保率均超过 50%。排在最后三位的分别是甘肃、广西和贵州,参保率均未超过 25%。其余省市的参保率在 40%—50%之间(见图 4-4)。

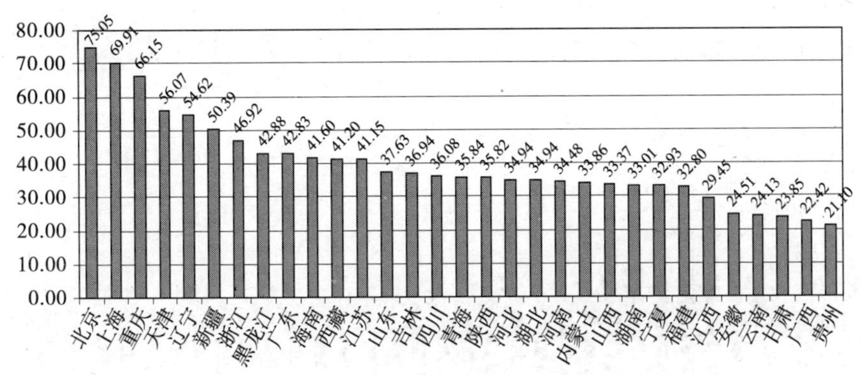

图 4-4　2010 年各地区城乡养老保险参保率

(三)城乡养老保障待遇水平排名

2012 年城乡养老保障待遇水平排在首位的是北京市(722. 32 元/人/月)。上海(651. 79 元/人/月)、天津(506. 94 元/人/月)、浙江(504. 90 元/人/月)依次位列第二、第三、第四位,养老保障平均待遇均超过了 500 元/人/月。贵州、新疆、吉林等 9 个省市均在 200 元/人/月以下,其余 18 个省市的城乡养老平均待遇水平处在 200—400 元/人/月之间(见图 4-5)。

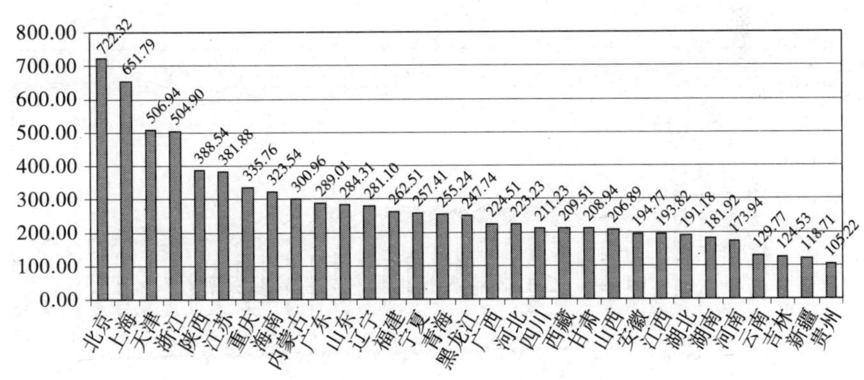

图 4-5　2012 年各地区城乡养老保障待遇水平(元/人/月)

2011 年,养老保障待遇排名前三位的是上海(636. 48 元/人/月)、北京(615. 83 元/人/月)和天津(459. 93 元/人/月);排在最后四位的是贵州

(103.09 元/人/月)、云南(110.09 元/人/月)、新疆(114.63 元/人/月)、广西(117.22 元/人/月)(见图 4-6)。

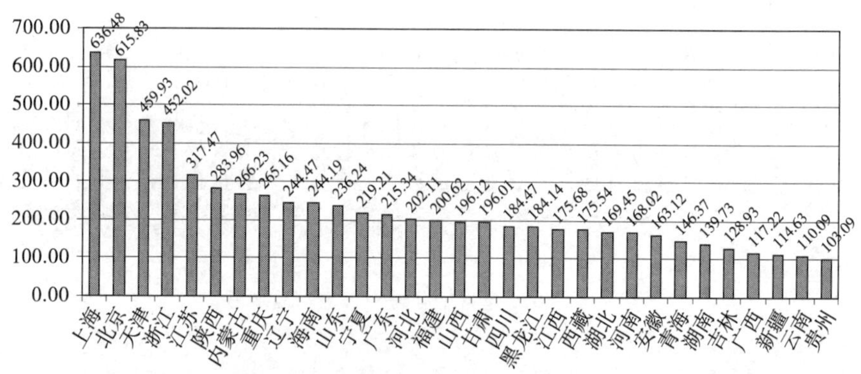

图 4-6 2011 年各地区城乡养老保障待遇水平(元/人/月)

2010 年,养老保障待遇排名前三位的是上海(637.77 元/人/月),其次是北京(444.00 元/人/月)和天津(382.42 元/人/月);排在最后三位的是新疆(89.22 元/人/月)、吉林(90.65 元/人/月)和贵州(103.81 元/人/月);其余省市的城乡养老保障待遇水平则处在 100—200 元之间(见图 4-7)。

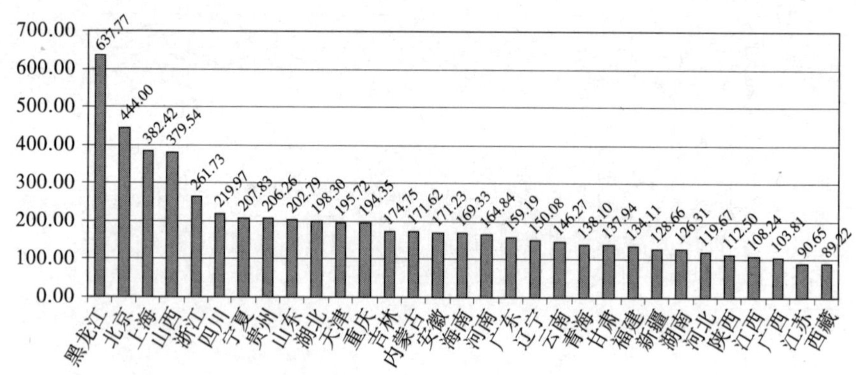

图 4-7 2010 年各地区城乡养老保障待遇水平(元/人/月)

（四）高龄津贴覆盖率①水平排名

2012 年，全国 31 个地区的高龄津贴覆盖率排名前三位是青海（466.61%）、陕西（336.79%）和广东（109.71%）；排在最后三位的是天津（8.35%）、辽宁（7.68%）和河南（7.47%）（见图 4-8）。

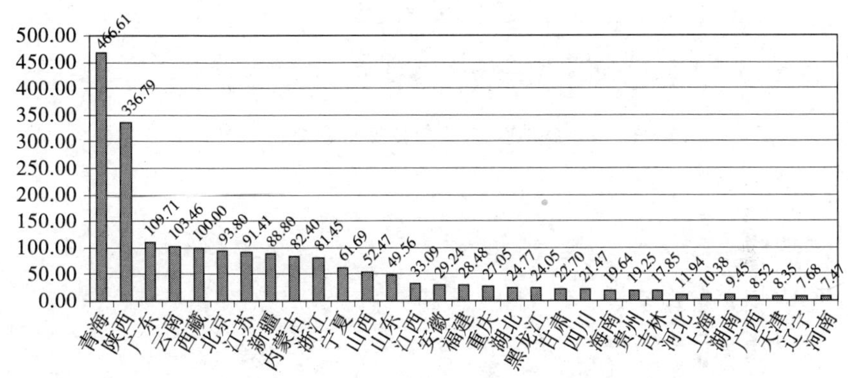

图 4-8 各地区 2012 年高龄津贴覆盖率（%）

2011 年，各地区高龄津贴覆盖率超过 100%的地区有西藏（121.21%）、云南（109.66%）、青海（105.83%）。而高龄津贴覆盖率低于 10%的有 8 个省市，即湖北、河北、上海、天津、辽宁、河南、广西、湖南。贵州、安徽、吉林、海南等 10 个省份的高龄津贴覆盖率在 10%—21%之间（见图 4-9）。

2010 年，高龄津贴覆盖率超过 100%的地区是云南（106.57%）。而高龄津贴覆盖率低于 10%的有 13 个省市，即安徽、江西、四川、天津、新疆、海南、河北、辽宁、河南、湖南、广西、吉林、湖北。此外，重庆、广东、甘肃、上海、黑龙江 5 个省市的高龄津贴覆盖率在 10%—21%之间（见图 4-10）。

---

① 目前，我国高龄津贴制度未实现全国统一，各地高龄津贴的发放带有较大的随意性，无论是名称还是保障内容，各地均存在较大差异。而且，高龄津贴项目定位不清，内容交叉重叠。尤其是关于享受年龄的限制，各地情况不一，这也造成了数据在统计口径上存在差异。即享受高龄津贴的老年人年龄的限制各省份并不一定都是 80 岁及以上，有条件的省份将享受高龄津贴的老年人年龄限制放松至 80 岁以下，但是都包含了 80 岁及以上的老年人。因此，虽然统计口径有差异，但数据仍有有效性。

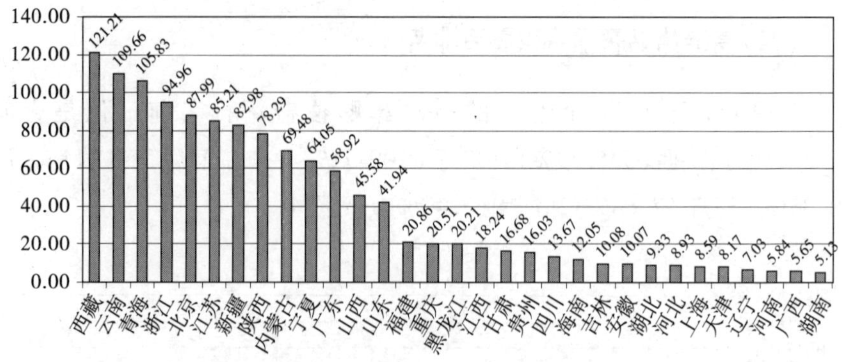

图 4-9　各地区 2011 年高龄津贴覆盖率(%)

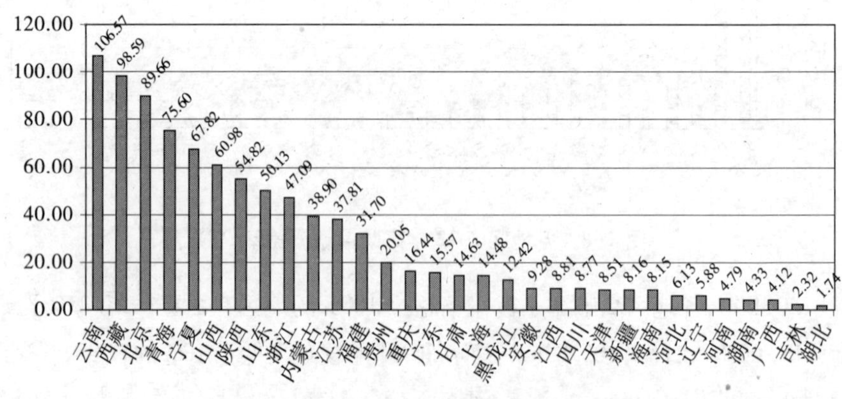

图 4-10　各地区 2010 年高龄津贴覆盖率(%)

三、聚类分析与相关分析

(一)聚类分析

基于系统聚类分析,2012 年各地区养老保障发展水平划分为四类。陕西、青海为第一类,云南、新疆、广东、西藏、内蒙古、江苏 6 个省市为第二类,第三类为天津、上海、北京、浙江,第四类是其余的四川、甘肃、湖北等 19 个省市自治区(见表 4-8)。

表 4-8　2012 年各省市养老保障发展指数聚类情况

类别	聚类成员	聚类成员特征
第一类	陕西、青海	(1)养老保障发展指数排名位居前两位； (2)高龄津贴覆盖率高； (3)城乡养老保险参保率较高。
第二类	云南、新疆、广东、西藏、内蒙古、江苏	(1)养老保障发展指数排名中等偏上； (2)高龄津贴覆盖率中等偏上； (3)养老保障发展指数各项指标排名差异大且发展较不均衡。
第三类	天津、上海、北京、浙江	(1)养老保障发展指数排名靠前； (2)城乡养老保障待遇水平居全国前列； (3)高龄津贴覆盖率低。
第四类	山东、宁夏、山西、福建、黑龙江、广西、辽宁、重庆、海南、贵州、吉林、河北、湖南、河南、安徽、江西、湖北、甘肃、四川	(1)养老保障发展指数中等或偏下； (2)高龄津贴覆盖率较低； (3)各项指标间差异不大。

基于系统聚类分析，如果将 2011 年各地区养老保障发展水平划分为四类，则北京和浙江为第一类；天津和上海为第二类；第三类为黑龙江、江西、四川等 16 个省市；第四类为云南、青海、西藏等 11 个省市（见表 4-9）。

表 4-9　2011 年各省市养老保障发展指数聚类情况

类别	聚类成员	聚类成员特征
第一类	北京、浙江	(1)养老保障发展指数排名位居前列； (2)城乡养老保障待遇水平高； (3)城乡养老保险参保率高； (4)养老保障发展指数各项指标均排名靠前且发展均衡。
第二类	天津、上海	(1)养老保障发展指数排名靠前； (2)城乡养老保障待遇水平位居全国前三名； (3)高龄津贴覆盖率低； (4)养老保障发展指数各项指标排名差异大且发展较不均衡。

续表

类别	聚类成员	聚类成员特征
第三类	黑龙江、江西、四川、甘肃、福建、贵州、广西、吉林、重庆、河北、海南、辽宁、湖南、河南、湖北、安徽	(1)养老保障发展指数排名较为靠后,但成员间的养老保障发展指数差异小; (2)城乡养老保障待遇水平低; (3)高龄津贴覆盖率偏低,成员间差异大。
第四类	云南、青海、西藏、山西、山东、江苏、陕西、广东、宁夏、内蒙古、新疆	(1)养老保障发展指数排名中等偏上; (2)城乡养老保障待遇中等偏上; (3)高龄津贴覆盖率较高,且成员间存在差异; (4)养老保障发展指数指标之间不平衡。

基于系统聚类分析,如果将2010年各地区养老保障发展水平划分为四类,则浙江、江苏、福建等6省市为第一类;天津和上海为第二类;第三类有河北、湖北、湖南等17个省市;第四类有山西、宁夏、青海等6省市(见表4-10)。

表4-10　2010年各省市养老保障发展指数聚类情况

类别	聚类成员	聚类成员特征
第一类	浙江、江苏、福建、内蒙古、陕西、山东	(1)养老保障发展指数排名居前列; (2)城乡养老保障待遇水平相对较高; (3)城乡养老保险参保率相对较高; (4)养老保障发展指数各项指标均排名靠前且发展均衡。
第二类	天津、上海	(1)城乡养老保障待遇水平居全国前列; (2)高龄津贴覆盖率低; (3)养老保障发展指数排名靠前但各项指标发展较不均衡。
第三类	河南、湖北、湖南、吉林、安徽、江西、广西、贵州、甘肃、辽宁、重庆、黑龙江、广东、河北、四川、海南、新疆	(1)养老保障发展指数排名较为靠后,但成员间的养老保障发展指数差异小; (2)城乡养老保障待遇水平低; (3)城乡养老保险参保率相对较低; (4)高龄津贴覆盖率偏低,成员间差异大。
第四类	山西、宁夏、青海、云南、西藏、北京	(1)养老保障发展指数排名绝大部分中等偏上; (2)城乡养老保障待遇处于中等水平; (3)高龄津贴覆盖率相对较高,且成员间差异大。

（二）相关性分析

通过相关性分析，养老保障发展指数与人均 GDP 水平呈显著正相关。2010 年至 2012 年养老保障发展指数与人均 GDP 均在 0.01（双侧）水平上显著相关，这意味着，人均 GDP 水平越高，养老保障发展指数越高，养老保障水平越高。但从三年的变化来看，2010 年 Pearson 系数为 0.733，而 2012 年降为 0.484，说明人均 GDP 对养老保障发展水平的影响程度在减弱。（见表 4-11）

表 4-11　人均 GDP 与养老保障发展指数（2010—2012 年）

		养老保障发展指数（2010）	养老保障发展指数（2011）	养老保障发展指数（2012）
人均 GDP	Pearson 相关性	0.733 **	0.718 **	0.484 **
	显著性（双侧）	.000	.000	.006
	N	31	31	31

注：** 在 0.01 水平（双侧）上显著相关。

四、主要结论与思考

（一）主要结论

一是养老保障水平在地区之间存在着较大差异。经济水平较高的地区如北京、上海、浙江等省份的养老保障发展指数排名靠前，养老保障水平较高；而大部分中西部经济发展水平较低省份的养老保障发展指数排名靠后，如湖南、贵州、吉林、广西等。2012 年青海省位居养老保障发展水平的首位，这是由其高龄津贴覆盖率猛增导致的。指数最高的北京与指数最低的广西 2010 年和 2011 年相差均在 4.5 倍以上，而 2012 年指数最高与最低省份之间的差距相对有所减少，但依然在 4 倍以上。整体上看，东部经济发展水平较高地区的养老保障状况要好于中西部经济发展水平较低的地区。

二是城乡养老保险参保率差距明显。2010 年与 2011 年两年参保率最高与最低省市之间的差距均在两倍以上,2012 年差距减小为 1.8 倍;但是,从城乡范围考察养老保险的参保率发现,参保率与人均 GDP 水平相关关系不显著。

三是城乡养老保障待遇水平差距在拉大。最高与最低省市之间的差距三年均为 6 倍以上。整体上,东部沿海地区养老保障待遇水平高于中西部地区。城乡养老保障待遇水平与人均 GDP 水平存在较强的正相关关系,2010 年、2011 年、2012 年三年两者之间的 Pearson 系数均达到 0.80 以上,均在 0.01 水平(双侧)上显著相关。

四是高龄津贴覆盖率的差距较大。云南、西藏两个地区的覆盖率很高,甚至超过 100%。这意味着其高龄津贴实际上覆盖到了低于 80 岁年龄的老年人。而河南、广西、湖北等省的高龄津贴覆盖率还不到 10%,位居排名的末尾,但同比增长较快。从总体上看,高龄津贴覆盖率在我国西北、西南地区以及北京、浙江等东部沿海省市明显高于其他地区。

(二)几点思考

一是城乡养老保险制度的参保率省级之间的差异程度相对较小,但仍有部分地区的城乡养老保险参保率处在较低水平。因此,这些省市仍需将继续扩大养老保险制度覆盖面作为政府工作的重点。

二是在城乡养老保障待遇水平方面,省际间的差距十分明显。北京、上海和天津的城乡养老保障待遇水平远远高于其他省市前列。但 2010 年与 2011 年两年,有超过一半的省市的城乡养老保障待遇水平人均每月低于 200 元,因此缩小地区间的差距是我国养老保障制度改革的重点方向。

三是高龄津贴作为一项惠及老年人福利的政策,是一项对老年人尊重和关爱的制度安排,值得继续推广和落实,并提高待遇水平。由于我国地区之间发展的不平衡,高龄津贴的福利性质实际上在部分地区扮演着社会救助的角色。尽管高龄津贴制度设计的初衷并非发挥社会救助作用,但在一些经济欠发到地区,由于贫困问题比较突出,导致其老龄津贴的受益对象覆盖到了 80 岁以下的部分经济困难老人。这也是西藏、云南等省出现高龄津贴覆盖面超过 100%的原因。随着我国人口老龄化趋势的加剧，城乡老年贫困问题也变得日益突出和紧迫，因此迫切需要进一步完善我国养老保障体系，尤其是协调好社会救助、养老保险和高龄津贴等社会保障制度间的关系，着力构建多层次、全覆盖、重效果的养老安全网。

五、附录:数据表

附表 4-1-1　2010 年各省(市)城乡养老保险参保人数及参保率

地区	15 岁及以上人口(万人)	参加城镇职工养老保险人数(万人)	新型农村社会养老保险试点参加人数(万人)	城乡养老保险参保总人数(万人)	城乡养老保险参保率(%)
北京	1793	981.3	168.51	1207.34	75.05
天津	1167	431.5	79.40	960.85	56.07
河北	5976	988.4	840.31	1518.06	34.94
山西	2961	591.0	249.76	923.50	33.37
内蒙古	2122	430.7	168.75	886.37	33.86
辽宁	3875	1496.9	146.78	2056.18	54.62
吉林	2417	599.5	86.66	1333.81	36.94
黑龙江	3373	952.2	131.22	1560.83	42.88
上海	2103	1049.5	28.89	1665.15	69.91
江苏	6843	2033.0	333.49	3249.43	41.15
浙江	4724	1702.2	290.76	1963.82	46.92
安徽	4880	669.5	349.35	1529.35	24.51
福建	3119	635.5	273.86	1200.60	32.80
江西	3482	607.6	272.28	1326.41	29.45
山东	8072	1773.0	919.21	2770.61	37.63
河南	7428	1079.3	1211.77	2043.75	34.48
湖北	4927	1039.8	380.02	1860.03	34.94
湖南	5411	938.9	581.81	1894.54	33.01
广东	8668	3215.2	157.63	5043.22	42.83
广西	3604	449.3	220.36	935.21	22.42
海南	694	180.8	62.37	323.34	41.60
重庆	2395	584.4	807.36	830.76	66.15
四川	6677	1300.9	669.64	2063.10	36.08
贵州	2598	257.3	223.87	602.48	21.10
云南	3644	317.4	469.45	820.48	24.13
西藏	227	9.9	80.45	38.63	41.20
陕西	3184	550.4	439.67	947.22	35.82
甘肃	2093	242.5	185.49	588.79	23.85
青海	445	74.4	65.05	140.30	35.84
宁夏	495	107.8	24.71	188.32	32.93
新疆	1728	393.8	357.92	790.46	50.39

附表 4-1-2　2011 年各省(市)城乡养老保险参保人数及参保率

地区	15 岁及以上人口(万人)	参加城镇职工养老保险人数(万人)	新型农村社会养老保险试点参加人数(万人)	城乡养老保险参保总人数(万人)	城乡养老保险参保率(%)
北京	1792	1089.4	173.42	1262.81	70.45
天津	1167	458.7	84.96	543.66	46.58
河北	5976	1059.8	2317.70	3377.52	56.52
山西	2961	623.8	949.48	1573.25	53.14
内蒙古	2122	452.4	289.99	742.37	34.98
辽宁	3875	1556.6	755.89	2312.50	59.68
吉林	2417	617.5	389.50	1006.97	41.66
黑龙江	3373	981.0	279.02	1260.04	37.35
上海	2103	1382.7	75.86	1458.52	69.34
江苏	6843	2223.9	2060.64	4284.59	62.61
浙江	4724	1919.2	813.11	2732.33	57.84
安徽	4880	729.3	2177.97	2907.24	59.57
福建	3119	695.1	767.22	1462.32	46.89
江西	3482	653.0	1298.74	1951.77	56.06
山东	8072	1907.1	3545.97	5453.02	67.56
河南	7428	1168.4	3305.95	4474.33	60.24
湖北	4927	1113.4	1684.31	2797.74	56.78
湖南	5411	988.2	2137.24	3125.43	57.76
广东	8668	3800.7	806.58	4607.32	53.15
广西	3604	483.8	796.13	1279.89	35.52
海南	694	199.9	190.96	390.82	56.34
重庆	2395	647.6	1125.12	1772.68	74.02
四川	6677	1494.2	1514.44	3008.68	45.06
贵州	2598	282.1	834.51	1116.57	42.98
云南	3644	342.8	1247.91	1590.73	43.66
西藏	227	11.2	119.08	130.32	57.40
陕西	3184	588.6	1277.46	1866.08	58.61
甘肃	2093	263.0	781.63	1044.59	49.91
青海	445	81.5	176.97	258.49	58.09
宁夏	495	121.4	175.09	296.50	59.93
新疆	1728	431.5	490.58	922.10	53.35

附表 4-1-3　2012 年各省(市)城乡养老保险参保人数及参保率

地区	15 岁及以上人口(万人)	参加城镇职工养老保险人数(万人)	新型农村社会养老保险试点参加人数(万人)	城乡养老保险参保总人数(万人)	城乡养老保险参保率(%)
北京	1883	995.70	176.78	1172.48	73.45
天津	1252	333.36	89.31	422.67	46.27
河北	6004	813.33	3334.57	4147.89	74.28
山西	3056	479.82	1482.13	1961.95	69.72
内蒙古	2154	318.99	756.12	1075.10	57.02
辽宁	3949	1098.85	1046.12	2144.97	67.23
吉林	2423	397.59	561.30	958.90	49.25
黑龙江	3383	611.36	757.95	1369.31	52.35
上海	2188	993.07	80.84	1073.91	68.46
江苏	6905	1880.57	2347.19	4227.75	69.15
浙江	4821	1835.54	1332.27	3167.81	72.93
安徽	4924	578.40	3350.59	3928.99	83.97
福建	3134	631.02	1446.05	2077.07	70.28
江西	3549	518.26	1737.53	2255.78	68.88
山东	8155	1646.86	4401.17	6048.03	79.27
河南	7503	964.59	4719.68	5684.27	79.83
湖北	4985	804.09	2266.24	3070.33	68.95
湖南	5423	747.62	3120.34	3867.96	76.86
广东	8896	3643.84	2255.18	5899.01	70.70
广西	3639	349.07	1572.31	1921.38	57.29
海南	720	161.63	269.51	431.14	67.17
重庆	2471	469.89	1130.94	1600.83	74.77
四川	6793	1073.68	2828.40	3902.08	65.42
贵州	2695	231.67	1260.74	1492.41	58.27
云南	3763	253.76	2103.17	2356.93	65.57
西藏	241	9.86	134.05	143.91	61.26
陕西	3239	466.36	1705.47	2171.83	72.53
甘肃	2160	183.62	1176.60	1360.22	67.32
青海	457	59.85	206.09	265.95	63.95
宁夏	511	91.36	180.28	271.64	60.97
新疆	1782	319.77	540.62	860.40	56.07

注:(1)15 岁及以上人口=总人口减去 0 至 14 岁人口数。(2)参加城镇职工养老保险人数包括职工和离退休人员。(3)新型农村社会养老保险试点参加人数是指:“经国务院批准开展新农保试点地区的数据,不包含老农保和地方自行开展的新农保试点地区数据。”(4)城乡养老保险参保率=城乡养老保险参保总人数÷15 岁及以上人口数。

数据来源:国家统计局编的《中国统计年鉴》(2011 年、2012 年、2013 年)。

附表 4-2-1　2010 年各省（市）城乡养老保障待遇享受人数

地区	城镇职工离退休人员（万人）	新型农村社会养老保险达到领取待遇参保人数（万人）	农村五保供养总人口数（万人）	领取养老保障待遇总人数（万人）
北京	195.46	17.75	0.46	213.21
天津	143.57	65.62	1.36	209.19
河北	259.50	179.47	25.30	438.97
山西	147.31	68.84	16.89	216.15
内蒙古	119.18	41.76	9.13	160.94
辽宁	472.70	33.63	14.51	506.33
吉林	206.64	32.25	13.41	238.88
黑龙江	363.00	27.72	14.42	390.72
上海	392.17	14.12	0.36	406.29
江苏	449.14	132.41	21.70	581.56
浙江	223.61	134.16	4.33	357.77
安徽	177.49	93.03	46.76	270.52
福建	113.46	57.73	9.13	171.20
江西	145.52	75.23	22.86	220.75
山东	345.07	318.00	24.54	663.08
河南	270.34	251.06	47.72	521.40
湖北	301.62	115.02	24.12	416.63
湖南	265.36	217.79	52.51	483.15
广东	339.59	51.82	25.45	391.41
广西	138.13	59.56	32.73	197.69
海南	45.39	17.71	3.62	63.10
重庆	192.49	264.98	15.92	457.47
四川	438.96	199.65	51.28	638.61
贵州	67.01	63.47	14.96	130.48
云南	92.34	91.68	22.15	184.02
西藏	3.15	23.52	1.39	26.68
陕西	150.29	97.05	12.00	247.33
甘肃	71.35	37.95	12.60	109.30
青海	19.99	16.80	2.24	36.79
宁夏	30.45	4.73	1.62	35.18
新疆	119.25	58.03	10.81	177.28

附表 4-2-2　2011 年各省(市)城乡养老保障待遇享受人数

地区	城镇职工离退休人员（万人）	新型农村社会养老保险达到领取待遇参保人数（万人）	农村五保供养总人数（万人）	领取养老保障待遇总人数（万人）
北京	201. 18	22. 06	0. 41	223. 24
天津	148. 84	67. 03	1. 33	215. 87
河北	285. 31	511. 30	24. 71	796. 61
山西	158. 86	214. 35	16. 92	373. 21
内蒙古	136. 64	71. 70	9. 09	208. 35
辽宁	486. 48	213. 85	14. 34	700. 33
吉林	221. 06	264. 18	13. 14	485. 24
黑龙江	380. 04	74. 72	14. 52	454. 76
上海	406. 49	39. 63	0. 33	446. 12
江苏	483. 06	632. 24	20. 90	1115. 30
浙江	253. 42	360. 13	4. 23	613. 56
安徽	191. 52	572. 74	45. 82	764. 26
福建	118. 22	182. 63	9. 20	300. 85
江西	168. 72	288. 92	22. 86	457. 64
山东	373. 05	988. 10	23. 98	1361. 16
河南	287. 90	747. 91	47. 79	1035. 81
湖北	341. 69	402. 90	23. 95	744. 59
湖南	277. 89	616. 99	52. 29	894. 88
广东	372. 55	182. 16	25. 76	554. 72
广西	151. 49	275. 63	32. 00	427. 12
海南	47. 77	43. 60	3. 54	91. 37
重庆	220. 07	347. 72	15. 68	567. 79
四川	495. 44	623. 07	51. 20	1118. 51
贵州	71. 35	310. 71	13. 88	382. 06
云南	104. 16	253. 33	22. 14	357. 49
西藏	3. 20	20. 10	1. 52	23. 30
陕西	155. 51	283. 53	12. 58	439. 04
甘肃	85. 09	159. 08	12. 44	244. 17
青海	25. 15	33. 06	2. 28	58. 21
宁夏	36. 43	33. 71	1. 53	70. 14
新疆	131. 93	84. 68	10. 60	216. 61

附表 4-2-3　2012 年各省(市)城乡养老保障待遇享受人数

地区	城镇职工离退休人员（万人）	新型农村社会养老保险达到领取待遇参保人数（万人）	农村五保供养总人口数（万人）	领取养老保障待遇总人数（万人）
北京	210.68	27.1	0.4	237.8
天津	156.90	69.8	1.2	226.7
河北	312.29	789.7	23.6	1102.0
山西	168.87	326.2	16.8	495.1
内蒙古	152.96	184.9	8.9	337.9
辽宁	510.40	347.9	14.2	858.3
吉林	234.59	198.1	12.9	432.7
黑龙江	401.64	191.5	14.5	593.1
上海	423.82	45.4	0.3	469.2
江苏	546.97	888.7	20.4	1435.7
浙江	347.80	572.6	4.0	920.4
安徽	205.36	805.5	45.1	1010.9
福建	125.48	358.8	9.1	484.3
江西	189.12	394.9	22.9	584.0
山东	416.33	1257.5	23.3	1673.9
河南	306.04	1153.8	47.6	1459.8
湖北	367.29	580.5	28.1	947.8
湖南	300.36	857.0	51.2	1157.4
广东	390.25	727.2	25.2	1117.5
广西	163.58	488.8	30.6	652.3
海南	52.53	65.7	3.3	118.3
重庆	246.97	372.4	15.5	619.4
四川	541.67	1027.5	51.0	1569.2
贵州	77.71	404.8	12.9	482.5
云南	110.71	419.7	21.9	530.4
西藏	3.45	21.9	1.6	25.3
陕西	177.13	383.5	12.7	560.7
甘肃	93.75	252.4	12.3	346.2
青海	26.16	38.1	2.3	64.2
宁夏	39.87	35.7	1.5	75.5
新疆	138.99	94.4	10.4	233.4

数据来源:国家统计局编《中国统计年鉴》(2011 年、2012 年、2013 年)。中国民政部 2010 年、2011 年、2012 年各省民政事业统计数据(1—4 季度)。

附表 4-3-1 2010 年各省(市)城乡养老保障待遇水平

地区	城镇职工基本养老保险基金支出(亿元)	新农保养老保险基金支出(亿元)	城镇职工养老保险平均待遇(元/人/月)	新农保平均待遇(元/人/月)	五保供养人均支出水平(元/人/月)	城乡养老保障待遇平均水平(元/人/月)
北京	482.40	7.14	2056.71	335.18	376.04	444.00
天津	271.84	9.74	1577.84	123.64	371.06	382.42
河北	451.76	9.86	1450.72	45.80	157.95	159.19
山西	269.37	3.39	1523.88	41.06	148.93	150.08
内蒙古	212.64	2.89	1486.81	57.73	206.23	207.83
辽宁	755.80	2.36	1332.43	58.45	192.05	195.72
吉林	252.78	1.22	1019.43	31.53	89.23	90.65
黑龙江	500.11	2.06	1148.10	61.93	169.18	171.62
上海	847.47	6.77	1800.83	399.15	511.09	637.77
江苏	753.29	15.72	1397.65	98.94	259.48	261.73
浙江	429.07	7.32	1599.02	45.47	374.27	379.54
安徽	269.19	7.34	1263.88	65.74	128.24	128.66
福建	187.70	3.73	1378.56	53.88	167.90	169.33
江西	192.97	3.22	1105.07	35.66	137.52	138.10
山东	748.23	18.23	1806.94	47.76	200.74	202.79
河南	420.30	16.20	1295.58	53.79	137.32	137.94
湖北	419.80	6.39	1159.86	46.28	132.87	134.11
湖南	355.07	10.08	1115.08	38.58	112.03	112.50
广东	627.74	3.49	1540.41	56.14	172.95	174.75
广西	193.45	3.89	1167.11	54.48	119.24	119.67
海南	74.07	1.05	1360.05	49.44	196.92	198.30
重庆	273.60	23.59	1184.47	74.20	219.05	219.97
四川	608.74	14.20	1155.64	59.28	170.43	171.23
贵州	107.44	3.74	1336.06	49.14	103.28	103.81
云南	144.22	3.52	1301.61	32.00	107.77	108.24
西藏	7.61	1.74	2009.33	61.77	164.60	164.84
陕西	265.03	4.40	1469.58	37.78	204.82	206.26
甘肃	127.22	3.54	1485.99	77.75	145.53	146.27
青海	43.36	0.54	1807.90	26.77	124.88	126.31
宁夏	48.81	0.33	1335.67	58.71	192.24	194.35
新疆	211.75	2.69	1479.81	38.59	87.71	89.22

附表 4-3-2　2011 年各省(市)城乡养老保障待遇水平

地区	城镇职工基本养老保险基金支出(亿元)	新农保养老保险基金支出(亿元)	城镇职工养老保险平均待遇(元/人/月)	新农保平均待遇(元/人/月)	五保供养人均支出水平(元/人/月)	城乡养老保障待遇平均水平(元/人/月)
北京	560.83	10.17	2323.14	384.00	534.00	615.83
天津	315.07	11.43	1764.04	142.06	446.93	459.93
河北	561.73	25.64	1640.73	41.79	200.78	202.11
山西	329.34	9.99	1727.66	38.84	194.88	196.12
内蒙古	269.62	6.73	1644.32	78.22	264.30	266.23
辽宁	883.14	10.17	1512.82	39.61	240.47	244.47
吉林	308.12	6.13	1161.51	19.34	127.41	128.93
黑龙江	603.94	5.22	1324.31	58.21	181.22	184.14
上海	993.51	15.38	2036.77	323.49	469.83	636.48
江苏	898.76	41.13	1550.45	54.21	315.42	317.47
浙江	543.21	30.21	1786.23	69.90	447.28	452.02
安徽	319.99	29.65	1392.30	43.14	162.75	163.12
福建	229.88	9.71	1620.53	44.32	199.11	200.62
江西	233.36	12.26	1152.59	35.37	175.13	175.68
山东	886.85	56.96	1981.06	48.04	234.30	236.24
河南	506.29	30.24	1465.47	33.70	167.45	168.02
湖北	523.39	20.70	1276.47	42.82	168.09	169.45
湖南	416.61	28.43	1249.31	38.39	139.26	139.73
广东	764.51	17.80	1710.06	81.43	213.28	215.34
广西	243.63	14.35	1340.20	43.40	116.70	117.22
海南	95.16	2.60	1660.06	49.65	242.52	244.19
重庆	336.07	82.68	1272.59	198.16	263.89	265.16
四川	753.93	38.47	1268.12	51.46	183.58	184.47
贵州	127.55	21.30	1489.75	57.14	102.48	103.09
云南	170.77	11.45	1366.28	37.66	109.58	110.09
西藏	10.61	1.52	2758.83	62.85	175.14	175.54
陕西	328.32	16.88	1759.31	49.62	282.67	283.96
甘肃	153.96	9.99	1507.78	52.32	195.30	196.01
青海	53.63	2.51	1776.94	63.30	144.69	146.37
宁夏	67.87	1.93	1552.61	47.82	216.42	219.21
新疆	272.85	6.04	1723.45	59.43	112.67	114.63

附表 4-3-3　2012 年各省(市)城乡养老保障待遇水平

地区	城镇职工基本养老保险基金支出(亿元)	新农保养老保险基金支出(亿元)	城镇职工养老保险平均待遇(元/人/月)	新农保平均待遇(元/人/月)	五保供养人均支出水平(元/人/月)	城乡养老保障待遇平均水平(元/人/月)
北京	640.16	13.55	2532.14	416.43	629.07	722.32
天津	365.02	14.00	1938.63	167.12	490.20	506.94
河北	723.48	49.12	1930.56	51.84	221.54	223.23
山西	391.58	20.95	1932.30	53.52	205.45	206.89
内蒙古	343.60	19.70	1871.94	88.78	298.70	300.96
辽宁	1052.57	22.36	1718.54	53.55	276.49	281.10
吉林	377.60	12.52	1341.35	52.65	122.43	124.53
黑龙江	717.22	13.33	1488.13	58.00	244.55	247.74
上海	1127.74	29.44	2217.40	540.31	432.29	651.79
江苏	1142.13	109.13	1740.07	102.33	379.45	381.88
浙江	783.51	80.28	1877.30	116.85	498.52	504.90
安徽	406.66	53.12	1650.23	54.96	194.36	194.77
福建	273.33	22.15	1815.31	51.44	261.20	262.51
江西	296.97	24.58	1308.56	51.88	193.14	193.82
山东	1059.03	106.82	2119.76	70.78	282.18	284.31
河南	612.04	74.25	1666.56	53.63	173.27	173.94
湖北	647.75	37.73	1469.65	54.16	189.80	191.18
湖南	502.75	54.56	1394.87	53.05	181.43	181.92
广东	900.86	54.79	1923.69	62.78	287.13	289.01
广西	297.09	34.29	1513.45	58.47	224.09	224.51
海南	114.36	5.64	1814.14	71.49	321.67	323.54
重庆	412.66	86.70	1392.41	194.02	334.42	335.76
四川	927.72	68.99	1427.25	55.95	210.25	211.23
贵州	153.07	48.93	1641.56	100.73	104.31	105.22
云南	211.33	24.18	1590.69	48.01	129.19	129.77
西藏	12.05	2.39	2908.17	91.12	209.09	209.51
陕西	401.08	32.91	1886.96	71.51	387.41	388.54

续表

地区	城镇职工基本养老保险基金支出（亿元）	新农保养老保险基金支出（亿元）	城镇职工养老保险平均待遇（元/人/月）	新农保平均待遇（元/人/月）	五保供养人均支出水平（元/人/月）	城乡养老保障待遇平均水平（元/人/月）
甘肃	193.21	14.14	1717.43	46.69	208.12	208.94
青海	64.96	4.55	2069.18	99.56	253.43	255.24
宁夏	86.20	3.17	1801.77	74.15	253.74	257.41
新疆	320.46	11.44	1921.40	101.03	116.32	118.71

注：(1) $\frac{\text{城镇职工养老}}{\text{保险平均待遇}}=\frac{\text{城镇职工基本养老}}{\text{保险基金支出}}\times10000\div\frac{\text{城镇职工}}{\text{离退休人员}}\div12$

(2) $\text{新农保平均待遇}=\frac{\text{新农保养老}}{\text{保险基金支出}}\times10000\div\frac{\text{新型农村社会养老保险}}{\text{达到领取待遇参保人数}}\div12$

(3) $\frac{\text{五保供养人均}}{\text{支出水平}}=\frac{\text{农村五保集中}}{\text{供养人均支出水平}}\times\frac{\text{农村五保}}{\text{集中供养人数}}\div\frac{\text{农村五保}}{\text{供养总人数}}+\frac{\text{农村五保分散供养}}{\text{人均支出水平}}\times\frac{\text{农村五保}}{\text{分散供养人数}}\div\frac{\text{农村五保}}{\text{供养总人数}}$

(4) $\frac{\text{城乡养老保障}}{\text{待遇平均水平}}=\frac{\text{城镇职工养老}}{\text{保险平均待遇}}\times\left(\frac{\text{城镇职工}}{\text{离退休人员数}}\div\frac{\text{领取养老保障}}{\text{待遇总人数}}\right)+\text{新农保平均待遇}\times\left(\frac{\text{新型农村社会养老保险}}{\text{达到领取待遇参保人数}}\div\frac{\text{领取养老保障}}{\text{待遇总人数}}\right)+\frac{\text{五保供养人均}}{\text{支出水平}}\times\left(\frac{\text{农村五保}}{\text{供养总人口数}}\div\frac{\text{领取养老保障}}{\text{待遇总人数}}\right)$

数据来源：国家统计局编《中国统计年鉴2011》、《中国统计年鉴2012》、《中国统计年鉴2013》，中国民政部2010年、2011年、2012年各省民政事业统计数据（1—4季度）。

第五章　卫生保健发展指数

一、卫生保健概述

（一）我国卫生保健制度的发展历史

新中国成立之初，为改善人民健康状况，新中国对卫生保健事业给予了高度重视。为了改善环境卫生状况，新中国发动了公共卫生运动，控制住了疟疾、血吸虫病等主要地方病的传染源；给民众注射多种预防传染性疾病的疫苗，使人们免受天花、白喉、肺结核等疾病的侵害。为了确保这些运动能取得成效，政府在全国范围内建立了以预防为主的基层组织。许多公共卫生工作者受到培训，传染病预防中心或防疫站也在农村人民公社和城市地区建立起来，并配置了必要的卫生设施。这些防疫站同生产队卫生站、公社卫生院以及其他医疗机构的医务人员相互紧密配合，成功的执行了公共卫生计划，发动了公共卫生运动。20 世纪 50 年代，农村合作医疗体系建立，成为为农民提供预防性的服务、基础医疗和疾病治疗服务的重要保障。到 1976 年，约 93%的人民公社建立了合作医疗制度。然而，随着农村联产承包责任制的实施，农村合作医疗丧失了其赖以生存的基础，覆盖面急剧下降。

改革开放后，我国取得了令世界瞩目的经济发展速度，经济实力不断增强。与此同时，医疗支出迅猛增长，1978 年到 1993 年每年以 10. 9%的速度猛增。然而，这样的投入却并未给大多数人的医疗保健带来改善。全国未加入保险的比例从 1981 年的 29%增加到 1993 年的 79%。到 20 世纪 90 年代，农村合作医疗事实上已经“名存实亡”,医疗保健领域的改革迫在眉睫。

1992 年 9 月,卫生部根据国务院意见,提出医院要“以工助医”、“以副补主”。1998 年 12 月,国务院正式发布《关于建立城镇职工基本医疗保险制度的决定》,要求在全国范围内建立起适应社会主义市场经济体制的、充分考虑财政、企业和个人承受能力,切实保障职工基本医疗需求的基本医疗保险制度;2003 年 1 月,卫生部等联合发文《关于建立新型农村合作医疗制度的意见》,明确提出建立新型农村合作医疗制度对提高农民健康水平,促进农村经济发展,维护社会稳定具有重大意义。2006 年 10 月 中共中央第十六届六中全会在北京召开,通过了《中共中央关于构建社会主义和谐社会若干重大问题的决定》,第一次明确提出“建设覆盖城乡居民的基本卫生保健制度”的目标。2007 年《国务院关于开展城镇居民基本医疗保险试点的指导意见》,要求从 2007 年起开展城镇居民基本医疗保险试点。2009 年 1 月 国务院常务会议通过《关于深化医药卫生体制改革的意见》和《2009—2011 年深化医药卫生体制改革实施方案》,新一轮医改方案正式出台。

我国卫生保健制度主要由两部分组成,即基本医疗保险制度和基本公共卫生服务制度。基本医疗保险制度包括城镇职工基本医疗保险制度、新型农村合作医疗制度和城镇居民基本医疗保险制度;基本公共卫生服务分为三类九项:第一大类是针对全体人群的公共卫生服务任务,第二大类是针对重点人群的公共卫生服务,第三大类是针对疾病预防控制的公共卫生服务项目。我国卫生保健制度的基本框架见表 5-1。

表 5-1　我国卫生保健制度的基本框架

	制度	项　目	保障对象
卫生保健	医疗保险	公费医疗	公务员、事业单位
		城镇职工基本医疗保险	城镇职工
		城镇居民医疗保险	城镇居民
		新型农村合作医疗	农村居民
	基本公共卫生服务	针对全体人群的公共卫生服务任务	全体公民
		针对重点人群的公共卫生服务	儿童、孕产妇、老人
		针对疾病预防控制的公共卫生服务	儿童、慢性病患者、传染病患者、精神病患者

(二)卫生保健发展指数设计

1. 卫生保健发展指数

卫生保健发展指数是一个综合指标,它涵盖医疗保险和公共卫生服务资源配置两大部分,能较为全面地从医疗保险和公共卫生服务两个方面测量某一省份或地区的卫生保健的进程和城乡在卫生保健之间的差异。

卫生保健发展指数的计算公式为:

$$\text{卫生保健发展指数} = \sum \text{指标标准值} \times \text{权重}$$

$$= \text{医疗保险参保率的标准化值} \times 0.3 + \text{城乡医疗保险平均补偿水平的标准化值} \times 0.3 + \text{每千人口卫生技术人员的标准化值} \times 0.2 + \text{每千人口医疗卫生机构床位的标准化值} \times 0.2$$

2. 城乡医疗保险参保率

城乡医疗保险参保率是一项考察某一地区城镇企业职工基本医疗保险制度、城镇居民医疗保险制度、新型农村合作医疗三项制度的综合参保率,是评估某一地区医疗保险"全覆盖"进展情况的测量指标。基于城乡统筹发展的视角,报告没有对城乡医疗保险情况分别测量,而是采用城乡医疗保险参保率进行综合测量。

城乡医疗保险参保率的计算公式为:

$$\text{城乡医疗保险参保率} = \text{城乡医疗保险参保总人数} \div \text{总人口数}$$

$$\text{城乡医疗保险参保率} = \frac{\text{城乡医疗保险参保总人数}}{\text{总人口数}} \times 100\%$$

3. 城乡医疗保险待遇水平

由于存在三种不同的医疗保险制度,且各项制度的待遇水平差距较大,基于社会保障制度的公平性和城乡一体化的视角考虑,报告采用城乡医疗保险待遇这一指标综合考察某一地区企业职工、城镇居民和农村居民就医后能报销的医疗费用数额的指标,来评估某一地区企业职工、城镇居民和农村居民享受医疗保险的待遇水平。

城乡医疗保险待遇水平的计算公式为：

$$\text{城乡医疗保险平均补偿水平} = \text{城镇医疗保险人均补偿待遇水平} \times \frac{\text{城镇医疗保险就诊人数}}{\text{城镇医疗保险就诊人数} + \text{新农合补偿受益人次}} + \text{新农合人均补偿待遇水平} \times \frac{\text{新农合补偿受益人次}}{\text{城镇医疗保险就诊人数} + \text{新农合补偿受益人次}}$$

4. 每千人口卫生技术人员数

每千人口卫生技术人员数是医疗公共卫生发展水平的一个重要指标。这一指标直接采用国家相关部门公布的原始数据。

5. 每千人口医疗卫生机构床位数

每千人口医疗卫生机构床位数是医疗公共卫生发展水平的一个重要指标。这一指标直接采用国家相关部门公布的原始数据。

二、卫生保健发展指数排名

（一）卫生保健发展指数排名

2012 年各省市的卫生保健发展指数排名位居前四位的分别是天津、北京、广东和上海，其指数得分明显高于其他省市。其中，天津和北京两市的指数得分超过了全国平均水平两倍以上。福建、重庆、辽宁、内蒙古和新疆五省市自治区的卫生保健发展指数也均高于全国平均水平。卫生保健发展指数低于全国平均水平的 23 个省市中，河北、云南和西藏的得分明显较低，位居全国末位，详见表 5-2。

2012 年变异系数最小的是每千人口医疗卫生机构床位，为 0.1447，各省份之间在每千人口医疗卫生机构床位方面的差异相对来讲是最小的。而变异系数最大的是城乡医疗保险平均补偿水平，为 1.6242。这主要是由于

表 5-2　2012 年各省市卫生保健发展指数及排名

地区	医疗保健发展指数	排名	城乡医疗保险参保率(%)	城乡医疗保险平均补偿水平(元/人次)	每千人口卫生技术人员(人)	每千人口医疗卫生机构床位(张)
天津	2.9717	1	69.44	11729.48	5.45	3.79
北京	2.2451	2	82.10	6908.39	9.48	4.84
广东	1.6427	3	81.38	5181.20	4.89	3.35
上海	1.3140	4	73.59	3118.76	6.21	4.61
福建	1.1439	5	98.91	2403.53	4.70	3.72
重庆	1.0867	6	182.75	745.09	4.47	4.44
辽宁	1.0542	7	95.93	1462.73	5.62	5.26
内蒙古	1.0442	8	88.41	1715.59	5.62	4.45
新疆	1.0230	9	86.45	1204.93	6.12	5.89
吉林	0.9820	10	98.10	1291.98	5.24	4.64
青海	0.9738	11	91.58	1397.26	5.11	4.54
宁夏	0.9661	12	142.67	620.41	5.29	4.29
黑龙江	0.8777	13	78.97	1058.49	5.25	4.65
浙江	0.8466	14	103.76	559.49	6.02	3.89
陕西	0.8325	15	100.41	446.13	5.76	4.51
山西	0.8222	16	90.01	579.98	5.53	4.58
四川	0.8101	17	106.58	352.12	4.82	4.83
湖南	0.8071	18	105.64	538.43	4.47	4.32
江苏	0.8018	19	97.20	561.97	5.00	4.21
山东	0.7968	20	98.78	262.25	5.47	4.89
海南	0.7817	21	97.00	632.72	5.08	3.42
广西	0.7644	22	106.50	434.07	4.72	3.60
湖北	0.7524	23	101.02	220.94	5.00	4.38
河南	0.7478	24	108.31	219.77	4.56	4.19
江西	0.7396	25	105.07	466.90	3.99	3.64
甘肃	0.7377	26	98.47	321.48	4.33	4.36
安徽	0.7283	27	111.95	299.37	3.94	3.71
贵州	0.7268	28	107.93	328.81	3.72	4.00
河北	0.6918	29	91.68	303.31	4.32	3.90
云南	0.6714	30	93.37	257.70	3.58	4.18
西藏	0.6161	31	93.60	427.80	3.03	2.72

各省份之间的医疗保险的医疗待遇差异大造成的。其变异系数和标准差偏大意味着各省份之间在城乡医疗保险待遇方面的差距很大。此外，医疗保险参保率的变异系数为0.2051，每千人口医疗技术人员的变异系数为0.2212，说明这两个指标在各省市间的差异较小。（见表5-3）。

表5-3　2012年卫生保健发展指数及各指标的统计

	极小值	极大值	均值	标准差	变异系数
卫生保健发展指数	0.6161	2.9717	1.0000	0.4865	0.4865
每千人口医疗技术人员数（人）	3.03	9.48	5.0577	1.1189	0.2212
每千人口医疗卫生机构床位（张）	2.72	5.89	4.2516	0.6154	0.1447
医疗保险参保率（%）	69.44	182.75	99.5987	20.4304	0.2051
城乡医疗保险平均补偿水平（元）	219.77	11729.48	1485.5187	2412.8493	1.6242

2011年各省市的卫生保健总体水平如表5-4所示。整体上看，卫生保健总体水平排在前五位的分别是天津、北京、福建、上海和辽宁。而排在后五位的分别是安徽、河北、西藏、云南、贵州。位居排名前两位的天津和北京，其医疗保健发展指数远高于其他省市。

表5-4　2011年各省市卫生保健发展指数及排名

地区	医疗保健发展指数	排名	城乡医疗保险参保率（%）	城乡医疗保险平均补偿水平（元/人次）	每千人口卫生技术人员（人）	每千人口医疗卫生机构床位（张）
天津	3.2756	1	71.79	9286.38	7.33	4.94
北京	2.4425	2	80.49	4662.01	14.20	7.40
福建	1.4574	3	98.58	2940.69	4.47	3.50
上海	1.4398	4	74.08	1633.07	9.92	7.55
辽宁	1.1491	5	93.46	1422.13	5.54	5.07
青海	1.0726	6	87.91	1459.13	4.94	4.15
广东	1.0591	7	91.55	1338.09	5.62	3.76
新疆	1.0515	8	84.94	991.38	5.93	5.69
吉林	1.0230	9	96.48	1097.91	5.10	4.45

续表

地区	医疗保健发展指数	排名	城乡医疗保险参保率(%)	城乡医疗保险平均补偿水平(元/人次)	每千人口卫生技术人员(人)	每千人口医疗卫生机构床位(张)
内蒙古	1.0130	10	86.53	1209.95	5.34	4.08
黑龙江	0.9063	11	78.16	908.29	5.09	4.31
浙江	0.8587	12	93.86	399.05	6.42	4.07
山西	0.8321	13	88.79	421.90	5.47	4.49
江苏	0.8180	14	98.32	475.53	4.67	3.94
湖南	0.8115	15	100.01	594.54	3.96	3.61
陕西	0.8092	16	99.45	374.71	5.04	3.94
重庆	0.8041	17	121.59	391.77	3.61	3.47
山东	0.7974	18	99.38	262.44	5.02	4.34
海南	0.7844	19	95.50	514.71	4.77	3.14
四川	0.7670	20	105.73	359.39	3.89	3.69
宁夏	0.7635	21	87.42	362.72	4.91	3.96
广西	0.7620	22	106.24	504.00	3.80	2.83
江西	0.7343	23	101.82	494.68	3.49	2.85
湖北	0.7255	24	101.13	203.83	4.35	3.63
河南	0.7190	25	105.74	309.17	3.63	3.20
甘肃	0.7161	26	97.85	302.77	3.88	3.48
安徽	0.7069	27	109.41	331.69	3.16	2.97
河北	0.6969	28	90.91	252.82	4.11	3.63
西藏	0.6789	29	92.12	334.46	3.57	3.17
云南	0.6733	30	93.33	222.57	3.31	3.80
贵州	0.6513	31	106.78	262.43	2.68	2.77

2011年变异系数最小的是城乡医疗保险参保率,为0.1127。这意味着各省份之间在城乡医疗保险参保率方面的差异相对来说较小。变异系数最大的是城乡医疗保险平均补偿水平,为1.6041。意味着各省份之间在城乡医疗保险待遇方面的差距很大。此外,从基本公共卫生服务的两个指标来看,每千人口医疗技术人员数的变异系数为0.4327,在四个指标中相对较高;每千人口医疗卫生机构床位数的变异系数为0.2786,各省份之间的床位数方面的差异相比医疗技术人员的差异较小(见表5-5)。

表 5-5　2011 年卫生保健发展指数及各指标的统计

	极小值	极大值	均值	标准差	变异系数
卫生保健发展指数	0.6513	3.2756	1.0000	0.5467	0.5467
每千人口医疗技术人员数(人)	2.68	14.2	5.0716	2.1944	0.4327
每千人口医疗卫生机构床位(张)	2.77	7.55	4.0606	1.1311	0.2786
医疗保险参保率(%)	71.79	121.59	94.8177	10.6847	0.1127
城乡医疗保险平均补偿水平(元)	203.83	9286.38	1107.2326	1776.1108	1.6041

2010 年各省市的卫生保健总体水平如表 5-6 所示。整体上看,卫生保健总体水平排在前五位的分别是天津、北京、福建、上海和辽宁。而排在后五位的分别是湖北、河南、西藏、云南和贵州。天津排在第一位,其与其他省市拉开差距的重要原因在于其医疗保险补偿标准高(比排名第二的北京高出 4325.56 元)。这是因为天津市在 2009 年统一了城乡居民基本医疗保险待遇,城镇居民和农村居民在参保范围、个人缴费、政府补贴和待遇享受方面实行统一制度,基本实现了城乡医疗保险制度的一体化。

表 5-6　2010 年各省市卫生保健发展指数及排名

地区	医疗保健发展指数	排名	城乡医疗保险参保率(%)	城乡医疗保险平均补偿水平(元/人次)	每千人口卫生技术人员(人)	每千人口医疗卫生机构床位(张)
天津	3.2932	1	73.95	7884.21	7.12	4.93
北京	2.3181	2	75.74	3558.65	13.58	7.35
福建	1.5661	3	97.61	2885.83	4.05	3.20
上海	1.4805	4	78.78	1376.57	9.71	7.44
辽宁	1.1740	5	91.65	1265.37	5.46	4.80
新疆	1.1210	6	82.81	1033.74	5.93	5.37
吉林	1.0151	7	94.17	883.65	5.08	4.22
广东	1.0101	8	85.57	1037.77	5.34	3.52
黑龙江	0.9575	9	77.26	895.51	5.00	4.16

续表

地区	医疗保健发展指数	排名	城乡医疗保险参保率(%)	城乡医疗保险平均补偿水平(元/人次)	每千人口卫生技术人员(人)	每千人口医疗卫生机构床位(张)
内蒙古	0.9460	10	84.99	820.86	5.13	3.81
青海	0.9162	11	85.44	815.03	4.53	3.72
浙江	0.8719	12	90.63	395.63	6.08	3.88
山西	0.8645	13	86.40	379.15	5.58	4.49
湖南	0.8534	14	103.59	594.82	3.81	3.30
陕西	0.8186	15	94.47	403.82	4.68	3.67
四川	0.8182	16	103.77	498.64	3.62	3.35
江苏	0.8086	17	96.83	395.28	4.40	3.61
宁夏	0.7892	18	88.52	372.95	4.66	3.68
山东	0.7838	19	97.20	207.40	4.71	4.01
广西	0.7612	20	102.96	442.27	3.56	2.70
海南	0.7593	21	91.90	405.22	4.41	2.90
重庆	0.7566	22	105.08	358.77	3.36	3.14
江西	0.7452	23	100.20	451.26	3.37	2.66
甘肃	0.7345	24	97.62	297.40	3.65	3.33
河北	0.7242	25	90.58	275.44	4.00	3.42
安徽	0.7223	26	105.42	345.46	3.10	2.75
湖北	0.7211	27	99.39	181.80	4.16	3.26
河南	0.6941	28	103.08	188.73	3.45	3.03
西藏	0.6782	29	90.52	273.03	3.43	3.01
云南	0.6614	30	91.98	164.28	3.16	3.47
贵州	0.6361	31	104.39	204.17	2.48	2.51

2010年变异系数最小的是城乡医疗保险参保率,这意味着城乡医疗保险参保率的波动程度最小;变异系数最大的是城乡医疗保险平均补偿水平,这意味着各省份之间的医疗保险、医疗待遇差异较大。此外,从基本公共卫生服务的两个指标来看,每千人口医疗技术人员数的变异系数为0.4399,在四个指标中相对较高;每千人口医疗卫生机构床位数的变异系数为0.3049,各省份之间的床位数方面的差异相比医疗技术人员的差异较小

(见表 5-7)。

表 5-7　2010 年卫生保健发展指数及各指标的统计

	极小值	极大值	均　值	标准差	变异系数
卫生保健发展指数	0.6361	3.2932	1.0000	0.5428	0.5428
每千人口医疗技术人员数(人)	2.48	13.58	4.8581	2.1370	0.4399
每千人口医疗卫生机构床位(张)	2.51	7.44	3.8287	1.1672	0.3049
医疗保险参保率(%)	73.95	105.42	92.6613	9.1340	0.0986
城乡医疗保险平均补偿水平(元)	164.28	7884.21	944.9261	1490.2766	1.5771

数据来源:国家统计局编:《中国统计年鉴》(2011 年、2012 年、2013 年);《中国卫生统计年鉴》(2011 年、2012 年)。

从各地区三年的变化情况看,大部分省市卫生保健发展指数变化不大,例如河北、山西、吉林等;在变动较大的省市中,广东、重庆、宁夏卫生保健发展指数 2012 年较 2010 年明显增加,福建、天津、上海则下降趋势相对明显(图 5-1)。

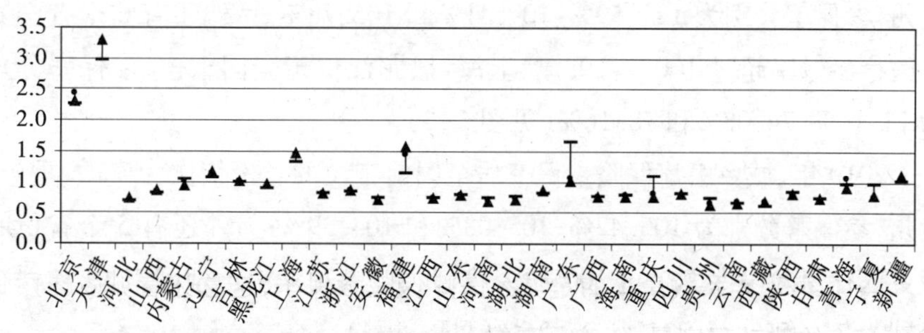

图 5-1　卫生保健发展指数三年对比情况

(二)城乡医疗保险参保率排名

2012 年,城乡医疗保险参保率居全国前三位的省份依次为广西、云南、宁夏,分别为 182. 75%、142. 67%、111. 95%。参保率超过 100%的省份还有山西、河南、湖北、山东、湖南、浙江、青海、四川和安徽。① 北京、新疆、内蒙古位于全国末位,参保率均未超过 80%,分别为 69. 44%、73. 59%和 78. 97%(见图 5-2)。

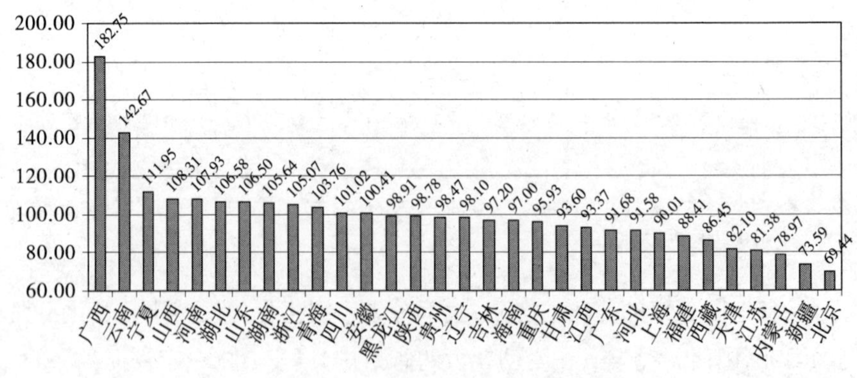

图 5-2 2012 年各省市城乡医疗保险参保率(%)

2011 年,城乡医疗保险参保率居全国前三位的省份依次为重庆、安徽、贵州,参保率分别为 121. 59%、109. 41%和 106. 78%,另外还有 6 个省份城乡医疗参保率超过 100%。天津、上海、黑龙江位于全国末位,参保率分别为 71. 19%、74. 08%和 78. 16%(见图 5-3)。

2010 年,城乡医疗保险参保率居全国前三位的省份依次为安徽、重庆、贵州,参保率分别为 105. 42%、105. 08%和 104. 39%;另外还有 5 个省份的城乡医疗保险参保率超过 100%;天津、北京、黑龙江位于全国末位,参保率分别为 73. 95%、75. 74%和 77. 26%(见图 5-4)。

---

① 参保率超过 100%的原因有以下几个方面:一是不同的医疗保险项目分属不同的部分管理,且统计口径不一致;二是现行的医疗保险经办机构分属不同的部门管理(如多数地区城镇职工基本医疗保险经办管理部门为人力资源和社会保障部门,新型农村合作医疗经办则属卫生部门),管理信息系统不兼容,出现重复参保现象;三是不排除统计数据有误。

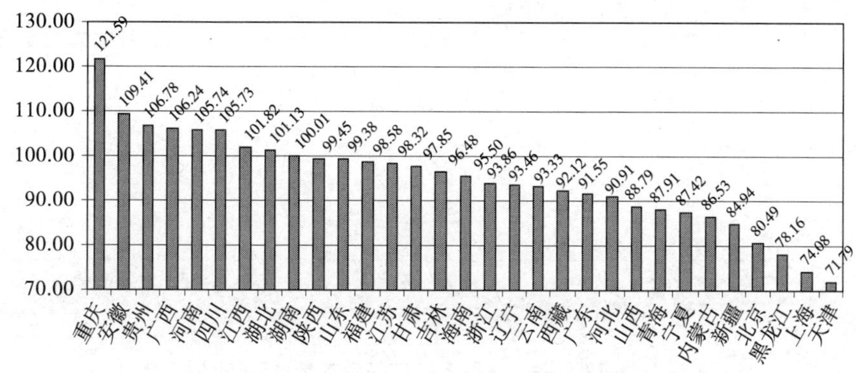

图 5-3　2011 年各省市城乡医疗保险参保率(%)

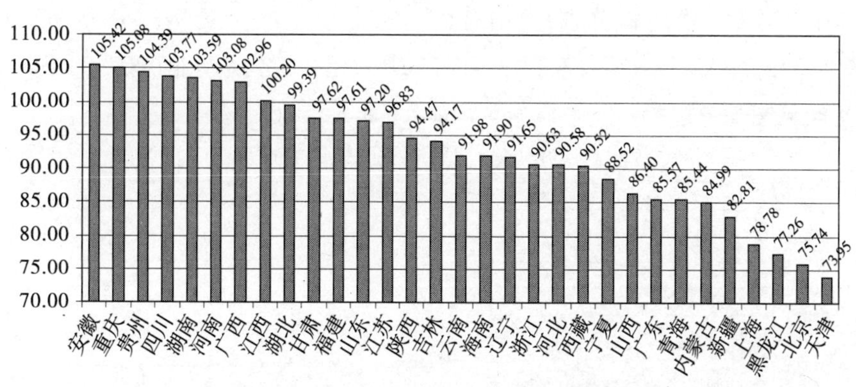

图 5-4　2010 年各省市城乡医疗保险参保率(%)

(三)城乡医疗保险待遇水平

2012 年,人均城乡医疗保险待遇水平最高的为天津市,达到了 11729.48 元/人次,其次是北京市和广东省,分别为 6908.39 元/人次和 5181.20 元/人次。排在最后五位的省份分别是:安徽(299.37 元/人次)、山东(262.25 元/人次)、云南(257.70 元/人次)、湖北(220.94 元/人次)、河南 219.77 元/人次(见图 5-5)。城乡医疗保险待遇水平存在较大的地区差距,待遇最高的天津市与最低的河南省相差 53 倍之多。

2011 年,人均城乡医疗保险待遇水平排在前三位的依次为天津

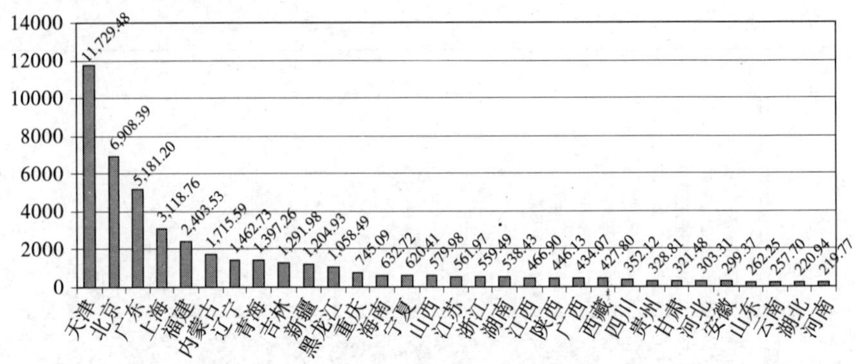

图 5-5　2012 年各地区城乡医疗保险待遇水平(元/人次)

(9286. 38 元/人次)、北京(4662. 01 元/人次)、福建(2940. 69 元/人次)。排在最后五位的省份分别是:山东(262. 44 元/人次)、贵州(262. 43 元/人次)、河北(252. 82 元/人次)、云南(222. 57 元/人次)、湖北(203. 83 元/人次)(见图 5-6)。

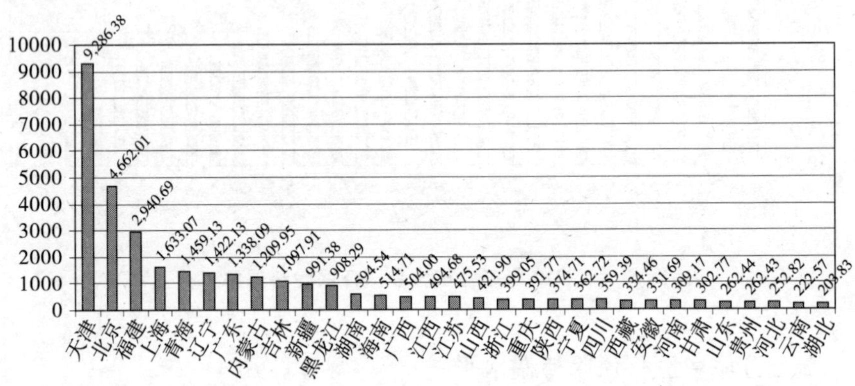

图 5-6　2011 年各地区城乡医疗保险待遇水平(元/人次)

2010 年,人均城乡医疗保险待遇水平排在前三位的依次为:天津(7884. 21 元/人次)、北京(3558. 65 元/人次)、福建(2885. 83 元/人次);排在最后五位的省份分别是:山东(207. 40 元/人次)、贵州(204. 17 元/人次)、河南(188. 73 元/人次)、湖北(181. 80 元/人次)、云南(164. 28 元/人次)(见图 5-7)。

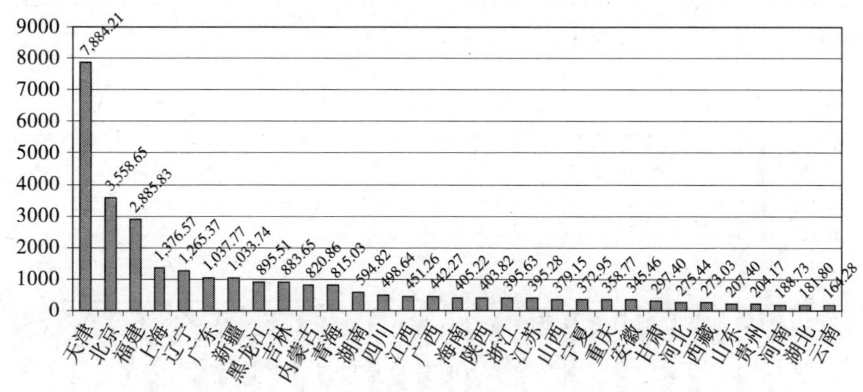

图 5-7　2010 年各地区城乡医疗保险待遇水平(元/人次)

(四)每千人口卫生技术人员

2012 年全国 31 个地区的每千人口卫生技术人员存在较大差距,北京市最高为 9. 48 人,上海、新疆、浙江依次位列第二位至第四位,人员数均超过了 6 人。而江西、安徽、贵州、云南、西藏 5 个省份的每千人口卫生技术人员数不足 4 人,其中西藏最低为 3. 03 人(见图 5-8)。

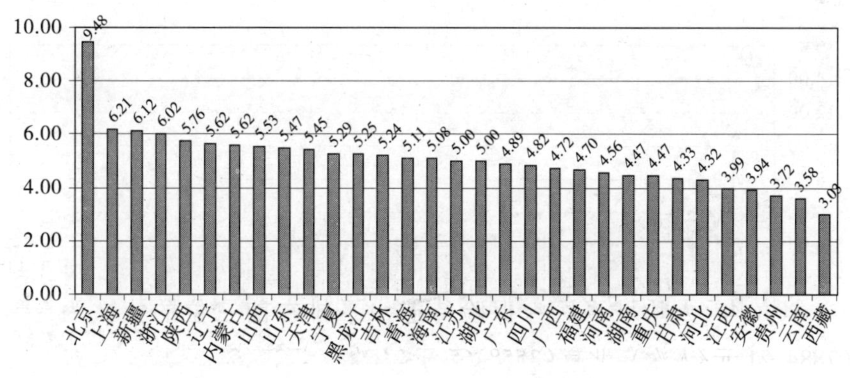

图 5-8　2012 年各地区每千人口卫生技术人员数(人)

2011 年,每千人口卫生技术人员居全国前三位的省份是北京、上海、天津,人员数分别为 14. 20 人、9. 92 人、7. 33 人。云南、安徽、贵州位于全国末位,每千人口卫生技术人员数仅为 3. 31 人、3. 16 人、2. 68 人(见图 5-9)。

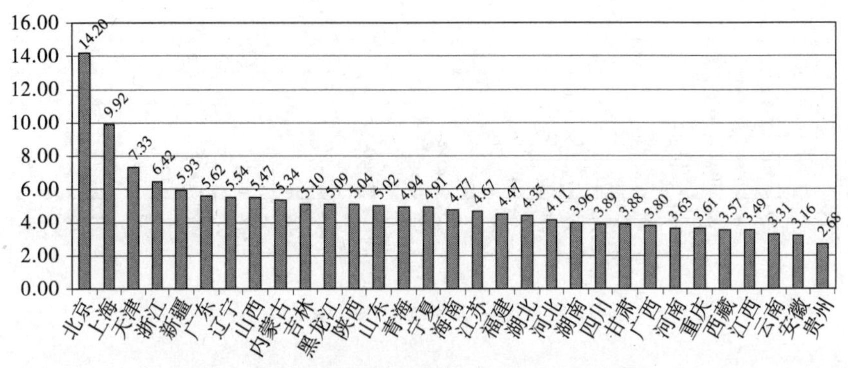

图 5-9　2011 年各地区每千人口卫生技术人员数(人)

2010 年,每千人口卫生技术人员居全国前三位的省市分别是北京、上海、天津,人员数分别为 13. 58 人、9. 71 人和 7. 12 人。云南、安徽、贵州位于全国末位,每千人口卫生技术人员数仅为 3. 16 人、3. 10 人、2. 48 人(见图 5-10)。

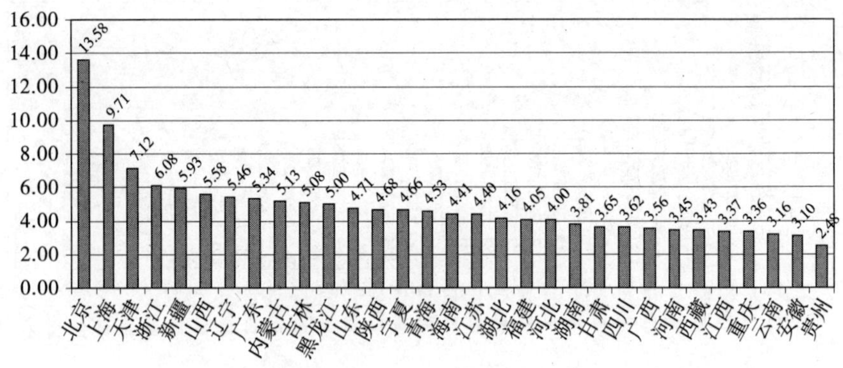

图 5-10　2010 年各地区每千人口卫生技术人员数(人)

(五)每千人口医疗卫生机构床位

2012 年,每千人口医疗卫生机构床位数排名前三位的依次为新疆 5.89 张、辽宁 5.26 张和山东 4.89 张。位列排名末位的西藏自治区,每千人口卫生机构床位数仅只有 2.72 张;其余省市床位数均介于 3—5 张之间(见图 5-11)。

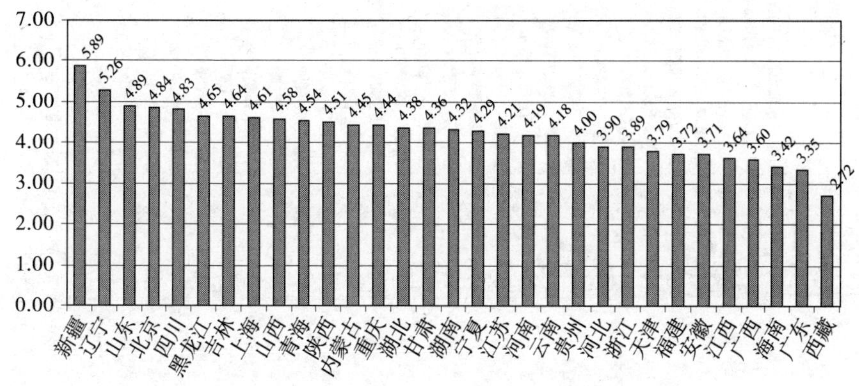

图 5-11 2012 年各地区每千人口医疗卫生机构床位数(人)

2011 年,每千人口医疗卫生机构床位数排名前三位的依次为上海(7.55 张)、北京(7.40 张)和新疆(5.69 张)。江西、广西、贵州排在全国最后三位,分别为 2.85 张、2.83 张和 2.77 张(见图 5-12)。

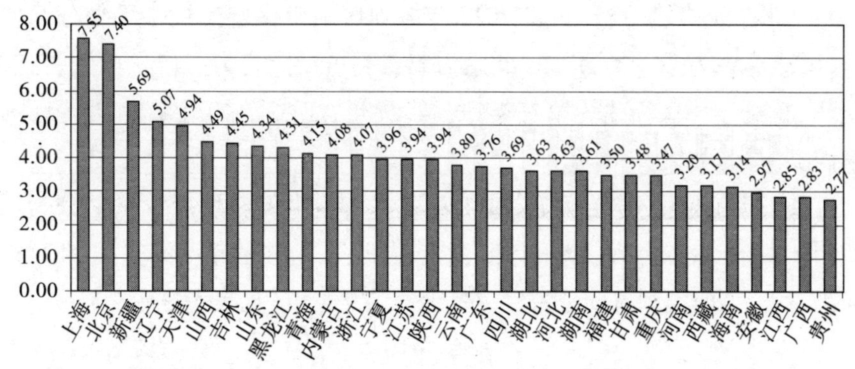

图 5-12 2011 年各地区每千人口医疗卫生机构床位数(人)

2010 年,每千人口医疗卫生机构床位数排名前三位的依次为上海(7.44 张)、北京(7.35 张)和新疆(5.37 张)。位居排名最后三位的是广西、江西和贵州,分别为 2.70 张、2.66 张和 2.51 张(见图 5-13)。

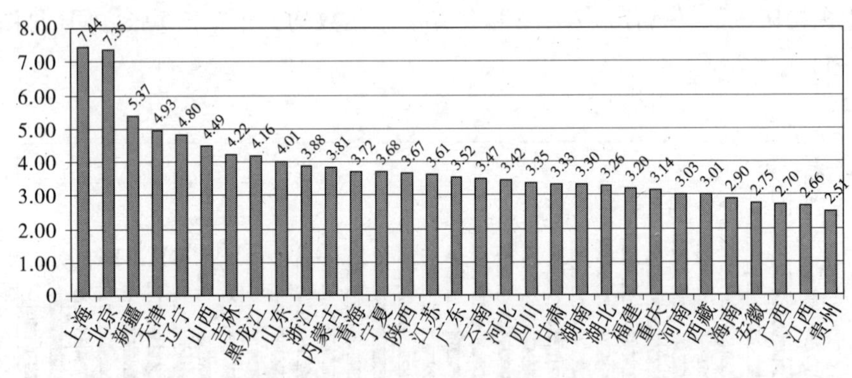

图 5-13　2010 年各地区每千人口医疗卫生机构床位数(张)

三、聚类分析和相关分析

(一)聚类分析

基于系统聚类分析,可将 2012 年各地区卫生保健发展水平划分为四类,天津单独为第一类;广东、北京为第二类;吉林、青海、辽宁、内蒙古、黑龙江、新疆、上海、福建为第三类;安徽、贵州、江西等 20 个省市自治区为第四类,具体如表 5-8 所示。

基于系统聚类分析,可将 2011 年各省市卫生保健发展水平划分为四类。其中,天津市为第一类;江西、湖南、湖北等 20 个省市为第二类,北京市为第三类,第四类则有内蒙古、广东、青海等 9 省市(见表 5-9)。

表 5-8　2012 年卫生保健聚类情况

类别	地　　区	特　　征
第一类型	天津	(1)城乡医疗保险参保率较低； (2)城乡医疗保险待遇水平居于首位； (3)基本公共卫生服务两项指标为中等偏下水平； (4)卫生保健总体发展水平居于首位。
第二类型	广东、北京	(1)城乡医疗保险参保率相对较低； (2)城乡医疗保险补偿水平处于前列； (3)卫生保健整体水平高。
第三类型	吉林、青海、辽宁、内蒙古、黑龙江、新疆、上海、福建	(1)城乡医疗保险参保率相当； (2)城乡医疗保险补偿水平差异大； (3)各项指标发展较为平衡。
第四类型	安徽、贵州、江西、广西、河北、甘肃、云南、西藏、河南、湖北、山东、四川、山西、陕西、浙江、江苏、湖南、海南、重庆、宁夏	(1)城乡医疗保险水平处于中等或偏上位置； (2)基本公共卫生服务两项指标水平差异不大； (3)各项指标之间较为均衡。

表 5-9　2011 年卫生保健聚类情况

类别	地　　区	特　　征
第一类型	天津	(1)城乡医疗保险参保率较低； (2)城乡医疗保险待遇水平高； (3)基本公共卫生服务两项指标相对较高； (4)卫生保健总体发展水平居于首位。
第二类型	江西、广西、湖南、海南、河北、甘肃、湖北、四川、云南、西藏、安徽、河南、贵州、重庆、江苏、陕西、宁夏、山西、山东、浙江	(1)城乡医疗保险平均待遇水平中等偏下； (2)基本公共卫生服务发展程度差别较小。
第三类型	北京	(1)城乡医疗保险参保率相对较低； (2)基本公共卫生服务两项指标位居前列； (3)卫生保健整体水平位居第二。
第四类型	内蒙古、广东、青海、辽宁、吉林、黑龙江、新疆、上海、福建	(1)城乡医疗保险水平处于中等偏上位置； (2)基本公共卫生服务两项指标水平中等偏上； (3)各项指标之间较为均衡。

基于系统聚类分析,可将2010年各省市卫生保健发展水平划分为三类。其中,天津市为第一类;江西、广西、安徽等28个省市为第二类;而北京和福建为第三类(见表5-10)。

表5-10 2010年卫生保健聚类情况

类别	地　区	特　征
第一类型	天津	(1)城乡医疗保险参保率中等; (2)城乡医疗保险待遇水平高; (3)基本公共卫生服务两项指标居于全国前列; (4)卫生保健总体发展水平居于首位。
第二类型	江西、广西、安徽、湖南、四川、河北、湖北、河南、云南、甘肃、贵州、海南、陕西、重庆、宁夏、山西、西藏、青海、江苏、浙江、山东、吉林、黑龙江、新疆、辽宁、广东、内蒙古、上海	(1)城乡医疗保险平均待遇水平普遍偏低; (2)基本公共卫生服务两项指标绝大多数省份处于全国中等偏下区段。
第三类型	北京、福建	(1)各项指标之间不均衡 (2)卫生保健整体水平比第一类型较低,比第二类型较高。

(二)相关性分析

通过相关性分析发现,2010年和2011年卫生保健发展指数与人均GDP水平呈强正相关,两者的Pearson系数均超过了0.7,在0.01水平(双侧)上显著相关,即人均GDP水平越高,卫生保健发展指数越高,卫生保健水平越高。而卫生保健发展指数与人口平均预期寿命仅在2010年呈正相关关系,但相关程度与人均GDP相比稍弱,相关系数在0.01水平(双侧)上显著相关。2012年的人均GDP、2011年和2012年的人口平均预期寿命与当年的卫生保健发展指数间的Pearson相关系数较高,但未能通过0.01水平(双侧)显著性检验(见表5-11)。

表 5-11　人均 GDP 与卫生保健发展指数(2010—2012 年)

		卫生保健发展指数(2010)	卫生保健发展指数(2011)	卫生保健发展指数(2012)
人均 GDP	Pearson 相关性	0.748 **	0.761 **	0.760
	显著性(双侧)	.000	.000	.000
	N	31	31	31
人口平均预期寿命	Pearson 相关性	0.550 **	0.539	0.555
	显著性(双侧)	.001	.002	.001
	N	31	31	31

注:(1) ** 在 0.01 水平(双侧)上显著相关。

(2)由于《中国统计年鉴》未公布 2011 年、2012 年人均预期寿命,因而采用 2010 年的人均预期寿命替代。

四、主要结论与思考

(一)主要结论

一是各地区卫生保健发展水平存在较大差异性。2010 年到 2012 年,各地区卫生保健发展指数最高与最低之间的差距均在 4 倍以上。整体上看,东部经济发展水平较高地区的卫生保健状况要好于中西部经济发展水平较低的地区。

二是西部城乡医疗保险参保率整体高于东部地区,但在城乡医疗保险平均待遇水平、千人口卫生技术人员、千人口医疗卫生机构床位方面,东部地区则高于中西部地区。

三是城乡医疗保险平均待遇水平差异系数最大,表明各省份之间的医疗保险待遇水平之间存在着较大差异。每千人口医疗技术人员数在各地区之间的差异相对也较大,但差距有缩减趋势,2010 年与 2011 年两年的变异系数均在 0.4 以上,而 2012 年减小为 0.2212。城乡医疗保险参保率与每千人口医疗卫生机构床位的变异系数相对较小,地区间的差异不是特别明显。

另外,卫生保健发展指数的变异系数较大,表明地区之间的总体卫生保健水平存在着较大差异。

(二)几点思考

一是各地区的城乡医疗保险参保率快速增长,但各地区城乡医疗保险平均补偿水平存在巨大差距。如何减轻医保人员在就医方面的个人负担,并缩小地区之间的医疗保险待遇水平的差距和不公平仍是医疗保险制度改革的重点。

二是重复参保现象需要引起重视。西部地区的各种医疗保险制度尚未实现有效对接,且由于信息化管理水平不高,重复参保现象普遍存在;东部地区则由于制度的统一性较高且信息化管理水平高,所以重复参保现象不明显。降低重复参保甚至杜绝重复参保现象,需要从顶层入手,一是加强各制度间的衔接和统一,二是提高信息化管理水平。

三是基本公共卫生服务资源的配置在地区之间的差异十分明显。在推进完善医疗保险制度的同时,缩小基本公共卫生服务资源的地区差异和提升患病人员在就医时获取医疗服务的质量是需要迫切解决的问题。

五、附录:数据表

附表 5-1-1　2010 年各省(市)卫生保健发展指数

地区	医疗保险参保率(%)	城乡医疗保险平均补偿水平(元/人次)	每千人口卫生技术人员(人)	每千人口医疗卫生机构床位(张)
北京	75.74	3558.65	13.58	7.35
天津	73.95	7884.21	7.12	4.93
河北	90.58	275.44	4.00	3.42
山西	86.40	379.15	5.58	4.49
内蒙古	84.99	820.86	5.13	3.81
辽宁	91.65	1265.37	5.46	4.80
吉林	94.17	883.65	5.08	4.22
黑龙江	77.26	895.51	5.00	4.16
上海	78.78	1376.57	9.71	7.44
江苏	96.83	395.28	4.40	3.61
浙江	90.63	395.63	6.08	3.88
安徽	105.42	345.46	3.10	2.75
福建	97.61	2885.83	4.05	3.20
江西	100.20	451.26	3.37	2.66
山东	97.20	207.40	4.71	4.01
河南	103.08	188.73	3.45	3.03
湖北	99.39	181.80	4.16	3.26
湖南	103.59	594.82	3.81	3.30
广东	85.57	1037.77	5.34	3.52
广西	102.96	442.27	3.56	2.70
海南	91.90	405.22	4.41	2.90
重庆	105.08	358.77	3.36	3.14
四川	103.77	498.64	3.62	3.35
贵州	104.39	204.17	2.48	2.51
云南	91.98	164.28	3.16	3.47
西藏	90.52	273.03	3.43	3.01
陕西	94.47	403.82	4.68	3.67
甘肃	97.62	297.40	3.65	3.33
青海	85.44	815.03	4.53	3.72
宁夏	88.52	372.95	4.66	3.68
新疆	82.81	1033.74	5.93	5.37

数据来源:《中国卫生统计年鉴》(2011 年)、《中国统计年鉴》(2011 年)。

附表 5-1-2　2011 年各省(市)卫生保健发展指数

地区	医疗保险参保率(%)	城乡医疗保险平均补偿水平(元/人次)	每千人口卫生技术人员(人)	每千人口医疗卫生机构床位(张)
北京	80.49	4662.01	14.20	7.40
天津	71.79	9286.38	7.33	4.94
河北	90.91	252.82	4.11	3.63
山西	88.79	421.90	5.47	4.49
内蒙古	86.53	1209.95	5.34	4.08
辽宁	93.46	1422.13	5.54	5.07
吉林	96.48	1097.91	5.10	4.45
黑龙江	78.16	908.29	5.09	4.31
上海	74.08	1633.07	9.92	7.55
江苏	98.32	475.53	4.67	3.94
浙江	93.86	399.05	6.42	4.07
安徽	109.41	331.69	3.16	2.97
福建	98.58	2940.69	4.47	3.50
江西	101.82	494.68	3.49	2.85
山东	99.38	262.44	5.02	4.34
河南	105.74	309.17	3.63	3.20
湖北	101.13	203.83	4.35	3.63
湖南	100.01	594.54	3.96	3.61
广东	91.55	1338.09	5.62	3.76
广西	106.24	504.00	3.80	2.83
海南	95.50	514.71	4.77	3.14
重庆	121.59	391.77	3.61	3.47
四川	105.73	359.39	3.89	3.69
贵州	106.78	262.43	2.68	2.77
云南	93.33	222.57	3.31	3.80
西藏	92.12	334.46	3.57	3.17
陕西	99.45	374.71	5.04	3.94
甘肃	97.85	302.77	3.88	3.48
青海	87.91	1459.13	4.94	4.15
宁夏	87.42	362.72	4.91	3.96
新疆	84.94	991.38	5.93	5.69

数据来源:《中国卫生统计年鉴》(2012 年)、《中国统计年鉴》(2012 年)。

附表 5-1-3　2012 年各省(市)卫生保健发展指数

地区	医疗保险参保率(%)	城乡医疗保险平均补偿水平(元/人次)	每千人口卫生技术人员(人)	每千人口医疗卫生机构床位(张)
北京	82.10	6908.39	9.48	4.84
天津	69.44	11729.48	5.45	3.79
河北	91.68	303.31	4.32	3.90
山西	90.01	579.98	5.53	4.58
内蒙古	88.41	1715.59	5.62	4.45
辽宁	95.93	1462.73	5.62	5.26
吉林	98.10	1291.98	5.24	4.64
黑龙江	78.97	1058.49	5.25	4.65
上海	73.59	3118.76	6.21	4.61
江苏	97.20	561.97	5.00	4.21
浙江	103.76	559.49	6.02	3.89
安徽	111.95	299.37	3.94	3.71
福建	98.91	2403.53	4.70	3.72
江西	105.07	466.90	3.99	3.64
山东	98.78	262.25	5.47	4.89
河南	108.31	219.77	4.56	4.19
湖北	101.02	220.94	5.00	4.38
湖南	105.64	538.43	4.47	4.32
广东	81.38	5181.20	4.89	3.35
广西	106.50	434.07	4.72	3.60
海南	97.00	632.72	5.08	3.42
重庆	182.75	745.09	4.47	4.44
四川	106.58	352.12	4.82	4.83
贵州	107.93	328.81	3.72	4.00
云南	93.37	257.70	3.58	4.18
西藏	93.60	427.80	3.03	2.72
陕西	100.41	446.13	5.76	4.51
甘肃	98.47	321.48	4.33	4.36
青海	91.58	1397.26	5.11	4.54
宁夏	142.67	620.41	5.29	4.29
新疆	86.45	1204.93	6.12	5.89

数据来源:《中国卫生统计年鉴》(2013 年)、《中国统计年鉴》(2013 年)。

附表 5-2-1 2010 年各省(市)城乡医疗保险参保人数

地区	总人口(万人)	每千人口卫生技术人员(人)	每千人口医疗卫生机构床位(张)	城镇医疗保险年末参保人数(万人)	参加新农合人数(万人)	城乡医疗保险参保总人数(万人)	医疗保险参保率(%)
北京	1961.90	13.58	7.35	1207.34	278.53	1485.87	75.74
天津	1299.29	7.12	4.93	960.85	N/A	960.85	73.95
河北	7193.60	4.00	3.42	1518.06	4998.09	6516.15	90.58
山西	3574.11	5.58	4.49	923.50	2164.57	3088.07	86.40
内蒙古	2472.18	5.13	3.81	886.37	1214.63	2101.00	84.99
辽宁	4374.90	5.46	4.80	2056.18	1953.63	4009.81	91.65
吉林	2746.60	5.08	4.22	1333.81	1252.54	2586.35	94.17
黑龙江	3833.40	5.00	4.16	1560.83	1400.78	2961.61	77.26
上海	2302.66	9.71	7.44	1665.15	148.95	1814.10	78.78
江苏	7869.34	4.40	3.61	3249.43	4370.57	7620.00	96.83
浙江	5446.51	6.08	3.88	1963.82	2972.10	4935.92	90.63
安徽	5956.71	3.10	2.75	1529.35	4750.18	6279.53	105.42
福建	3693.00	4.05	3.20	1200.60	2404.20	3604.80	97.61
江西	4462.25	3.37	2.66	1326.41	3144.95	4471.36	100.20
山东	9587.86	4.71	4.01	2770.61	6548.73	9319.34	97.20
河南	9405.47	3.45	3.03	2043.75	7651.48	9695.23	103.08
湖北	5727.91	4.16	3.26	1860.03	3833.01	5693.04	99.39
湖南	6570.10	3.81	3.30	1894.54	4911.47	6806.01	103.59
广东	10440.96	5.34	3.52	5043.22	3891.45	8934.67	85.57
广西	4610.00	3.56	2.70	935.21	3811.34	4746.55	102.96
海南	868.55	4.41	2.90	323.34	474.85	798.19	91.90
重庆	2884.62	3.36	3.14	830.76	2200.43	3031.19	105.08
四川	8044.92	3.62	3.35	2063.10	6285.09	8348.19	103.77
贵州	3478.94	2.48	2.51	602.48	3029.17	3631.65	104.39
云南	4601.60	3.16	3.47	820.48	3412.15	4232.63	91.98
西藏	300.72	3.43	3.01	38.63	233.58	272.21	90.52
陕西	3735.23	4.68	3.67	947.22	2581.39	3528.61	94.47
甘肃	2559.98	3.65	3.33	588.79	1910.32	2499.11	97.62
青海	563.00	4.53	3.72	140.30	340.75	481.05	85.44
宁夏	632.96	4.66	3.68	188.32	372.01	560.33	88.52
新疆	2185.11	5.73	5.37	790.46	1019.03	1809.49	82.81

注:(1) 城乡医疗保险参保总人数 = 城镇医疗保险年末参保人数 + 参加新农合人数

(2) 天津没有新型农村合作医疗保险制度,因此参加新农合人数的数据缺失

(3) $\text{医疗保险参保率} = \dfrac{\text{城乡医疗保险参保总人数}}{\text{总人口}}$

数据来源:《中国卫生统计年鉴》(2011 年)、《中国统计年鉴》(2011 年)。

附表5-2-2　2011年各省(市)城乡医疗保险参保人数

地区	总人口(万人)	每千人口卫生技术人员(人)	每千人口医疗卫生机构床位(张)	城镇医疗保险年末参保人数(万人)	参加新农合人数(万人)	城乡医疗保险参保总人数(万人)	医疗保险参保率(%)
北京	2018.60	14.20	7.40	1347.85	276.83	1624.68	80.49
天津	1355.00	7.33	4.94	972.79	N/A	972.79	71.79
河北	7240.51	4.11	3.63	1562.19	5020.02	6582.20	90.91
山西	3593.00	5.47	4.49	1005.12	2185.02	3190.14	88.79
内蒙古	2481.71	5.34	4.08	907.25	1240.17	2147.42	86.53
辽宁	4383.00	5.54	5.07	2120.09	1976.20	4096.28	93.46
吉林	2749.41	5.10	4.45	1350.64	1302.05	2652.70	96.48
黑龙江	3834.00	5.09	4.31	1578.04	1418.80	2996.83	78.16
上海	2347.46	9.92	7.55	1591.81	147.23	1739.04	74.08
江苏	7898.80	4.67	3.94	3500.52	4265.53	7766.04	98.32
浙江	5463.00	6.42	4.07	2244.13	2883.29	5127.42	93.86
安徽	5968.00	3.16	2.97	1612.90	4916.95	6529.85	109.41
福建	3720.00	4.47	3.50	1217.17	2449.98	3667.15	98.58
江西	4488.44	3.49	2.85	1329.70	3240.45	4570.15	101.82
山东	9637.00	5.02	4.34	2947.77	6629.13	9576.91	99.38
河南	9388.00	3.63	3.20	2122.26	7804.46	9926.72	105.74
湖北	5757.50	4.35	3.63	1932.49	3890.03	5822.52	101.13
湖南	6595.60	3.96	3.61	1941.22	4654.96	6596.18	100.01
广东	10504.85	5.62	3.76	6767.12	2849.93	9617.05	91.55
广西	4645.00	3.80	2.83	981.32	3953.47	4934.78	106.24
海南	877.34	4.77	3.14	352.37	485.46	837.83	95.50
重庆	2919.00	3.61	3.47	1324.80	2224.37	3549.17	121.59
四川	8050.00	3.89	3.69	2248.37	6263.07	8511.44	105.73
贵州	3468.72	2.68	2.77	629.00	3074.80	3703.80	106.78
云南	4630.80	3.31	3.80	865.80	3456.25	4322.05	93.33
西藏	303.30	3.57	3.17	43.67	235.72	279.39	92.12
陕西	3742.60	5.04	3.94	1090.45	2631.66	3722.11	99.45
甘肃	2564.19	3.88	3.48	590.83	1918.27	2509.10	97.85
青海	568.17	4.94	4.15	151.62	347.87	499.49	87.91
宁夏	639.45	4.91	3.96	188.77	370.25	559.02	87.42
新疆	2208.71	5.93	5.69	825.18	1050.93	1876.11	84.94

注:(1) 城乡医疗保险参保总人数 = 城镇医疗保险年末参保人数 + 参加新农合人数

(2) 天津没有新型农村合作医疗保险制度,因此参加新农合人数的数据缺失

(3) $\text{医疗保险参保率} = \dfrac{\text{城乡医疗保险参保总人数}}{\text{总人口}}$

数据来源:《中国卫生统计年鉴》(2011年)、《中国统计年鉴》(2011年)。

附表 5-2-3　2012 年各省(市)城乡医疗保险参保人数

地区	总人口(万人)	每千人口卫生技术人员(人)	每千人口医疗卫生机构床位(张)	城镇医疗保险年末参保人数(万人)	参加新农合人数(万人)	城乡医疗保险参保总人数(万人)	医疗保险参保率(%)
北京	2069.30	9.48	4.84	1431.59	267.40	1698.99	82.10
天津	1413.15	5.45	3.79	981.30	N/A	981.30	69.44
河北	7287.51	4.32	3.90	1644.37	5037.00	6681.37	91.68
山西	3610.83	5.53	4.58	1055.94	2194.00	3249.94	90.01
内蒙古	2489.85	5.62	4.45	967.68	1233.60	2201.28	88.41
辽宁	4389.00	5.62	5.26	2251.89	1958.60	4210.49	95.93
吉林	2750.40	5.24	4.64	1370.00	1328.20	2698.20	98.10
黑龙江	3834.00	5.25	4.65	1580.32	1447.30	3027.62	78.97
上海	2380.43	6.21	4.61	1638.57	113.20	1751.77	73.59
江苏	7919.98	5.00	4.21	3608.85	4089.30	7698.15	97.20
浙江	5477.00	6.02	3.89	2806.76	2876.20	5682.96	103.76
安徽	5988.00	3.94	3.71	1659.98	5043.80	6703.78	111.95
福建	3748.00	4.70	3.72	1262.92	2444.10	3707.02	98.91
江西	4503.93	3.99	3.64	1438.55	3293.80	4732.35	105.07
山东	9684.97	5.47	4.89	3101.23	6465.80	9567.03	98.78
河南	9406.00	4.56	4.19	2222.20	7965.10	10187.30	108.31
湖北	5779.00	5.00	4.38	1960.27	3877.60	5837.87	101.02
湖南	6638.93	4.47	4.32	2341.90	4671.20	7013.10	105.64
广东	10594.00	4.89	3.35	8421.81	200.00	8621.81	81.38
广西	4682.00	4.72	3.60	1011.53	3974.80	4986.33	106.50
海南	886.55	5.08	3.42	378.47	481.50	859.97	97.00
重庆	2945.00	4.47	4.44	3219.07	2162.90	5381.97	182.75
四川	8076.20	4.82	4.83	2383.81	6224.10	8607.91	106.58
贵州	3484.07	3.72	4.00	648.30	3112.20	3760.50	107.93
云南	4659.00	3.58	4.18	882.39	3467.90	4350.29	93.37
西藏	307.62	3.03	2.72	50.14	237.80	287.94	93.60
陕西	3753.09	5.76	4.51	1118.81	2649.70	3768.51	100.41
甘肃	2577.55	4.33	4.36	616.53	1921.50	2538.03	98.47
青海	573.17	5.11	4.54	172.30	352.60	524.90	91.58
宁夏	647.19	5.29	4.29	561.84	361.50	923.34	142.67
新疆	2232.78	6.12	5.89	851.93	1078.30	1930.23	86.45

注:(1) 城乡医疗保险参保总人数 = 城镇医疗保险年末参保人数 + 参加新农合人数

(2) 天津没有新型农村合作医疗保险制度,因此参加新农合人数的数据缺失

(3) $\text{医疗保险参保率} = \dfrac{\text{城乡医疗保险参保总人数}}{\text{总人口}}$。

数据来源:《中国统计年鉴》(2011 年、2012 年、2013 年)。

附表 5-3-1　2010 年各省(市)城乡医疗保险补偿待遇水平

地区	城镇医疗保险就诊人数(万人)	新农合补偿受益人次(万人次)	新农合筹资总额(亿元)	城镇医疗保险基金收入总额(亿元)	城乡医疗保险基金总支出(亿元)	城镇医疗保险人均补偿待遇水平(元)	新农合人均补偿待遇水平(元)	城乡医疗保险平均补偿水平(元/人次)
北京	164.92	694.46	15.47	290.35	305.82	17605.45	222.76	3558.65
天津	131.25	N/A	N/A	103.48	103.48	7884.21	N/A	7884.21
河北	207.37	6592.93	69.95	117.35	187.30	5659.27	106.10	275.44
山西	126.15	2570.57	32.60	69.64	102.24	5520.46	126.84	379.15
内蒙古	121.08	894.31	19.14	64.21	83.35	5303.24	214.00	820.86
辽宁	280.87	1399.87	30.94	181.73	212.68	6470.29	221.03	1265.37
吉林	182.20	627.88	18.83	52.75	71.58	2895.08	299.98	883.65
黑龙江	213.21	1181.65	21.18	103.73	124.91	4865.03	179.27	895.51
上海	227.46	2035.18	11.29	300.18	311.47	13197.13	55.45	1376.57
江苏	443.87	8956.70	83.90	287.68	371.58	6481.11	93.68	395.28
浙江	268.26	7758.40	74.83	242.73	317.56	9048.55	96.45	395.63
安徽	208.91	4260.21	72.11	82.28	154.39	3938.70	169.26	345.46
福建	164.00	278.46	36.54	91.14	127.69	5557.49	1312.33	2885.83
江西	181.19	1968.39	47.42	49.58	97.00	2736.28	240.92	451.26
山东	378.46	14605.69	88.55	222.22	310.78	5871.73	60.63	207.40
河南	279.18	11544.57	115.19	107.96	223.15	3867.02	99.78	188.73
湖北	254.08	8659.87	57.62	104.44	162.06	4110.34	66.54	181.80
湖南	258.79	2685.54	69.34	105.79	175.13	4087.97	258.20	594.82
广东	688.90	2908.97	62.53	310.85	373.38	4512.20	214.96	1037.77
广西	127.75	2448.30	57.31	56.62	113.93	4432.10	234.09	442.27
海南	44.17	633.33	6.85	20.60	27.45	4665.09	108.14	405.22
重庆	113.48	2460.99	31.13	61.24	92.36	5396.08	126.49	358.77
四川	281.82	4905.80	93.67	165.00	258.68	5854.98	190.94	498.64
贵州	82.30	3949.88	44.35	37.98	82.32	4614.49	112.27	204.17
云南	112.08	8043.52	48.09	85.89	133.98	7663.84	59.78	164.28
西藏	5.28	393.36	4.50	6.39	10.88	12099.23	114.37	273.03
陕西	129.39	2433.02	39.87	63.61	103.48	4916.04	163.86	403.82
甘肃	80.43	2132.42	27.94	37.87	65.81	4708.65	131.02	297.40
青海	19.17	275.08	5.64	18.34	23.98	9570.93	205.00	815.03
宁夏	25.72	535.77	5.42	15.52	20.94	6034.23	101.13	372.95
新疆	107.98	830.86	16.13	80.92	97.05	7494.62	194.09	1033.74

附表 5-3-2　2011 年各省(市)城乡医疗保险补偿待遇水平

地区	城镇医疗保险就诊人数(万人)	新农合补偿受益人次(万人次)	新农合筹资总额(亿元)	城镇医疗保险基金支出总额(亿元)	城乡医疗保险基金总支出(亿元)	城镇医疗保险人均补偿待遇水平(元)	新农合人均补偿待遇水平(元)	城乡医疗保险平均补偿水平(元/人次)
北京	184.12	672.86	17.64	381.89	404.29	20741.09	262.16	4662.01
天津	132.88	N/A	N/A	123.40	131.29	9286.38	N/A	9286.38
河北	213.39	10061.89	116.52	143.26	304.48	6713.56	115.80	252.82
山西	137.30	3172.78	50.67	88.98	165.00	6480.93	159.70	421.90
内蒙古	123.93	834.95	30.56	85.46	130.34	6895.84	366.01	1209.95
辽宁	289.60	1639.64	46.43	227.93	303.87	7870.59	283.17	1422.13
吉林	184.50	709.40	30.09	68.05	120.68	3688.48	424.16	1097.91
黑龙江	215.56	1573.07	32.71	129.75	198.03	6019.17	207.94	908.29
上海	217.44	1926.84	14.53	335.65	443.48	15436.23	75.41	1633.07
江苏	478.17	9698.04	116.43	367.48	575.49	7685.05	120.06	475.53
浙江	306.55	9450.96	117.70	271.68	488.76	8862.42	124.54	399.05
安徽	220.32	6379.83	112.98	105.94	245.30	4808.52	177.09	331.69
福建	166.26	396.15	57.58	107.81	195.34	6484.25	1453.49	2940.69
江西	181.64	2567.52	75.36	60.63	154.97	3338.17	293.51	494.68
山东	402.67	16711.85	169.85	279.31	512.90	6936.46	101.63	262.44
河南	289.90	9829.57	180.57	132.30	346.31	4563.57	183.70	309.17
湖北	263.98	10915.54	91.51	136.37	267.82	5165.74	83.83	203.83
湖南	265.17	3691.51	107.59	127.65	253.73	4813.87	291.45	594.54
广东	924.39	2806.27	69.37	429.83	666.04	4649.83	247.20	1338.09
广西	134.05	3194.33	91.18	76.57	194.30	5711.96	285.44	504.00
海南	48.13	698.82	11.61	26.84	47.72	5575.82	166.14	514.71
重庆	180.97	3193.78	51.60	80.61	154.85	4454.46	161.56	391.77
四川	307.13	9886.06	146.77	219.56	442.61	7148.82	148.46	359.39
贵州	85.92	4408.91	69.29	48.67	133.64	5664.32	157.16	262.43
云南	118.27	7861.91	80.88	96.73	200.25	8178.88	102.88	222.57
西藏	5.97	422.70	6.67	7.67	17.53	12842.71	157.80	334.46
陕西	148.95	3641.93	63.62	78.43	165.50	5265.46	174.69	374.71
甘肃	80.71	3067.99	44.68	50.65	106.73	6276.00	145.63	302.77
青海	20.71	208.71	9.36	24.12	39.28	11644.33	448.47	1459.13
宁夏	25.79	740.43	8.78	19.01	31.65	7372.04	118.58	362.72
新疆	112.72	1140.05	25.03	99.17	144.56	8797.62	219.55	991.38

附表 5-3-3　2012 年各省(市)城乡医疗保险补偿待遇水平

地区	城镇医疗保险就诊人数(万人)	新农合补偿受益人次(万人次)	新农合筹资总额(亿元)	城镇医疗保险基金支出总额(亿元)	城乡医疗保险基金总支出(亿元)	城镇医疗保险人均补偿待遇水平(元)	新农合人均补偿待遇水平(元)	城乡医疗保险平均补偿水平(元/人次)
北京	195.56	565.6	18.9	506.94	525.84	25922.88	334.16	6908.39
天津	134.05	N/A	N/A	157.23	157.23	11729.48	N/A	11729.48
河北	224.62	12406.7	148.5	234.61	383.11	10444.89	119.69	303.31
山西	144.24	3598.4	64.5	152.56	217.06	10576.95	179.25	579.98
内蒙古	132.18	823.1	38.0	125.89	163.89	9523.61	461.67	1715.59
辽宁	307.61	2151.2	57.9	301.76	359.66	9809.79	269.15	1462.73
吉林	187.14	977.8	38.6	111.91	150.51	5979.86	394.76	1291.98
黑龙江	215.87	1960.7	42.7	187.69	230.39	8694.37	217.78	1058.49
上海	223.83	1570.8	14.0	545.70	559.70	24380.37	89.13	3118.76
江苏	492.97	12271.6	134.1	583.22	717.32	11830.86	109.28	561.97
浙江	383.40	11231.6	138.2	511.64	649.84	13344.79	123.05	559.49
安徽	226.75	10071.6	148.7	159.60	308.30	7038.61	147.64	299.37
福建	172.51	831.7	73.0	168.37	241.37	9759.51	877.72	2403.53
江西	196.51	4079.9	96.9	102.77	199.67	5229.71	237.51	466.90
山东	423.63	23243.4	198.6	422.07	620.67	9963.31	85.44	262.25
河南	303.55	19766.6	233.7	207.37	441.07	6831.56	118.23	219.77
湖北	267.77	13854.6	115.5	196.52	312.02	7339.13	83.37	220.94
湖南	319.90	5617.7	136.2	183.50	319.70	5736.03	242.45	538.43
广东	1150.42	279.7	5.4	735.57	740.97	6393.96	193.06	5181.20
广西	138.17	5209.5	116.4	115.72	232.12	8375.24	223.44	434.07
海南	51.70	827.2	14.5	41.11	55.61	7951.71	175.29	632.72
重庆	439.73	3127.3	64.1	201.67	265.77	4586.37	204.97	745.09
四川	325.63	14476.1	184.2	336.99	521.19	10348.96	127.24	352.12
贵州	88.56	4887.9	90.7	72.93	163.63	8235.28	185.56	328.81
云南	120.53	9190.4	102.6	137.34	239.94	11394.44	111.64	257.70
西藏	6.85	477.6	7.7	13.02	20.72	19015.98	161.22	427.80
陕西	152.83	4544.3	82.6	126.95	209.55	8306.83	181.77	446.13

续表

地区	城镇医疗保险就诊人数(万人)	新农合补偿受益人次(万人次)	新农合筹资总额(亿元)	城镇医疗保险基金支出总额(亿元)	城乡医疗保险基金总支出(亿元)	城镇医疗保险人均补偿待遇水平(元)	新农合人均补偿待遇水平(元)	城乡医疗保险平均补偿水平(元/人次)
甘肃	84.22	3901.5	56.2	71.93	128.13	8541.43	144.05	321.48
青海	23.54	335.2	14.4	35.72	50.12	15178.71	429.59	1397.26
宁夏	76.75	837.7	13.9	42.83	56.73	5581.03	165.93	620.41
新疆	116.37	1390.0	34.0	147.51	181.51	12675.35	244.60	1204.93

注:(1)城镇医疗保险就诊人数代替城镇医疗保险受益人数,由于2011年、2012年出版的统计年鉴未公布各地区的城镇医疗保险受益人次数,所以本书采取"城镇医疗保险就诊人数 = 城镇医疗保险年末参保人数×0.1366(0.1366为《中国卫生统计年鉴》公布的城镇居民两周就诊率)"替代城镇医疗保险受益人数。

(2)由于《中国统计年鉴》未公布各地区新型农村合作医疗保险基金支出额,因此,根据社会医疗保险基金年度收支平衡、略有结余的原则,本书将参加新农合本年度筹资总额假定为新农合基金支出额。

(3)在上述(2)的假定下,$\text{城乡医疗保险基金总支出} = \text{城镇医疗保险基金支出总额} + \text{新农合筹资总额}$

(4)$\text{城镇医疗保险人均补偿待遇水平} = \text{城镇医疗保险基金支出总额} \div \text{城镇医疗保险就诊人数}$

(5)$\text{新农合人均补偿待遇水平} = \dfrac{\text{新农合本年度筹资总额}}{\text{新农合补偿受益人次}}$

(6)
$$\text{城乡医疗保险平均补偿水平} = \text{城镇医疗保险人均补偿待遇水平} \times \frac{\text{城镇医疗保险就诊人数}}{\text{城镇医疗保险就诊人数} + \text{新农合补偿受益人次}} + \text{新农合人均补偿待遇水平} \times \frac{\text{新农合补偿受益人次}}{\text{城镇医疗保险就诊人数} + \text{新农合补偿受益人次}}$$

(7)天津没有新型农村合作医疗保险制度,因此无新农合相关统计数据。

数据来源:《中国统计年鉴》(2011年、2012年、2013年),《中国卫生统计年鉴》(2011年、2012年、2013年)。

第六章　工作关联福利发展指数

一、工作关联福利概述

（一）工作关联福利的发展历程

在我国，与工作相关联的福利制度始自20世纪50年代。大致分为两个大的发展阶段：第一阶段是从20世纪50年代初期到80年代中期，也就是计划经济体制条件下的职工福利时期。第二个阶段是从20世纪80年代中期至今，即市场经济转型过程中的工作关联福利改革与创新时期。

新中国成立后，为了迅速解决失业问题，尽快建立起与社会主义制度相适应的福利模式，我国采取了统包统配的就业制度。1950年6月，国家颁布《中华人民共和国工会法》对建立职工福利制度作出了明确的规定。当时的工作关联福利被称为职工福利，是一种由国家和职工所在单位通过举办集体福利设施、建立补贴制度、组织开展业务文化活动，以减轻职工经济负担和丰富职工文化生活的事业。

"计划统包"的职工福利模式延续了三十余年，直到1986年启动国有企业改革才发生转变。国有企业改革动摇了支持"国家—单位"保障体系的组织和制度基础，计划经济时代的职工福利模式已无法继续存在下去。1986年7月，国务院颁布《国营企业实行劳动合同制暂行规定》和《国营企业职工待业保险暂行规定》，劳动人事部门颁布《关于外商投资企业用人自主权和职工工资、保险福利费用的规定》。根据这些规定，劳动合同制取代了计划经济时代的“铁饭碗”,职工福利由单位“统包”转向企业与个人责任分摊式的工作关联福利制度。随着市场竞争的日益激烈,为了吸引人才,工作关联福利水平不断提高,并且走向了自主化、灵活化的发展道路。现阶段,我国工作关联福利主要由工伤保险、失业保险、生育保险和职业福利等组成。

一是工伤保险。1996 年 8 月 12 日,劳动部发布并实施《企业职工工伤保险试行办法》,明确规定了实行差别费率基础上的浮动费率以及根据上年度职工平均工资增长的一定比例每年调整待遇的发放方式;同年 10 月 1 日实施的《职工工伤与职业病致残程度鉴定》与《试行办法》成为改革开放后全国性的工伤保险规范性政策文件,标志着各地工伤保险改革试点由自发探索向中央政府主管部门有组织、有计划地推进;2003 年 4 月 27 日,国务院颁布《工伤保险条例》将所有类型的企业都包括在制度覆盖范围之内,标志着我国工伤保险制度基本定型。

二是失业保险。我国失业保险始于 1986 年国务院颁布的《国营企业职工待业保险暂行规定》,保障对象范围包括宣告破产企业的职工、濒临破产企业法定整顿期间被精简的职工、企业终止或解除劳动合同的职工、企业辞退的职工四类人员,规定了企业按照其全部职工标准工资总额的 1%缴纳待业保险基金以及管理机构职责及经费开支来源,明确了领取保险待遇的资格条件、发放标准和期限;1993 年 4 月 12 日,国务院颁布新的《国有企业职工待业保险规定》,扩大了适用范围、调整了保险基金使用方向、建立了待业保险基金统筹制度、增加了领取待业救济金的程序条款和法则条款、修改了领取待业救济金的资格条件和发放标准;1999 年 1 月 22 日,国务院颁布《失业保险条例》,首次在法规中以“失业保险”取代“待业保险”,将参保范围扩大到了所有类型企业以及事业单位职工,确立了劳资双方分担缴费义务的规则和失业保险金的给付标准并为失业者提供医疗补助金,明确了失业保险实行市级统筹及建立调剂金,这标志着我国失业保险制度的正式确立①。目前,失业保险政策覆盖范围扩大到除国家公务员以外的城镇各类企业和机关事业单位职工,充分发挥了“保生活、促就业”的双重作用。

① 参见郑功成:《中国社会保障 30 年》,人民出版社 2008 年版。

三是生育保险。早期生育保险制度并没有单独的立法，主要体现在劳动保险条例中，包括生育保险金、生育假期及津贴、生育补助等内容。1988年，国务院颁布《女职工劳动保护规定》，产假从56天增加到90天，废止了以往法令中有关生育待遇的规定，正式明确生育保险由企业保障。1994年，劳动部颁布《企业职工生育保险试行办法》，规定企业按不超过工资总额的1%向劳动部门所属的社会保险经办机构缴纳生育保险费，职工个人不缴费；产假工资改为生育津贴，由生育保险基金支出；与生育有关的医护费用和管理费也由生育保险基金支付。2011年，国务院发布《中国妇女发展纲要（2011—2020年）》，提出2020年生育保险达到全覆盖。2005年12月实施的《妇女权益保障法》，明确规定了国家推行生育保险制度，建立健全与生育相关的其他保障制度。2012年，中国人力资源与社会保障部《生育保险办法（征求意见稿）》向社会公开征求意见。目前，我国生育保险还未制定全国统一的生育保险法律，生育保险的扩面工作还有待进一步完善。

职业福利是指企业单位在工资和社会保险之外，以职工为对象而提供的各种福利设施和福利项目的总称，包括的内容非常多，企业年金是其重要内容。但是由于缺少各省企业年金数据，因而职业福利并没有纳入工作关联福利发展指数中。工作关联福利结构如表6-1所示。

表6-1　工作关联福利结构

	项　目	保障对象
工作关联福利	工伤保险	工作中受伤害的参保人员
	失业保障	参保且失业的人员
	生育保险	适龄妇女
	职业福利	雇员

（二）工作关联福利指数设计

1. 工作关联福利发展指数

工作关联福利反映与就业关联的社会福利状况，主要由失业保险、工伤保险、生育保险等福利项目构成。工作关联福利指数根据失业保险参保率、失业保险待遇水平、工伤保险参保率、工伤保险待遇水平、生育保险参保率和生育保险待遇水平六个分指标的标准值加权平均而得。即：

$$工作关联福利发展指数 = \sum(分指标标准化值 \times 权重)$$

基于德尔菲法,最终确定工作关联福利发展指数中失业保险、工伤保险和生育保险三个项目所占权重分别为0.40、0.35、和0.25,每个项目中又分为两个指标(即保障待遇标准和参保率),每个指标各占1/2的权重。

2. 工伤保险参保率

$$工伤保险参保率 = \frac{年末参加工伤保险人数}{城镇就业人口数} \times 100\%$$

说明:由于统计局没有公布城镇就业人口数,故采用城镇单位就业人员数与私营企业、个体就业人员数之和代替。

3. 工伤保险待遇水平

$$工伤保险待遇水平 = \frac{工伤保险基金支出}{享受工伤保险待遇人数}$$

4. 失业保险参保率

$$失业保险参保率 = \frac{年末参加失业保险人数}{城镇就业人口数} \times 100\%$$

说明:由于统计局没有公布城镇就业人口数,故采用城镇单位就业人员数与私营企业、个体就业人员数之和代替。

5. 失业保险待遇水平

$$失业保险待遇水平 = \frac{失业保险基金支出总额}{失业人数}$$

6. 生育保险参保率

$$生育保险参保率 = \frac{年末参加生育保险人数}{城镇就业人数} \times 100\%$$

说明:由于统计局没有公布城镇就业人口数,故采用城镇单位就业人员数与私营企业、个体就业人员数之和代替。

7. 生育保险待遇水平

$$生育保险待遇水平 = \frac{生育保险基金支出总额}{享受生育保险待遇人数}$$

二、工作关联福利发展指数排名

（一）工作关联福利发展指数排名

2012 年，各省市工作关联福利发展指数排名，位居前三位的是北京（2.3062）、上海（2.1741）和新疆（1.4865）；工作关联福利发展指数值高于全国平均水平的省市还有广东、江苏、天津、海南、浙江、山东、宁夏 7 个省市；在指数得分低于全国平均水平的 21 个省市中，湖北和江西两省的工作关联福利发展指数明显低于全国平均水平，位居排名的最后两位（见表 6-2）。

表 6-2　2012 年各省市工作关联福利发展指数及排名情况

地区	工作关联福利发展指数	排名	失业保险参保率（%）	人均失业保险待遇水平（元）	工伤保险参保率（%）	人均工伤保险待遇水平（元）	生育保险参保率（%）	人均生育保险待遇水平（元）
北京	2.3062	1	76.87	35510.65	68.50	35773.90	64.49	7486.13
上海	2.1741	2	48.70	26031.75	70.91	34211.95	56.13	24738.40
新疆	1.4865	3	54.70	15055.18	58.77	35326.07	56.27	6835.90
广东	1.2848	4	64.53	5224.59	95.18	19192.10	79.83	5244.19
江苏	1.2362	5	43.48	14171.76	46.37	31459.84	41.66	4002.57
天津	1.2128	6	61.47	6274.35	75.51	22073.89	55.53	6984.29
海南	1.1783	7	67.45	6987.35	57.76	28243.24	56.09	3426.33
浙江	1.1596	8	40.73	11051.44	66.19	12730.11	41.46	9001.71
山东	1.0803	9	40.63	8144.87	53.90	23534.96	36.98	8666.24

续表

地区	工作关联福利发展指数	排名	失业保险参保率(%)	人均失业保险待遇水平(元)	工伤保险参保率(%)	人均工伤保险待遇水平(元)	生育保险参保率(%)	人均生育保险待遇水平(元)
宁夏	1.0179	10	42.38	3339.72	38.40	49821.15	39.93	5619.52
山西	0.9738	11	47.55	2362.76	64.41	21023.35	49.57	7755.09
河北	0.9594	12	39.78	4261.63	55.09	25750.54	50.33	5735.07
四川	0.9548	13	38.39	6110.53	45.21	22449.90	42.91	7037.84
辽宁	0.9458	14	47.00	4458.73	58.27	15980.40	50.78	5769.39
黑龙江	0.8983	15	48.83	1782.19	48.26	24342.23	36.21	8329.15
福建	0.8826	16	35.57	5432.30	41.91	20709.45	37.52	7174.76
青海	0.8599	17	28.80	3465.16	37.40	30747.17	25.66	9987.85
贵州	0.8583	18	31.78	5167.99	43.63	29285.56	40.59	3342.39
西藏	0.8310	19	13.85	1860.52	18.56	57613.64	23.74	8877.98
内蒙古	0.8252	20	36.85	1938.96	39.40	23329.33	43.50	8122.54
陕西	0.8053	21	40.78	2539.46	42.13	26478.30	26.89	6076.13
河南	0.7988	22	41.46	3862.77	41.25	24740.61	29.79	3716.75
安徽	0.7759	23	37.13	4559.15	42.28	12498.57	39.71	5180.07
湖南	0.7537	24	34.89	1955.35	53.81	21911.68	42.34	2840.29
吉林	0.7471	25	36.32	2553.44	51.90	16275.44	50.59	2252.53
甘肃	0.7387	26	37.40	3089.72	36.25	22279.68	29.62	4715.17
云南	0.7099	27	23.51	2004.58	30.89	23193.98	25.03	9908.25
重庆	0.7079	28	35.88	2848.66	41.58	18787.63	28.12	4399.64
广西	0.7014	29	29.13	3356.61	37.38	18265.63	30.48	5532.91
湖北	0.5984	30	33.69	1996.78	34.62	17332.13	30.00	2114.86
江西	0.5372	31	26.03	1361.01	39.30	15125.67	19.52	3490.15

2011 年,工作关联福利发展指数排名前三位的是北京(2.1935)、上海(2.1853)和新疆(1.6087);广东、江苏、天津、海南、浙江、河北等省市的指数值高于全国平均水平;其余 22 个省市的工作关联福利发展指数值介于 0.50—1.00 之间。其中,云南、湖北和西藏得分明显偏低,排名全国最后三位(见表 6-3)。

表 6-3　2011 年各省市工作关联福利发展指数及排名情况

地区	工作关联福利发展指数	排名	失业保险参保率（%）	人均失业保险待遇水平（元）	工伤保险参保率（%）	人均工伤保险待遇水平（元）	生育保险参保率（%）	人均生育保险待遇水平（元）
北京	2.1935	1	70.78	34036.78	69.29	30053.39	31.76	6586.20
上海	2.1853	2	52.18	22898.55	81.13	32452.78	60.71	19371.65
新疆	1.6087	3	57.71	17839.23	60.91	28726.27	59.47	4572.59
广东	1.4389	4	64.47	8391.23	97.89	17316.22	80.43	4781.69
江苏	1.3123	5	42.17	16877.94	45.19	22474.45	40.84	3582.11
天津	1.2939	6	62.56	7241.07	77.47	17451.09	56.72	6931.07
海南	1.1558	7	66.62	5642.47	54.99	24946.04	53.28	3364.35
浙江	1.1536	8	39.62	10440.14	65.08	10122.20	39.58	8156.64
河北	1.0377	9	42.21	4663.45	54.20	22258.40	50.19	6293.11
宁夏	0.9930	10	38.47	1823.71	37.40	39676.92	38.04	6823.36
山东	0.9873	11	41.39	5748.08	54.74	18518.87	36.80	5907.02
辽宁	0.9627	12	46.96	4895.49	57.86	13284.70	49.36	4617.12
四川	0.9370	13	38.09	4659.67	46.18	18902.84	42.70	6311.54
山西	0.9183	14	42.52	2481.29	46.40	20629.99	34.87	8091.45
黑龙江	0.8818	15	52.21	1623.43	49.52	15541.71	38.52	6607.01
甘肃	0.8729	16	40.43	3064.57	37.07	31214.49	27.18	4120.07
河南	0.8702	17	42.71	3520.04	39.93	23346.20	28.06	5338.63
福建	0.8696	18	36.53	4327.97	42.13	15996.25	38.31	6511.92
贵州	0.8541	19	35.13	2743.21	42.45	29278.76	43.35	2475.50
陕西	0.8236	20	42.48	2465.89	41.80	21839.52	27.05	5257.14
内蒙古	0.7898	21	41.23	2657.42	39.95	13690.91	46.69	4417.07
吉林	0.7881	22	38.53	2737.74	51.69	13901.49	52.35	2038.77
湖南	0.7458	23	33.59	1693.49	51.36	18556.35	43.55	2195.56
广西	0.7424	24	31.05	3159.00	35.14	17352.98	31.43	5233.99
安徽	0.7249	25	39.38	1965.53	41.78	10449.04	39.61	4875.96
青海	0.7123	26	29.79	957.33	36.44	31870.81	5.34	5184.94
重庆	0.7089	27	34.39	2466.75	43.16	15172.07	27.74	4122.55
江西	0.6935	28	27.00	1843.52	39.75	19471.64	20.50	5801.90

续表

地区	工作关联福利发展指数	排名	失业保险参保率(%)	人均失业保险待遇水平(元)	工伤保险参保率(%)	人均工伤保险待遇水平(元)	生育保险参保率(%)	人均生育保险待遇水平(元)
云南	0.6370	29	25.08	1621.56	28.16	18872.09	25.05	5438.20
湖北	0.5551	30	36.49	1055.81	35.23	9609.99	30.83	1825.32
西藏	0.5519	31	13.85	6078.35	17.07	1001.30	23.17	6558.21

2010 年,工作关联福利发展指数排名前三位的是上海(2.3042)、北京(2.1479)和天津(1.4375);广东、新疆、河北、江苏、浙江、海南等省份的指数值高于全国平均水平;其余 24 个省市的工作关联福利发展指数值介于 0.50—1.00 之间,低于全国平均水平。其中,江西、湖北和西藏自治区的指数值明显偏低,排名位居全国最后三位(见表 6-4)。

表 6-4　2010 年各省市工作关联福利发展指数及排名情况

地区	工作关联福利发展指数	排名	失业保险参保率(%)	人均失业保险待遇水平(元)	工伤保险参保率(%)	人均工伤保险待遇水平(元)	生育保险参保率(%)	人均生育保险待遇水平(元)
上海	2.3042	1	55.12	21894.54	95.23	31401.25	65.14	17250.02
北京	2.1479	2	66.03	32478.33	70.25	24171.87	31.74	6156.41
天津	1.4375	3	71.07	8401.63	87.92	11375.21	61.23	8131.85
广东	1.4152	4	61.19	7876.08	99.95	13434.91	76.66	5006.86
新疆	1.3124	5	56.55	11858.30	58.03	16655.55	58.06	3284.07
河北	1.1246	6	46.46	6689.97	55.97	17697.26	52.87	4874.91
江苏	1.0606	7	41.68	9195.76	43.55	14227.35	39.25	5037.85
浙江	1.0593	8	39.36	7512.01	66.37	6978.78	38.86	7900.66
海南	1.0035	9	65.12	3669.68	55.48	14248.07	53.60	2148.20
黑龙江	0.9924	10	55.37	4518.23	48.61	14867.72	33.97	5631.30
山东	0.9829	11	43.49	5253.19	56.57	14773.69	36.15	5071.52
贵州	0.9657	12	38.81	4342.40	41.28	26659.51	41.82	2213.70
辽宁	0.9558	13	50.75	4188.46	59.09	10475.08	48.00	4189.94
宁夏	0.9489	14	33.94	2251.44	34.82	32564.91	28.38	5089.71

续表

地区	工作关联福利发展指数	排名	失业保险参保率（%）	人均失业保险待遇水平（元）	工伤保险参保率（%）	人均工伤保险待遇水平（元）	生育保险参保率（%）	人均生育保险待遇水平（元）
内蒙古	0.9310	15	45.46	2237.55	40.85	16317.72	46.03	6848.15
山西	0.9268	16	44.64	3263.80	42.70	16198.88	30.90	7232.04
四川	0.9197	17	34.79	4932.88	43.71	14153.19	36.26	6665.70
甘肃	0.9179	18	44.15	6957.40	34.99	15507.94	22.06	4624.99
河南	0.9065	19	47.98	3882.71	38.00	19247.97	28.43	4499.73
陕西	0.9025	20	47.16	5522.58	39.63	16295.38	25.61	3848.34
福建	0.8547	21	37.72	3852.41	42.11	11882.29	37.75	6036.78
吉林	0.8056	22	42.49	2581.40	52.10	10487.19	53.83	1969.74
重庆	0.7690	23	39.95	3787.47	44.77	11152.06	29.57	3257.24
安徽	0.7623	24	40.69	3563.08	37.20	8229.82	36.76	4691.75
湖南	0.7426	25	37.41	1743.33	48.31	11328.30	49.35	2186.17
广西	0.7088	26	32.69	3308.39	32.32	11099.07	29.96	4551.57
青海	0.7018	27	32.44	2317.99	38.26	18366.26	5.65	4489.50
云南	0.6694	28	27.42	4143.07	29.75	9551.63	27.50	4233.20
江西	0.6286	29	31.87	1794.88	44.65	8767.35	20.42	4044.43
湖北	0.6274	30	41.11	1509.90	38.86	8798.32	33.42	1779.69
西藏	0.5143	31	15.84	3740.30	14.89	5031.70	25.06	5212.60

2010—2012 年，全国绝大部分地区工作关联福利发展指数都出现了较为明显的变化。其中，西藏自治区增加幅度较大，指数由 2010 年的 0.5143 增加到 2012 年的 0.8310；在指数得分出现下降的 18 个省市中，天津、河北、江西、甘肃四省市的变化较为明显。而从三年平均水平来看，上海市工作关联福利发展指数最高，发展水平处于绝对领先地位；其次是北京市，与上海市相差不大；工作关联福利发展指数三年平均水平最低的为湖北省（见图 6-1）。

（二）失业保险参保排名

2012 年，失业保险参保率最高的为北京（76.87%），其次是海南（67.45）

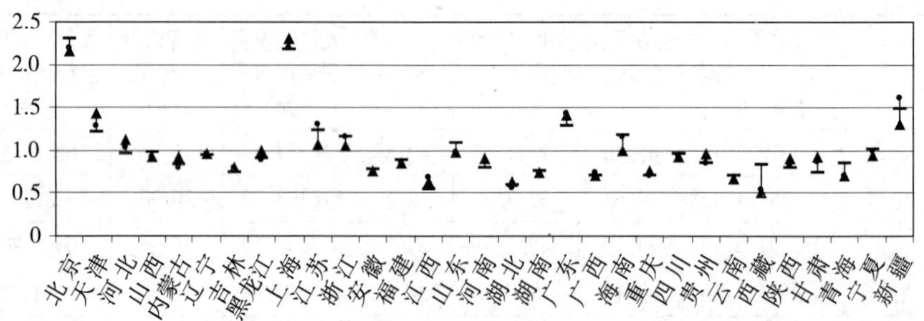

图 6-1　工作关联福利发展指数三年对比情况

和广东(64.53);排在全国最后三位的是江西(26.03%)、云南(23.51%)和西藏(13.85%)(见图 6-2)。

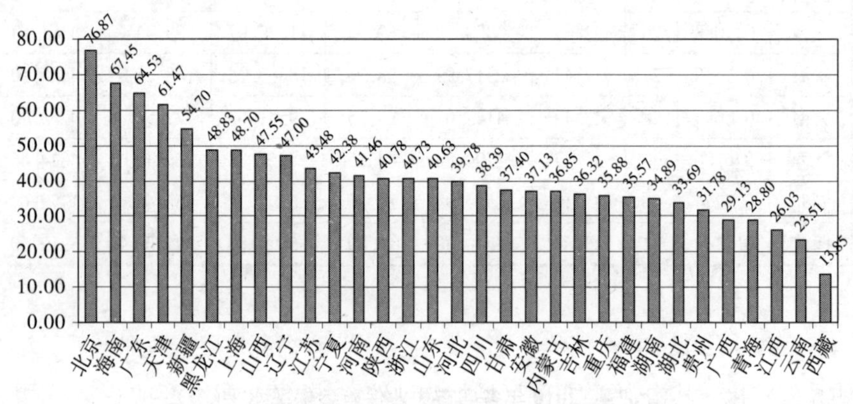

图 6-2　2012 年各省市失业保险参保率水平(%)

2011 年北京、海南和广东位居全国前三位,参保率分别为 70.78%、66.62%和 64.47%,参保人数分别为 881.04 万人、125.95 万人和 1875.38 万人。江西、云南、西藏失业保险参保率位居全国最后三位,参保率分别是 27%、25.08%和 13.85%(见图 6-3)。

2010 年天津、北京和海南三个省市位居全国前三位,参保率分别为 71.07%、66.03%和 65.12%,参保人数分别为 774.24 万人、246.09 万人和

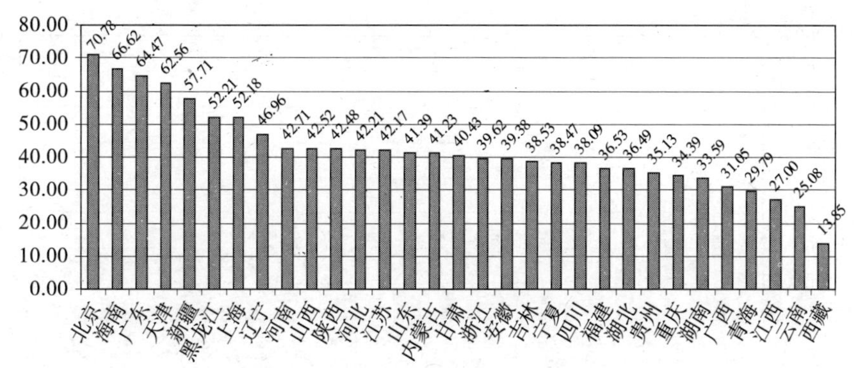

图 6-3　2011 年各省市失业保险参保率水平(%)

112. 49 万人。江西、云南、西藏失业保险参保率位居全国最后三位,参保率分别是 31. 87%、27. 42%和 15. 84%(见图 6-4)。

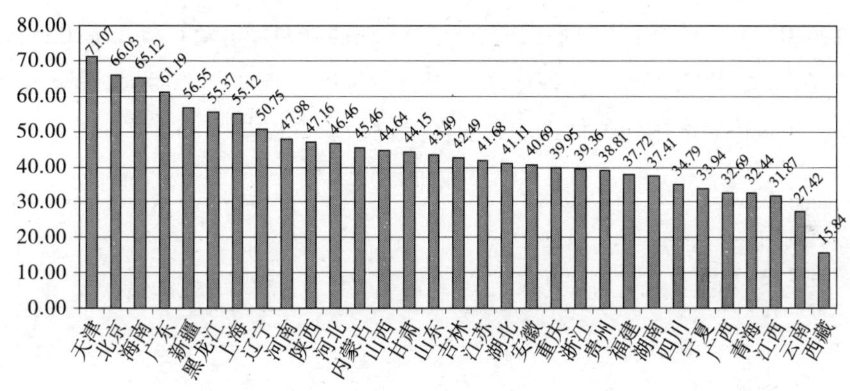

图 6-4　2010 年各省市失业保险参保率水平(%)

(三)失业保险待遇水平排名

2012 年,失业保险待遇水平居前五位的省市是北京(35510. 65 元)、上海(26031. 75 元)、新疆(15055. 18 元)、江苏(14171. 76 元)和浙江(11051. 44 元);江西(1361. 01 元)、黑龙江(1782. 19 元)和西藏(1860. 52 元)处于全国最后三位。各地区人均失业保险待遇差异明显,最高人均失业保险待遇水平与最低人均失业保险待遇水平相差 26 倍之多(见图 6-5)。

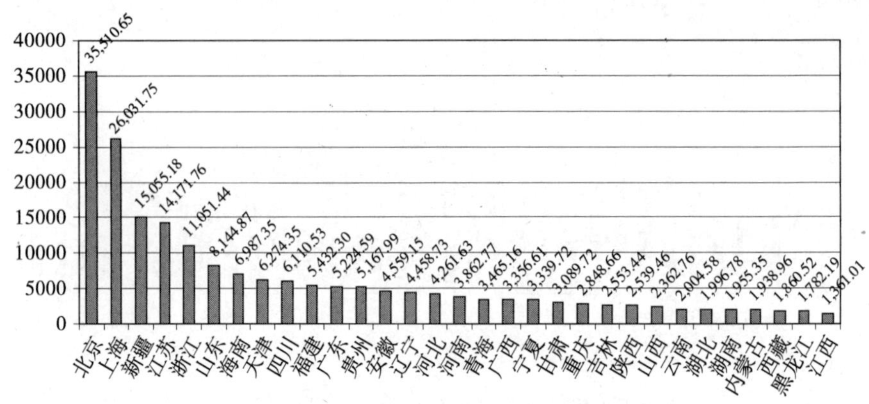

图 6-5　2012 年各省市人均失业保险待遇水平(元)

2011 年,失业保险人均待遇水平居前五位的省市为北京(34036.78 元)、上海(22898.55 元)、新疆(17839.23 元)、江苏(16877.94 元)和浙江(10440.14 元)。而处在最后三位的有云南(1621.56 元)、湖北(1055.81 元)和青海(957.33 元)。各地区人均失业保险待遇水平差距大,最高人均失业保险待遇水平与最低人均失业保险待遇水平相差近 36 倍(见图 6-6)。

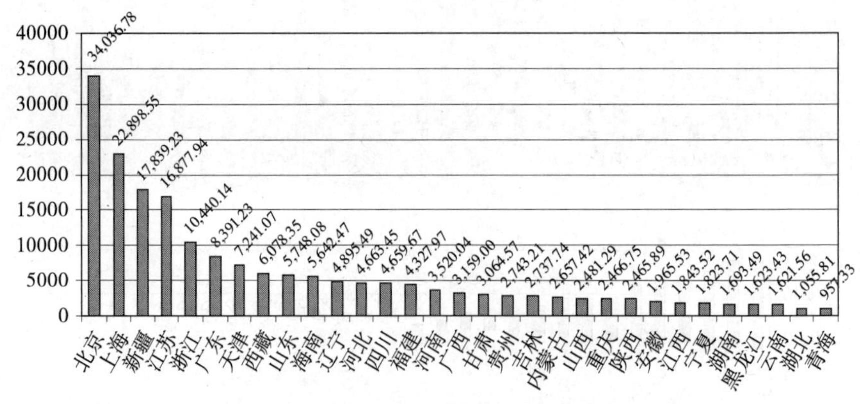

图 6-6　2011 年各省市人均失业保险待遇水平(元)

2010 年,失业保险待遇居前五位的省市为:北京(32478.33 元)、上海(21894.54 元)、新疆(11858.30 元)、江苏(9195.76 元)和天津(8401.63 元)。处在最后三位的有江西(1794.88 元)、湖南(1743.33 元)和湖北

(1509.90 元)。各地区人均失业保险待遇水平差异明显,最高人均失业保险待遇水平与最低人均失业保险待遇水平相差超过 21 倍(见图 6-7)。

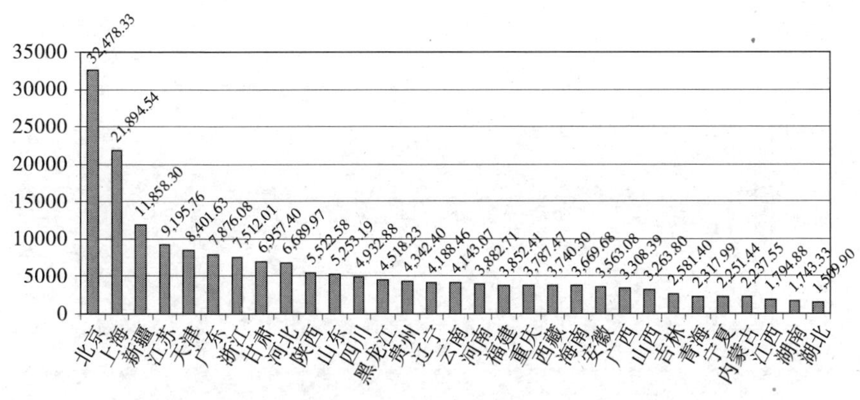

图 6-7　2010 年各省市人均失业保险待遇水平(元)

(四)工伤保险参保率排名

2012 年,工伤保险参保率最高的省份为广东省,高达 95.18%,远超过其他省市。天津、上海依次位居第二、第三位,分别为 75.51%和 70.91%。湖北、云南和西藏的工伤保险参保率排在全国最后三位,分别为 34.62%、30.89%和 18.56%,最高省份是最低省份的 5 倍(见图 6-8)。

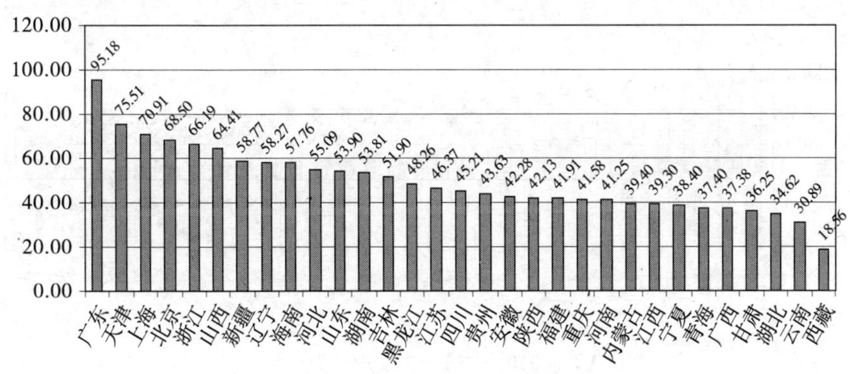

图 6-8　2012 年各省市工伤保险参保率(%)

2011 年,工伤保险参保率位居全国前三位的是广东、上海、天津,参保率分别为 97. 89%、81. 13%和 77. 47%;广西、云南、西藏位于全国末位,参保率仅为 35. 14%、28. 16%和 17. 07%,最高省份是最低省份的 6 倍(见图 6-9)。

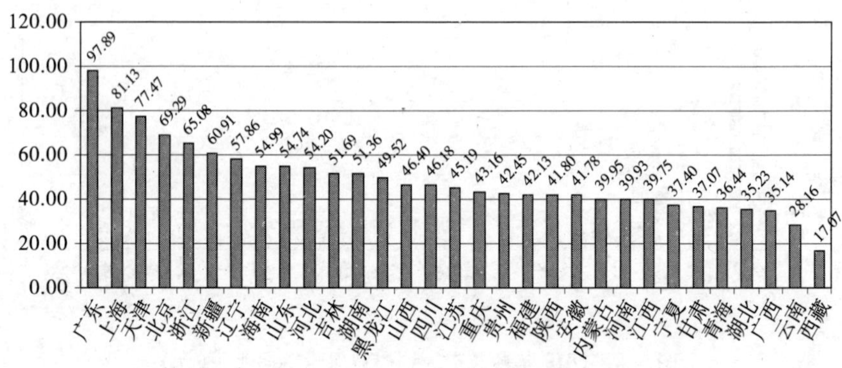

图 6-9　2011 年各省市工伤保险参保率(%)

2010 年,工伤保险参保率居全国前三位的省市分别是广东、上海、天津,参保率分别为 99. 95%、95. 23%和 87. 92%;广西、云南、西藏位于全国末位,参保率仅为 32. 32%、29. 75%和 14. 89%,最高省份是最低省份的 7 倍(见图 6-10)。

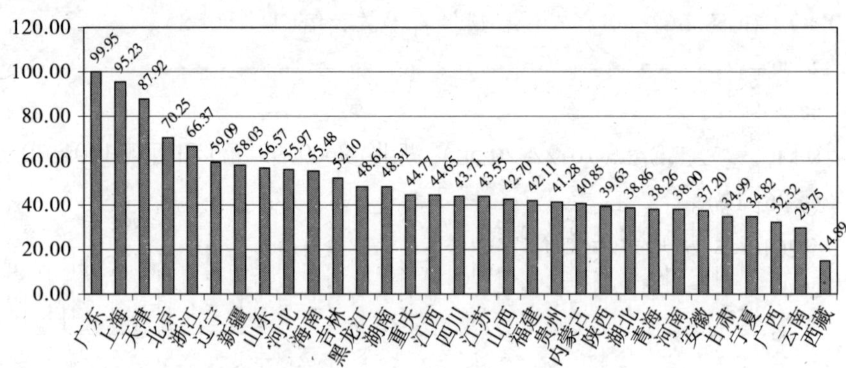

图 6-10　2010 年各省市工伤保险参保率(%)

（五）工伤保险基金补偿水平排名

2012 年，工伤保险待遇水平排在前五位的有西藏（57613.64 元）、宁夏（49821.15 元）、北京（35773.90 元）、新疆（35326.07 元）和上海（34211.95 元）。排在最后五位的有吉林（16275.44 元）、辽宁（15980.40 元）、江西（15125.67 元）、浙江（12730.11 元）和安徽（12498.57 元）（见图 6-11）。

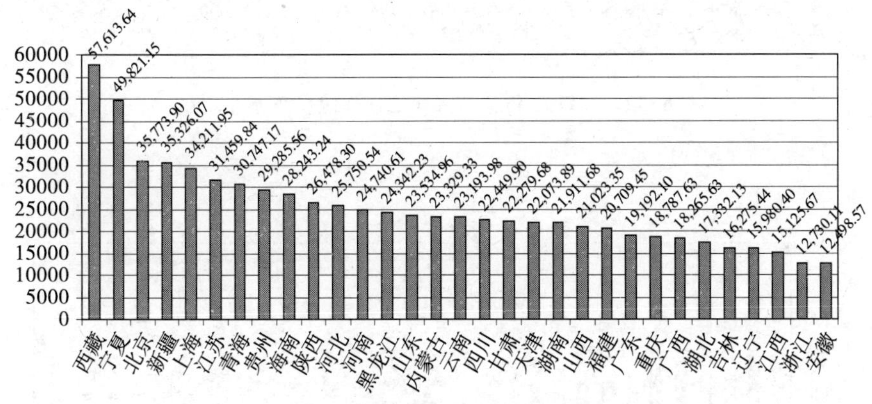

图 6-11　2012 年各省市人均工伤保险待遇水平（元）

2011 年，人均工伤保险待遇水平排在各省市排名前五位的有宁夏（39676.92 元）、上海（32452.78 元）、青海（31870.81 元）、甘肃（31214.49 元）和北京（30053.39 元）。排在最后五位的有辽宁（13284.70 元）、安徽（10449.04 元）、浙江（10122.20 元）、湖北（9609.99 元）和西藏 1001.30 元（见图 6-12）。

2010 年，人均工伤保险待遇水平排在前五位的分别有宁夏（32564.91 元）、上海（31401.25 元）、贵州（26659.51 元）、北京（24171.87 元）和河南（19247.97 元）。排在最后五位的有湖北（8798.32 元）、江西（8767.35 元）、安徽（8229.82 元）、浙江（6978.78 元）和西藏（5031.70 元）（见图 6-13）。

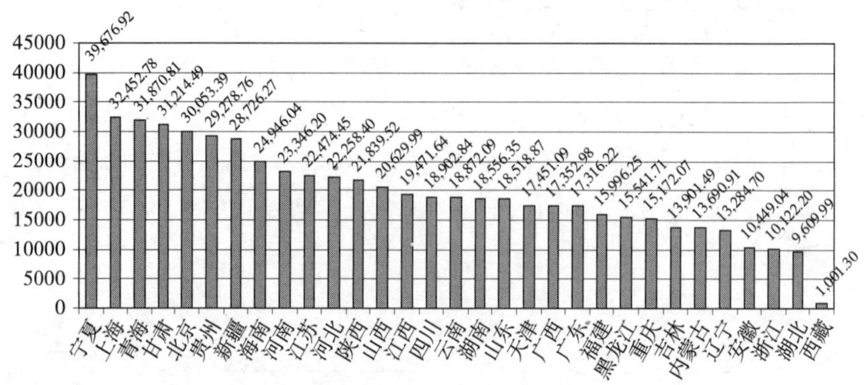

图 6-12 2011 年各省市人均工伤保险待遇水平(元)

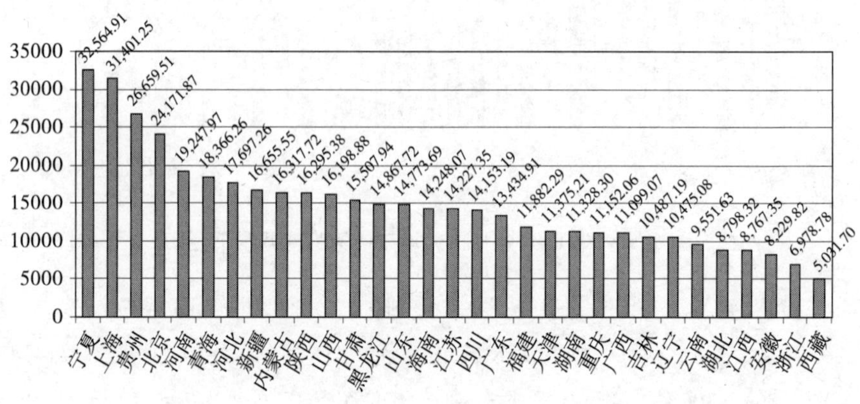

图 6-13 2010 年各省市人均工伤保险待遇水平(元)

(六)生育保险参保情况

2012 年,生育保险参保率居全国前三位的是广东、北京和新疆,其参保率分别达到了 79. 83%、64. 49%和 56. 27%;上海、海南等 7 个省市的生育保险参保率超过了 50%。云南、西藏和江西的参保率位居全国最后三位,分别为 25. 03%、23. 74%和 19. 52%(见图 6-14)。

2011 年,绝大多数省市生育保险的参保率超过 25%。居全国前三位的

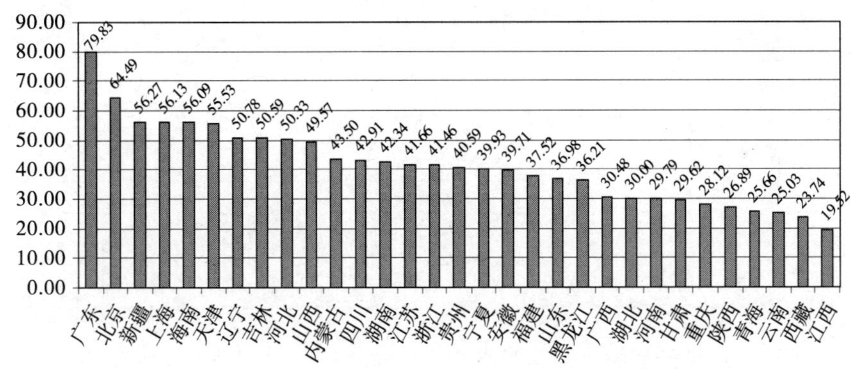

图 6-14　2012 年各地区生育保险参保率水平(%)

省市分别是广东、上海和新疆,参保率分别为 80. 43%、60. 71%和 59. 47%;而西藏、江西、青海位于全国末位,参保率仅为 23. 17%、20. 50%和 5. 34%。其中,青海的生育保险参保率不仅远低于全国平均水平,而且明显低于同属西部地区的西藏、云南等省区(见图 6-15)。

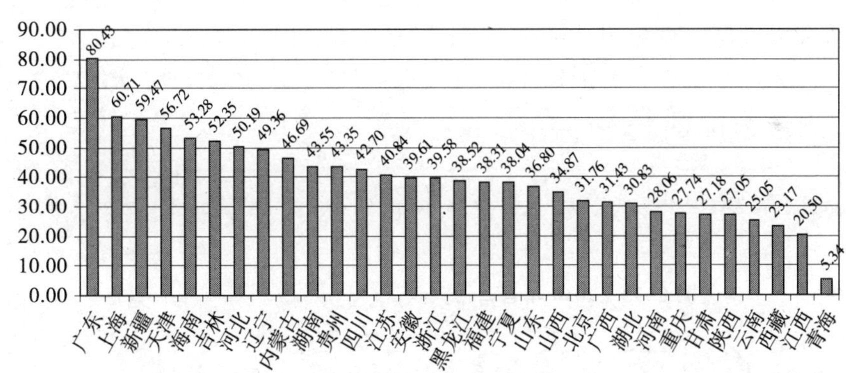

图 6-15　2011 年各地区生育保险参保率水平(%)

2010 年,生育保险参保率居全国前三位的是广东、上海、天津,参保率分别为 76. 66%、65. 14%和 61. 23%;甘肃、江西、青海位于全国末位,参保率仅为 22. 06%、20. 42%和 5. 65%。除青海外,全国绝大多数省份生育保险的参保率超过 20%(见图 6-16)。

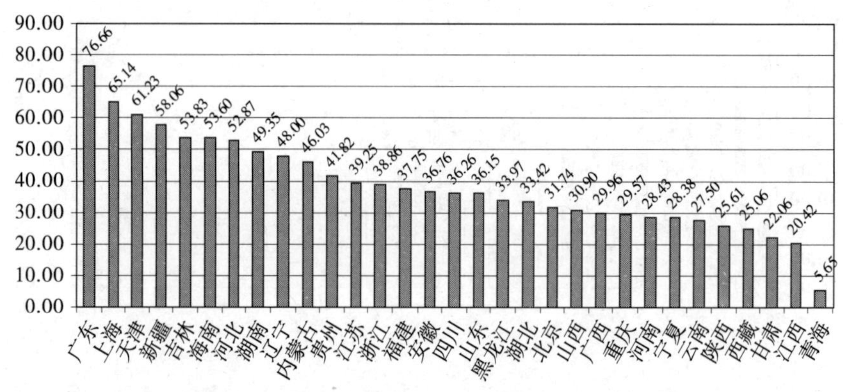

图 6-16　2010 年各地区生育保险参保率水平(%)

(七)生育保险待遇水平排名

2012 年,生育保险待遇水平各地区之间差异较大。位居全国首位的为上海,其生育保险待遇水平高达 24738.40 元,比位居第二的青海省高出近 1.5 万元。位居排名前五位的依次还有:云南,9908.25 元;浙江,9001.71 元;西藏,8877.98 元。处在最后三位的是:湖南,2840.29 元;吉林,2252.53 元;湖北,2114.86 元(图 6-17)。

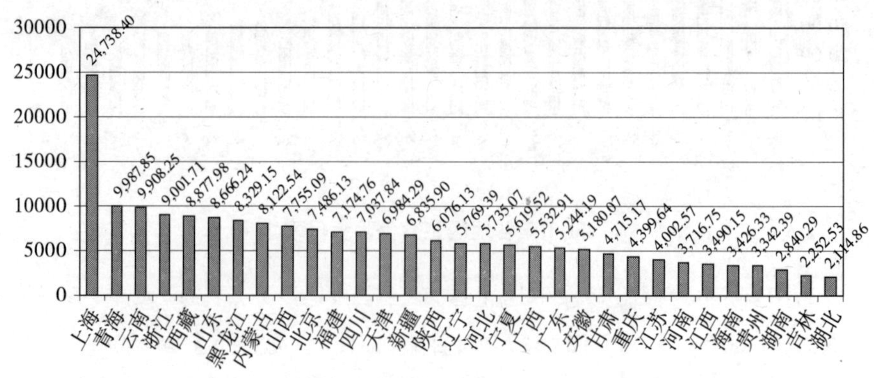

图 6-17　2012 年各地区生育保险待遇水平(元)

2011 年,生育保险待遇水平居前五位的省份分别为:上海,19371. 65 元;浙江,8156. 64 元;山西,8091. 45 元;天津,6931. 07 元;宁夏,6823. 36 元。其中,位居全国首位的上海市,其生育保险的待遇水平相当于排名第二的浙江省两倍多。位居排名最后三位的分别是:湖南,2195. 56 元;吉林,2038. 77 元;湖北,1825. 32 元(图 6-18)。

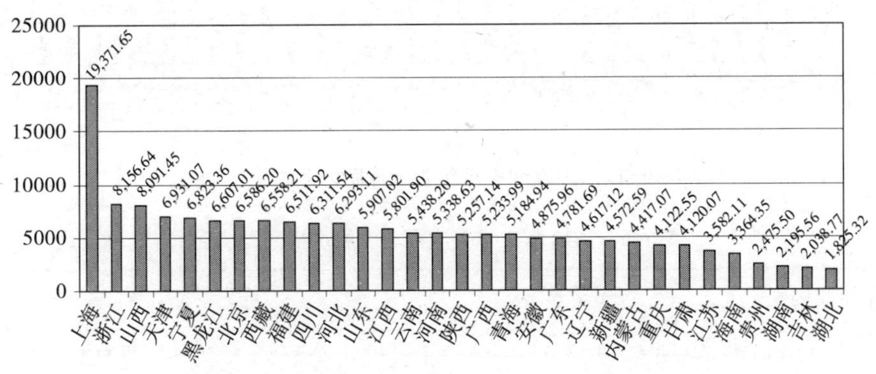

图 6-18　2011 年各地区生育保险待遇水平(元)

2010 年,生育保险待遇水平居前五位的省份分别为:上海,17250. 02 元;天津,8131. 85 元;浙江,7900. 66 元;山西,7232. 04 元;内蒙古,6848. 15 元。处在最后三位的是:海南,2148. 20 元;吉林,1969. 74 元;湖北,1779. 69 元(图 6-19)。

三、聚类分析和相关分析

(一)聚类分析

基于系统聚类分析,如果将 2012 年各地区工作关联福利发展水平划分为三类,则北京、上海为第一类;第二类包括西藏、宁夏、青海等 22 个省市自治区;天津、海南、广东等 7 个省市为第三类(见表 6-5)。

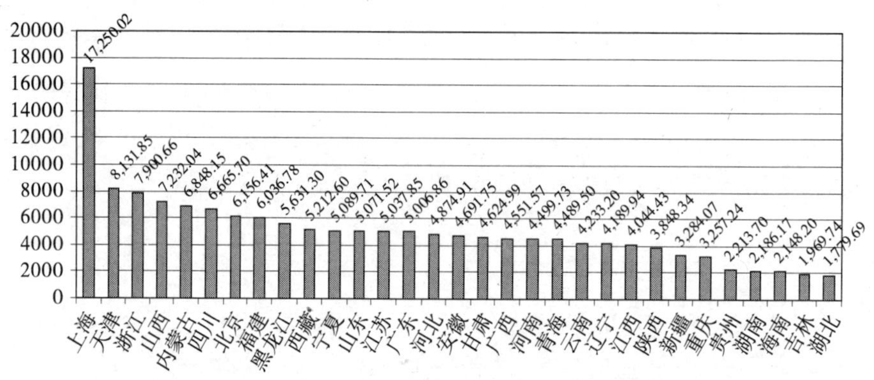

图 6-19　2010 年各地区生育保险待遇水平(元)

表 6-5　2012 年工作关联福利发展水平聚类情况

聚类类别	聚类成员	特　征
第一类型	北京、上海	(1)工作关联福利发展指数排名最前; (2)工作关联福利整体水平高; (3)分项排名存在较大差异。
第二类型	广西、甘肃、河南、安徽、贵州、重庆、陕西、江西、湖北、吉林、湖南、云南、河北、四川、福建、山西、黑龙江、内蒙古、辽宁、青海、宁夏、西藏	(1)工作关联福利发展指数排名居于中等偏下; (2)分项排名存在较大差异。
第三类型	江苏、新疆、浙江、广东、海南、天津、山东	(1)工作关联福利发展指数排名居于中等偏上; (2)工作关联各险种参保率较高; (3)指标间差异不大。

基于系统聚类分析,如果将 2011 年各地区工作关联福利水平划分为三类,则第一类为北京和上海两个直辖市;第二类为广西、云南、安徽等 24 个省市;第三类为江苏、新疆、天津、广东和海南 5 个省市(见表 6-6)。

基于系统聚类分析,如果将 2010 年各地区工作关联福利水平划分为三类,则第一类为北京和上海两个直辖市;第二类为广西、云南、安徽等 24 个省市;第三类为天津、广东、河北、江苏和新疆 5 个省区(见表 6-7)。

表 6-6　2011 年工作关联福利发展水平聚类情况

聚类类别	聚类成员	特　　征
第一类型	北京、上海	(1)工作关联福利发展指数排名最前； (2)工作关联福利整体水平高； (3)分项排名存在较大差异。
第二类型	广西、云南、安徽、江西、山西、四川、黑龙江、陕西、甘肃、河南、吉林、湖南、湖北、重庆、浙江、贵州、宁夏、西藏、青海、河北、福建、山东、内蒙古、辽宁	(1)工作关联福利发展指数排名居于中等偏下； (2)分项排名存在较大差异。
第三类型	江苏、新疆、天津、广东、海南	(1)工作关联福利发展指数排名居于中等偏上； (2)分项指标差异不太大； (3)工伤、生育、失业保险参保率较高。

表 6-7　2010 年工作关联福利发展水平聚类情况

聚类类别	聚类成员	特　　征
第一类型	北京、上海	(1)工作关联福利发展指数排名最前； (2)工作关联福利整体水平高； (3)分项排名存在较大差异。
第二类型	广西、云南、安徽、江西、山西、四川、黑龙江、陕西、甘肃、河南、吉林、湖南、湖北、重庆、海南、贵州、宁夏、西藏、青海、浙江、福建、山东、辽宁、内蒙古	(1)工作关联福利发展指数排名居于中等或偏下； (2)分项排名存在较大差异。
第三类型	天津、广东、河北、江苏、新疆	(1)工作关联福利发展指数排名居于中等偏上； (2)各项指标差异不大； (3)分项指标排名靠前。

(二)相关性分析

工作关联福利发展指数与人均 GDP 之间存在显著正相关关系。三年 Pearson 相关系数均在 0.7 以上，在 0.01 水平(双侧)上显著相关，意味着人均 GDP 越高，则工作关联福利发展指数越高。比较而言，相关系数呈逐年下降。说明人均 GDP 与工作关联福利发展指数间的相互影响程度有所减弱(见表 6-8)。

表 6-8　人均 GDP 与工作关联福利发展指数(2010—2012 年)

		工作关联福利发展指数(2010)	工作关联福利发展指数(2011)	工作关联福利发展指数(2012)
人均 GDP	Pearson 相关性	0.792 **	0.725 **	0.701 **
	显著性(双侧)	.000	.000	.000
	N	31	31	31

注: ** 在 0.01 水平(双侧)上显著相关。

四、主要结论与思考

工作关联福利发展指数呈现出明显的区域性分布:东部沿海城市的指数高,中部省份次之,西部地区省份的指数较低。工作关联福利发展指数总体水平排名前列的为上海、北京、浙江等经济发达或东部沿海城市。排名靠后的多为中西部省份。工作关联福利与人均 GDP 呈现高度正相关,工作相关福利在经济发展水平高的地区的企业职工,相较于经济发展较为欠缺的地区,享有更好的工作关联福利。

社会保险各主要项目参保率的高低,一方面与行业性质有关,北京、上海和浙江、广东等东部城市的行业性质决定了工伤保险、失业保险的重要性;另一方面与参保单位以及参保政策的严格度相关,参保单位根据行业性质,为规避工作中的不确定风险以及综合衡量当地参保制度的严格程度,选择性参保。而中西部城市,大中型工业企业数量相对较少,灵活就业人数较多,从而参保率较低。

五、附录:数据表

附表 6-1-1　2010 年各省(市)失业保险及相关数据

地区	城镇就业人口（万人）	年末参加失业保险人数（万人）	城镇失业人数（万人）	失业保险基金支出（亿元）	失业保险参保率（%）	人均失业待遇水平（元）
北京	1172.62	774.24	7.73	25.09	66.03	32478.33
天津	346.27	246.09	16.10	13.53	71.07	8401.63
河北	1062.07	493.41	35.14	23.51	46.46	6689.97
山西	684.77	305.71	20.39	6.65	44.64	3263.80
内蒙古	508.00	230.93	20.81	4.66	45.46	2237.55
辽宁	1235.43	626.94	38.93	16.31	50.75	4188.46
吉林	576.84	245.13	22.65	5.85	42.49	2581.40
黑龙江	853.94	472.87	36.24	16.37	55.37	4518.23
上海	1009.08	556.20	27.73	60.71	55.12	21894.54
江苏	2768.12	1153.78	40.65	37.38	41.68	9195.76
浙江	2222.66	874.95	31.13	23.39	39.36	7512.01
安徽	943.73	384.04	26.86	9.57	40.69	3563.08
福建	991.94	374.18	14.49	5.58	37.72	3852.41
江西	832.54	265.33	26.26	4.71	31.87	1794.88
山东	2141.21	931.24	59.51	31.26	43.49	5253.19
河南	1452.06	696.73	38.16	14.82	47.98	3882.71
湖北	1142.41	469.66	55.65	8.40	41.11	1509.90
湖南	1068.04	399.51	43.22	7.53	37.41	1743.33
广东	2659.27	1627.33	39.30	30.96	61.19	7876.08
广西	729.22	238.40	19.07	6.31	32.69	3308.39
海南	172.75	112.49	4.77	1.75	65.12	3669.68
重庆	594.20	237.37	13.02	4.93	39.95	3787.47
四川	1335.60	464.71	34.56	17.05	34.79	4932.88
贵州	392.86	152.48	12.18	5.29	38.81	4342.40
云南	764.36	209.61	15.69	6.50	27.42	4143.07
西藏	58.98	9.34	2.08	0.78	15.84	3740.30
陕西	703.04	331.57	21.42	11.83	47.16	5522.58
甘肃	371.79	164.16	10.72	7.46	44.15	6957.40
青海	112.98	36.65	4.24	0.98	32.44	2317.99
宁夏	140.33	47.62	4.76	1.07	33.94	2251.44
新疆	429.57	242.91	10.99	13.03	56.55	11858.30

附表 6-1-2　2011 年各省(市)失业保险及相关数据

地区	城镇就业人口(万人)	年末参加失业保险人数(万人)	城镇失业人数(万人)	失业保险基金支出(亿元)	失业保险参保率(%)	人均失业待遇水平(元)
北京	1244.71	881.04	8.13	27.68	70.78	34036.78
天津	413.59	258.75	20.11	14.56	62.56	7241.07
河北	1181.59	498.70	35.99	16.78	42.21	4663.45
山西	727.59	309.35	21.15	5.25	42.52	2481.29
内蒙古	563.92	232.49	21.83	5.80	41.23	2657.42
辽宁	1346.57	632.30	39.43	19.30	46.96	4895.49
吉林	641.57	247.19	22.21	6.08	38.53	2737.74
黑龙江	908.82	474.50	35.03	5.69	52.21	1623.43
上海	1158.05	604.22	27.00	61.84	52.18	22898.55
江苏	2936.42	1238.16	41.45	69.96	42.17	16877.94
浙江	2475.17	980.59	31.67	33.07	39.62	10440.14
安徽	1010.05	397.72	33.14	6.51	39.38	1965.53
福建	1179.62	430.90	14.64	6.33	36.53	4327.97
江西	975.94	263.48	24.64	4.54	27.00	1843.52
山东	2331.17	964.88	45.00	25.87	41.39	5748.08
河南	1641.92	701.19	38.41	13.52	42.71	3520.04
湖北	1365.12	498.18	55.12	5.82	36.49	1055.81
湖南	1237.19	415.63	43.14	7.31	33.59	1693.49
广东	2909.07	1875.38	38.83	32.59	64.47	8391.23
广西	775.50	240.77	18.81	5.94	31.05	3159.00
海南	189.05	125.95	2.85	1.61	66.62	5642.47
重庆	781.00	268.61	12.96	3.20	34.39	2466.75
四川	1409.06	536.75	36.93	17.21	38.09	4659.67
贵州	456.91	160.52	12.51	3.43	35.13	2743.21
云南	864.19	216.76	15.99	2.59	25.08	1621.56
西藏	69.33	9.60	1.04	0.63	13.85	6078.35
陕西	781.97	332.17	20.91	5.16	42.48	2465.89
甘肃	405.15	163.80	10.78	3.30	40.43	3064.57
青海	125.06	37.25	4.35	0.42	29.79	957.33
宁夏	155.99	60.01	5.22	0.95	38.47	1823.71
新疆	450.91	260.23	11.12	19.83	57.71	17839.23

附表 6-1-3　2012 年各省(市)失业保险及相关数据

地区	城镇就业人口(万人)	年末参加失业保险人数(万人)	城镇失业人数(万人)	失业保险基金支出(亿元)	失业保险参保率(%)	人均失业待遇水平(元)
北京	1309.70	1006.74	8.15	28.94	76.87	35510.65
天津	437.13	268.69	20.40	12.80	61.47	6274.35
河北	1261.22	501.75	36.83	15.70	39.78	4261.63
山西	822.20	390.96	21.00	4.96	47.55	2362.76
内蒙古	631.64	232.77	23.13	4.48	36.85	1938.96
辽宁	1405.72	660.75	38.08	16.98	47.00	4458.73
吉林	692.55	251.55	22.30	5.69	36.32	2553.44
黑龙江	975.18	476.21	41.26	7.35	48.83	1782.19
上海	1267.68	617.35	26.69	69.47	48.70	26031.75
江苏	3063.82	1332.18	40.47	57.35	43.48	14171.76
浙江	2616.34	1065.56	33.41	36.92	40.73	11051.44
安徽	1083.05	402.16	31.30	14.27	37.13	4559.15
福建	1290.58	459.12	14.55	7.90	35.57	5432.30
江西	1045.66	272.20	25.70	3.50	26.03	1361.01
山东	2485.18	1009.84	43.40	35.35	40.63	8144.87
河南	1746.69	724.20	38.30	14.79	41.46	3862.77
湖北	1509.54	508.59	42.26	8.44	33.69	1996.78
湖南	1289.42	449.92	44.13	8.63	34.89	1955.35
广东	3112.93	2008.71	39.61	20.69	64.53	5224.59
广西	835.59	243.38	18.94	6.36	29.13	3356.61
海南	206.85	139.51	3.63	2.54	67.45	6987.35
重庆	901.68	323.53	12.43	3.54	35.88	2848.66
四川	1524.99	585.50	40.67	24.85	38.39	6110.53
贵州	545.89	173.47	12.56	6.49	31.78	5167.99
云南	955.69	224.68	17.44	3.50	23.51	2004.58
西藏	76.52	10.60	1.64	0.31	13.85	1860.52
陕西	831.72	339.14	19.48	4.95	40.78	2539.46
甘肃	437.28	163.55	9.80	3.03	37.40	3089.72
青海	131.56	37.89	4.09	1.42	28.80	3465.16
宁夏	166.35	70.50	4.61	1.54	42.38	3339.72
新疆	500.45	273.74	11.85	17.84	54.70	15055.18

数据来源:《中国统计年鉴》(2011 年、2012 年、2013 年)。

附表 6-2-1　2010 年各省(市)工伤保险及相关数据

地区	城镇就业人口(万人)	年末参加工伤保险人数(万人)	享受工伤待遇人数(万人)	工伤保险基金支出(亿元)	工伤保险参保率(%)	人均工伤保险待遇水平(元)
北京	1172. 62	823. 76	4. 43	10. 72	70. 25	24171. 87
天津	346. 27	304. 45	4. 11	4. 67	87. 92	11375. 21
河北	1062. 07	594. 44	7. 50	13. 28	55. 97	17697. 26
山西	684. 77	292. 38	4. 93	7. 99	42. 70	16198. 88
内蒙古	508. 00	207. 52	1. 78	2. 90	40. 85	16317. 72
辽宁	1235. 43	729. 98	9. 97	10. 44	59. 09	10475. 08
吉林	576. 84	300. 52	3. 72	3. 90	52. 10	10487. 19
黑龙江	853. 94	415. 11	6. 16	9. 16	48. 61	14867. 72
上海	1009. 08	960. 97	1. 65	5. 19	95. 23	31401. 25
江苏	2768. 12	1205. 52	9. 76	13. 89	43. 55	14227. 35
浙江	2222. 66	1475. 11	20. 17	14. 08	66. 37	6978. 78
安徽	943. 73	351. 06	4. 41	3. 63	37. 20	8229. 82
福建	991. 94	417. 74	2. 40	2. 85	42. 11	11882. 29
江西	832. 54	371. 71	2. 74	2. 41	44. 65	8767. 35
山东	2141. 21	1211. 19	10. 20	15. 07	56. 57	14773. 69
河南	1452. 06	551. 74	2. 99	5. 75	38. 00	19247. 97
湖北	1142. 41	443. 98	3. 13	2. 75	38. 86	8798. 32
湖南	1068. 04	515. 97	7. 41	8. 40	48. 31	11328. 30
广东	2659. 27	2657. 82	14. 70	19. 75	99. 95	13434. 91
广西	729. 22	235. 66	1. 45	1. 61	32. 32	11099. 07
海南	172. 75	95. 84	0. 35	0. 50	55. 48	14248. 07
重庆	594. 20	266. 03	5. 58	6. 22	44. 77	11152. 06
四川	1335. 60	583. 80	5. 98	8. 46	43. 71	14153. 19
贵州	392. 86	162. 18	1. 86	4. 96	41. 28	26659. 51
云南	764. 36	227. 37	4. 59	4. 38	29. 75	9551. 63
西藏	58. 98	8. 78	0. 13	0. 06	14. 89	5031. 70
陕西	703. 04	278. 59	1. 62	2. 63	39. 63	16295. 38
甘肃	371. 79	130. 09	1. 08	1. 68	34. 99	15507. 94
青海	112. 98	43. 23	0. 49	0. 89	38. 26	18366. 26
宁夏	140. 33	48. 87	0. 25	0. 83	34. 82	32564. 91
新疆	429. 57	249. 30	2. 01	3. 34	58. 03	16655. 55

附表 6-2-2 2011 年各省(市)工伤保险及相关数据

地区	城镇就业人口(万人)	年末参加工伤保险人数(万人)	享受工伤待遇人数(万人)	工伤保险基金支出(亿元)	工伤保险参保率(%)	人均工伤保险待遇水平(元)
北京	1244.71	862.44	4.72	14.18	69.29	30053.39
天津	413.59	320.42	3.76	6.56	77.47	17451.09
河北	1181.59	640.39	8.65	19.25	54.20	22258.40
山西	727.59	337.57	5.53	11.41	46.40	20629.99
内蒙古	563.92	225.29	3.22	4.41	39.95	13690.91
辽宁	1346.57	779.09	11.26	14.96	57.86	13284.70
吉林	641.57	331.60	3.31	4.60	51.69	13901.49
黑龙江	908.82	450.00	8.17	12.70	49.52	15541.71
上海	1158.05	939.51	2.50	8.11	81.13	32452.78
江苏	2936.42	1326.99	10.67	23.97	45.19	22474.45
浙江	2475.17	1610.76	22.23	22.50	65.08	10122.20
安徽	1010.05	422.02	5.62	5.87	41.78	10449.04
福建	1179.62	496.94	2.77	4.43	42.13	15996.25
江西	975.94	387.93	3.02	5.87	39.75	19471.64
山东	2331.17	1276.08	10.83	20.05	54.74	18518.87
河南	1641.92	655.54	3.50	8.17	39.93	23346.20
湖北	1365.12	480.98	4.52	4.35	35.23	9609.99
湖南	1237.19	635.48	6.96	12.92	51.36	18556.35
广东	2909.07	2847.82	15.35	26.59	97.89	17316.22
广西	775.50	272.52	1.48	2.57	35.14	17352.98
海南	189.05	103.95	0.33	0.83	54.99	24946.04
重庆	781.00	337.09	6.24	9.46	43.16	15172.07
四川	1409.06	650.76	6.50	12.28	46.18	18902.84
贵州	456.91	193.96	2.18	6.37	42.45	29278.76
云南	864.19	243.40	3.60	6.80	28.16	18872.09
西藏	69.33	11.84	0.14	0.23	17.07	16628.16
陕西	781.97	326.84	1.90	4.14	41.80	21839.52
甘肃	405.15	150.19	1.37	4.27	37.07	31214.49
青海	125.06	45.57	0.46	1.48	36.44	31870.81
宁夏	155.99	58.34	0.32	1.28	37.40	39676.92
新疆	450.91	274.63	2.01	5.76	60.91	28726.27

附表 6-2-3　2012 年各省(市)工伤保险及相关数据

地区	城镇就业人口(万人)	年末参加工伤保险人数(万人)	享受工伤待遇人数(万人)	工伤保险基金支出(亿元)	工伤保险参保率(%)	人均工伤保险待遇水平(元)
北京	1309.70	897.18	4.82	17.24	68.50	35773.90
天津	437.13	330.06	3.37	7.44	75.51	22073.89
河北	1261.22	694.81	9.13	23.52	55.09	25750.54
山西	822.20	529.56	8.38	17.62	64.41	21023.35
内蒙古	631.64	248.88	2.50	5.83	39.40	23329.33
辽宁	1405.72	819.14	13.96	22.31	58.27	15980.40
吉林	692.55	359.41	4.22	6.87	51.90	16275.44
黑龙江	975.18	470.62	6.84	16.64	48.26	24342.23
上海	1267.68	898.94	6.12	20.94	70.91	34211.95
江苏	3063.82	1420.74	12.29	38.67	46.37	31459.84
浙江	2616.34	1731.68	23.83	30.34	66.19	12730.11
安徽	1083.05	457.93	8.76	10.95	42.28	12498.57
福建	1290.58	540.92	3.36	6.97	41.91	20709.45
江西	1045.66	410.90	5.50	8.32	39.30	15125.67
山东	2485.18	1339.62	11.91	28.04	53.90	23534.96
河南	1746.69	720.57	4.83	11.95	41.25	24740.61
湖北	1509.54	522.63	3.99	6.91	34.62	17332.13
湖南	1289.42	693.83	7.76	17.00	53.81	21911.68
广东	3112.93	2962.77	16.72	32.10	95.18	19192.10
广西	835.59	312.39	1.78	3.26	37.38	18265.63
海南	206.85	119.48	0.36	1.00	57.76	28243.24
重庆	901.68	374.89	8.00	15.02	41.58	18787.63
四川	1524.99	689.40	8.01	17.98	45.21	22449.90
贵州	545.89	238.19	2.72	7.97	43.63	29285.56
云南	955.69	295.26	3.98	9.23	30.89	23193.98
西藏	76.52	14.20	0.06	0.35	18.56	57613.64
陕西	831.72	350.40	2.20	5.81	42.13	26478.30
甘肃	437.28	158.53	1.79	3.99	36.25	22279.68
青海	131.56	49.20	0.56	1.74	37.40	30747.17
宁夏	166.35	63.88	0.38	1.89	38.40	49821.15
新疆	500.45	294.11	2.38	8.40	58.77	35326.07

数据来源:《中国统计年鉴》(2011 年、2012 年、2013 年)。

附表 6-3-1　2010 年各省（市）生育保险及相关数据

地区	城镇就业人口（万人）	年末参加生育保险人数（万人）	生育保险基金支出（亿元）	享受待遇人数（万人）	生育保险参保率（%）	人均生育保险待遇水平（元）
北京	1172.62	372.22	7.73	12.56	31.74	6156.41
天津	346.27	212.02	4.57	5.61	61.23	8131.85
河北	1062.07	561.50	2.53	5.18	52.87	4874.91
山西	684.77	211.61	1.20	1.66	30.90	7232.04
内蒙古	508.00	233.86	1.51	2.20	46.03	6848.15
辽宁	1235.43	592.97	5.67	13.54	48.00	4189.94
吉林	576.84	310.49	1.11	5.63	53.83	1969.74
黑龙江	853.94	290.10	1.94	3.44	33.97	5631.30
上海	1009.08	657.30	13.31	7.71	65.14	17250.02
江苏	2768.12	1086.44	12.29	24.40	39.25	5037.85
浙江	2222.66	863.74	9.79	12.39	38.86	7900.66
安徽	943.73	346.92	2.34	4.98	36.76	4691.75
福建	991.94	374.42	2.95	4.88	37.75	6036.78
江西	832.54	169.97	0.39	0.95	20.42	4044.43
山东	2141.21	774.09	9.10	17.95	36.15	5071.52
河南	1452.06	412.87	2.38	5.28	28.43	4499.73
湖北	1142.41	381.81	1.95	10.98	33.42	1779.69
湖南	1068.04	527.13	2.65	12.11	49.35	2186.17
广东	2659.27	2038.49	12.15	24.27	76.66	5006.86
广西	729.22	218.45	1.62	3.55	29.96	4551.57
海南	172.75	92.60	0.32	1.51	53.60	2148.20
重庆	594.20	175.71	1.59	4.88	29.57	3257.24
四川	1335.60	484.23	3.91	5.86	36.26	6665.70
贵州	392.86	164.30	0.50	2.27	41.82	2213.70
云南	764.36	210.23	1.69	4.00	27.50	4233.20
西藏	58.98	14.78	0.17	0.32	25.06	5212.60
陕西	703.04	180.08	0.93	2.43	25.61	3848.34
甘肃	371.79	82.00	0.47	1.02	22.06	4624.99
青海	112.98	6.38	0.06	0.14	5.65	4489.50
宁夏	140.33	39.82	0.29	0.56	28.38	5089.71
新疆	429.57	249.42	2.76	8.41	58.06	3284.07

附表 6-3-2　2011 年各省(市)生育保险及相关数据

地区	城镇就业人口(万人)	年末参加生育保险人数(万人)	生育保险基金支出(亿元)	享受待遇人数(万人)	生育保险参保率(%)	人均生育保险待遇水平(元)
北京	1244.71	395.30	9.82	14.91	31.76	6586.20
天津	413.59	234.60	4.57	6.59	56.72	6931.07
河北	1181.59	593.10	3.44	5.47	50.19	6293.11
山西	727.59	253.74	1.71	2.11	34.87	8091.45
内蒙古	563.92	263.28	2.12	4.79	46.69	4417.07
辽宁	1346.57	664.71	6.97	15.09	49.36	4617.12
吉林	641.57	335.88	1.36	6.68	52.35	2038.77
黑龙江	908.82	350.05	2.37	3.58	38.52	6607.01
上海	1158.05	703.08	16.97	8.76	60.71	19371.65
江苏	2936.42	1199.21	15.82	44.16	40.84	3582.11
浙江	2475.17	979.79	12.15	14.89	39.58	8156.64
安徽	1010.05	400.11	3.06	6.27	39.61	4875.96
福建	1179.62	451.87	3.69	5.67	38.31	6511.92
江西	975.94	200.10	0.46	0.79	20.50	5801.90
山东	2331.17	857.81	11.66	19.74	36.80	5907.02
河南	1641.92	460.69	3.35	6.27	28.06	5338.63
湖北	1365.12	420.89	2.49	13.63	30.83	1825.32
湖南	1237.19	538.77	3.37	15.33	43.55	2195.56
广东	2909.07	2339.72	15.57	32.56	80.43	4781.69
广西	775.50	243.77	2.06	3.93	31.43	5233.99
海南	189.05	100.72	0.74	2.20	53.28	3364.35
重庆	781.00	216.64	2.23	5.41	27.74	4122.55
四川	1409.06	601.70	4.32	6.85	42.70	6311.54
贵州	456.91	198.09	0.64	2.59	43.35	2475.50
云南	864.19	216.49	1.93	3.54	25.05	5438.20
西藏	69.33	16.06	0.21	0.31	23.17	6558.21
陕西	781.97	211.55	1.46	2.77	27.05	5257.14
甘肃	405.15	110.13	0.68	1.65	27.18	4120.07
青海	125.06	6.68	0.08	0.15	5.34	5184.94
宁夏	155.99	59.33	0.70	1.03	38.04	6823.36
新疆	450.91	268.14	3.21	7.01	59.47	4572.59

附表 6-3-3　2012 年各省(市)生育保险及相关数据

地区	城镇就业人口(万人)	年末参加生育保险人数(万人)	生育保险基金支出(亿元)	享受待遇人数(万人)	生育保险参保率(%)	人均生育保险待遇水平(元)
北京	1309.70	844.69	20.92	27.95	64.49	7486.13
天津	437.13	242.72	5.62	8.04	55.53	6984.29
河北	1261.22	634.78	5.57	9.71	50.33	5735.07
山西	822.20	407.60	2.37	3.06	49.57	7755.09
内蒙古	631.64	274.80	3.49	4.30	43.50	8122.54
辽宁	1405.72	713.86	11.18	19.38	50.78	5769.39
吉林	692.55	350.38	2.11	9.37	50.59	2252.53
黑龙江	975.18	353.13	3.51	4.22	36.21	8329.15
上海	1267.68	711.53	28.88	11.67	56.13	24738.40
江苏	3063.82	1276.25	22.22	55.50	41.66	4002.57
浙江	2616.34	1084.78	17.46	19.40	41.46	9001.71
安徽	1083.05	430.06	4.65	8.98	39.71	5180.07
福建	1290.58	484.28	5.85	8.15	37.52	7174.76
江西	1045.66	204.15	0.69	1.99	19.52	3490.15
山东	2485.18	918.97	17.27	19.93	36.98	8666.24
河南	1746.69	520.30	4.46	11.99	29.79	3716.75
湖北	1509.54	452.88	3.97	18.76	30.00	2114.86
湖南	1289.42	546.00	4.20	14.80	42.34	2840.29
广东	3112.93	2484.93	21.06	40.15	79.83	5244.19
广西	835.59	254.71	2.84	5.13	30.48	5532.91
海南	206.85	116.03	1.10	3.20	56.09	3426.33
重庆	901.68	253.53	3.63	8.25	28.12	4399.64
四川	1524.99	654.35	8.79	12.49	42.91	7037.84
贵州	545.89	221.58	1.05	3.13	40.59	3342.39
云南	955.69	239.22	4.60	4.64	25.03	9908.25
西藏	76.52	18.17	0.32	0.36	23.74	8877.98
陕西	831.72	223.66	1.91	3.14	26.89	6076.13
甘肃	437.28	129.52	1.18	2.51	29.62	4715.17
青海	131.56	33.76	0.33	0.33	25.66	9987.85
宁夏	166.35	66.42	1.06	1.89	39.93	5619.52
新疆	500.45	281.62	7.04	10.30	56.27	6835.90

注:由于国家统计局没有直接公布各地区的城镇就业人口数,所以我们采取城镇单位就业人员数与私营企业和个体就业人数之和代替。

数据来源:《中国统计年鉴》(2011 年、2012 年、2013 年)。

第七章　妇女儿童福利发展指数

一、妇女儿童福利概述

妇女儿童福利是妇女福利和未成年人福利的合称，是指国家和社会为满足妇女、未成年人的特殊需要，维护其特殊利益而提供的照顾和福利服务。

（一）儿童福利制度

从广义上说，儿童福利是国家和社会对所有法定年龄（18 岁）以下的儿童单向给予的各种利益，涉及儿童的保护、养育、教育和卫生保健等各个方面。儿童福利的受益对象包括全社会所有家庭的儿童，其内容涵盖儿童生活的各个领域。儿童福利的主要内容包括儿童医疗卫生、儿童教育、儿童生存和保护三个方面。儿童医疗卫生服务主要包括儿童保健服务和卫生管理、出生缺陷防治体系、疾病防治和营养改善、儿童生殖健康服务等。还包括儿童大病防治，如民政部等部门推动的"明天计划"、"重生行动"等，少儿互助基金和一老一小大病医保制度等。儿童教育方面包括学前儿童教育、义务教育、流动儿童、特殊困难儿童的平等义务教育保障等。儿童生存和基本生活方面，包括流动儿童、留守儿童和流浪儿童的救助和保护服务。

新中国成立之初，儿童群体面临的主要问题是如何在社会主义建设运动中确立儿童在国家社会生活中的地位。此阶段，儿童福利服务范围与内容主要是法律与权益保护，儿童福利的服务领域初步涉及儿童生活的所有领域。到 20 世纪 60 年代，我国初步建立了城镇儿童福利体系，安置收养无家可归、无依无靠、无生活来源的弃婴、孤儿、残疾儿童和流浪儿童。此阶段的儿童福利属于狭义的儿童福利，服务对象主要为处于不幸境地的儿童，服务功能则倾向于救助、矫治、扶助等恢复性功能。据统计，1962 年全国有儿童福利院 772 个，收养“三无”婴幼儿童 65182 人，是改革开放前中国儿童福利机构收养人数最多的年份。① 在农村，孤儿被纳入“五保”范畴，实行“保吃、保住、保穿、保医、保教”的制度。文化大革命期间，各项儿童福利制度形同虚设，处于瘫痪状态。

改革开放后，我国部分儿童福利制度得到恢复，加快了立法进度，新的儿童福利制度逐步建立起来。到 20 世纪 90 年代，我国儿童福利服务范围显著扩大，儿童福利服务内容显著增多，涉及儿童身心健康成长所有领域。儿童福利机构空前多样，联合国组织的国际机构、国际性 NGO、政府机关、民间组织、企业、个人均以不同方式参与儿童福利与保护。但与此同时，儿童福利行政管理体制部门的分隔化与碎片化倾向日益明显，儿童福利制度城乡二元化特征明显。新中国成立以来，我国颁布了许多儿童福利政策，大致可以分为四个层次。

第一个层次是由全国人民代表大会通过的法律，如《中华人民共和国宪法》、《中华人民共和国婚姻法》、《中华人民共和国义务教育法》、《中华人民共和国残疾人保障法》、《中华人民共和国母婴保健法》等。上述法律虽然不是专门为儿童制定的，但其中都包含了儿童福利的相应条款。在第一层次的立法中，还包括一些以儿童为对象的专项法律，如《中华人民共和国未成年人保护法》、《中华人民共和国预防未成年人犯罪法》、《中华人民共和国收养法》等。

第二个层次是由国务院出台和相关部委颁发的各项行政法规，涉及儿童养育、救济和教育等各个方面。其中属于国务院制定的有：《关于加快实现社会福利社会化的意见》、《国务院关于加强未成年人思想道德建设的若干意见》和《残疾人教育条例》等；以民政部为代表的部委制定的有：《中国公民收养子女登记办法》、《外国人在中华人民共和国收养子女登记办法》、

① 参见民政部：《当代中国的民政》（下），当代中国出版社 1994 年版，第 233 页。

《家庭寄养管理暂行办法》、《关于加强孤儿救助工作的意见》、《关于进一步发展孤残儿童福利事业的通知》、《关于加强流浪未成年人工作的意见》、《社会福利机构管理暂行办法》、《中华人民共和国行业标准儿童社会福利机构基本规范》等。

第三个层次是国际公约和国家规划纲要。前者如《世界人权宣言》、《儿童权利公约》、《儿童生存、保护和发展世界宣言》和《执行 1990 年代儿童生存、保护和发展世界宣言行动计划》等;后者如《九十年代中国儿童发展规划纲要》、《中国儿童发展纲要》(2011—2020)等。这些重要文件提出了儿童的权利,儿童生存、保护和发展的主要目标,并承诺保护儿童权利和改善生活的具体方案。

第四个层次是针对孤残流浪儿童等困境群体的保护行动计划。它是可操作的实施方案,是对前面论述的一系列法律、法规、政策的具体化。如民政部组织实施的"残疾孤儿手术康复明天计划"、"儿童福利机构建设蓝天计划"以及"重生行动项目"等。

(二)妇女福利制度

妇女福利的内容主要分为就业保障和健康保障两部分。在就业保障方面,通过立法和政府的有关政策措施,保障妇女享有平等的就业权利,并对妇女实行特殊劳动保护,对妇女实行职业技能培训,以使妇女平等参与社会经济生活。主要包括:立法保障妇女享有与男子同等的就业权利和就业机会,并通过就业政策指导和鼓励企业雇佣女性劳动者;立法保障女职工就业期间享有与男职工同等待遇,包括实行同工同酬、同等培训机会和晋升机会等;立法对女职工实行特殊劳动保护,保障女职工在生产工作中的安全和健康,对女职工实行"四期"特殊劳动保护;制定政策促进女性受教育程度提高。中国的妇女就业福利不是单纯提高女性就业率,而是从女性就业率、就业质量、女性就业与家庭责任的和谐等多方面综合改善妇女的就业状况和生活质量,保障妇女的基本权益。

在健康保障方面,妇女福利主要包括卫生保健服务、生殖健康保障、计划生育服务和妇幼卫生服务体系。在妇女生育福利方面,1951 年 2 月,政务院颁布《中华人民共和国劳动保险条例》，对女职工的产假及生育补助等方面作了相关规定。1952年6月，政务院发布《关于各级人民政府、党派、团体及所属事业单位的国家工作人员实行公费医疗预防的指示》，把女工作人员生育费用纳入公费医疗项目。1955年4月，国务院发布《关于女工作人员生育假期的通知》，规定机关、团体、事业单位女职工享有的生育待遇，待遇标准与《中华人民共和国劳动保险条例》中的生育待遇规定基本相同。1956年6月，全国人大通过《高级农业合作社示范章程》，对妇女产前产后的休息时间、生育物质补贴等作了规定。这一系列政策措施使妇女生育得到了不同程度、不同水平的保障。

改革开放后，妇女福利制度逐步完善。根据《女职工劳动保护规定》，将女职工的生育假期由原来的45天延长为90天，其中产前假15天。2012年颁布《女职工特殊劳动保护条例》，将产假延长至98天，并细化了流产产假的相关规定。在女职工劳动保护方面，1986年《女职工保健工作暂行规定》对女职工月经期、怀孕期、哺乳期、更年期、婚前、产后等阶段的保健作了详细的规定。并且实施范围较前一阶段有所扩大，除国营、集体企业适用外，还将中外合资企业、外商独资企业、乡镇企业和个体联办企业也纳入实施范围。我国妇女儿童福利的结构见表7-1。

表7-1　我国妇女儿童福利结构

<table>
<tr><th></th><th>类型</th><th>项　目</th><th>内　容</th></tr>
<tr><td rowspan="9">妇女儿童福利</td><td rowspan="9">妇女福利</td><td rowspan="5">妇女经济保障</td><td>平等就业</td></tr>
<tr><td>平等社会保障权利</td></tr>
<tr><td>女职工特殊劳动保护</td></tr>
<tr><td>妇女缓贫</td></tr>
<tr><td>妇女职业技能培训</td></tr>
<tr><td rowspan="4">妇女健康保障</td><td>卫生保健服务</td></tr>
<tr><td>生殖健康保障</td></tr>
<tr><td>计划生育服务</td></tr>
<tr><td>妇幼卫生服务体系</td></tr>
</table>

续表

	类型	项　　目	内　　容
妇女儿童福利	儿童福利	儿童健康保障	妇幼卫生服务体系
			儿童保健服务和管理
			出生缺陷防治体系
			儿童疾病防治
			儿童营养改善
			儿童生殖健康服务
		儿童教育保障	3—6 岁儿童学前教育
			流动儿童、特殊困难儿童的平等义务教育保障
		儿童福利	基本医疗卫生服务
			孤儿养育和服务
			儿童医疗制度,贫困和大病儿童提供医疗救助
			残疾儿童康复救助制度和服务体系
			流动儿童和留守儿童服务
			流浪儿童救助保护
			城乡社区儿童服务

(三)指标设计

1. 妇女儿童福利发展指数

妇女儿童福利发展指数是衡量妇女儿童福利整体发展状况的指标。指数值越高,表明妇女儿童福利发展水平越高;反之,就越低。

妇女儿童福利发展指数分为妇女福利和儿童福利两部分。妇女福利指数由产前检查率、孕产妇住院分娩率、孕产妇死亡率三个指标组成;儿童福利指数由出生体重小于 2500g 儿童比重、5 岁以下儿童中重度营养不良比重、7 岁以下儿童保健管理率和小学适龄儿童入学率等四个指标。各指标的权重基于德尔菲法确定。妇女儿童福利发展指数的计算公式如下:

$$妇女儿童福利发展指数 = \sum(分指标标准化值 \times 权重)$$

2. 产前检查率

孕产妇产前检查率即年内产前接受过一次及一次以上产前检查的产妇人数与活产数的比重。产前检查是指为妊娠期妇女提供一系列的医疗和护理建议和措施，目的是通过对于孕妇和胎儿的监护及早预防和发现并发症，减少其不良影响，在此期间提供正确的检查手段和医学建议是降低孕产妇死亡率和围产儿死亡率的关键。

3. 孕产妇住院分娩率

住院分娩率即年内在取得助产技术资质的机构分娩的活产数与所有活产数之比。孕产妇住院分娩率是反映各省妇幼保健福利水平的一项重要指标。

4. 孕产妇死亡率

孕产妇死亡率指年内每 10 万名孕产妇的死亡人数。孕产妇死亡率同样是各省妇幼保健水平的一项重要指标，降低孕产妇死亡率也是妇女发展纲要体系的目标之一。该指标为负向指标，本报告在计算妇女儿童福利总指数时采用倒数法对指标绝对值进行正向化，再对正向化结果取标准值从而得到正向指标值。

5. 出生体重<2500g 婴儿比重

出生体重<2500g 婴儿比重即出生体重<2500g 婴儿数占出生婴儿总数的比重。出生体重是反映新生儿营养状态的重要指标，正常新生儿出生体重为 2500g—4000g，体重越轻说明在宫内发育越差，越不成熟，患病和死亡的危险也就越大。因此，各地出生体重<2500g 婴儿比重水平是反映妇幼保健水平程度高低的重要指标。该指标为负向指标，本报告在计算妇女儿童福利总指数时采用倒数法对指标绝对值进行正向化，再对正向化结果取标准值，从而得到正向指标值。

6. 5 岁以下儿童中重度营养不良比重

0—5 岁是儿童成长发育的关键时期，儿童营养不良，尤其是 5 岁以下儿童营养不良直接影响儿童的健康成长。该指标为负向指标，本报告在计算妇女儿童福利总指数时采用倒数法对指标绝对值进行正向化，再对正向化结果取标准值，从而得到正向指标值。

7. 7 岁以下儿童保健管理率

儿童保健系统管理就是儿童从出生到6岁定期进行健康检查,对儿童发育及常见病进行系统的监测和治疗。通过定期的健康检查,可以较系统地掌握儿童生长发育和健康状况的动态变化,进行科学分析,对存在生长发育不正常或疾病的,及时给予科学治疗,从而提高婴幼儿的健康水平。

$$\text{儿童系统管理率}=\frac{\text{7 岁以下儿童完成系统管理人数}}{\text{7 岁以下儿童管理人数(建卡人数)}}$$

8. 小学适龄儿童净入学率

小学适龄儿童净入学率是指小学学龄儿童中正在接受小学教育人数所占比重。我国实行九年义务教育制,小学适龄儿童净入学率是反应儿童教育福利情况的一个重要指标。

考虑到各项指标在妇女儿童福利体系中的重要程度,根据德尔菲法向专家咨询,最终确定妇女福利权重为0.4,儿童福利权重为0.6。各项指标权重依次为:产前检查率0.1,住院分娩率0.1,孕产妇死亡率0.2,出生<2500g儿童比重0.15,5岁以下儿童中重度营养不良比重0.3,7岁以下儿童保健管理率0.15。对各项指标采取均值法进行标准化,再对三个负向指标(孕产妇死亡率、出生体重<2500g儿童比重和5岁以下儿童中重度营养不良比重)进行负向指标正向标准化,得出各省市妇女儿童福利发展指数情况。

二、妇女儿童福利发展指数排名

(一)妇女儿童福利发展指数排名

2012年,妇女儿童福利发展指数排在前四位的是上海、江苏、北京和甘肃四省市,其指数得分远远超过全国平均水平。其中,上海市的得分最高,相当于全国平均水平的4倍。紧随其后的是天津、浙江和山东,其指数得分也明显高于全国平均水平。24个省市的妇女儿童发展指数低于全国平均水平。其中,吉林、安徽、陕西和辽宁的指数得分在0.9—1之间,略低于全国平均水平。而海南、广西、青海、云南和西藏由于指数得分明显低于全国平均水平,位居排名的最后五位(见表7-2)。

表7-2　2012年各省市妇女儿童福利发展指数情况

地区	妇女儿童福利发展指数	排名	孕妇产前检查率(%)	孕妇住院分娩率(%)	孕产妇死亡率(1/10万)	出生体重<2500g婴儿比重(%)	5岁以下儿童中重度营养不良比重(%)	7岁以下儿童保健管理率(%)
上海	4.0649	1	78.20	100.00	2.00	3.96	0.06	99.30
江苏	2.1024	2	100.00	100.00	1.40	2.10	0.53	98.80
北京	2.0805	3	99.00	100.00	6.60	3.52	0.12	98.70
甘肃	1.8370	4	96.80	98.30	24.40	1.99	1.19	990.00
天津	1.3308	5	96.90	100.00	9.20	3.61	0.23	93.20
浙江	1.0919	6	98.60	100.00	4.90	2.82	0.60	96.70
山东	1.0137	7	96.10	100.00	10.10	1.22	0.67	93.10
吉林	0.9929	8	92.90	100.00	16.40	1.70	0.44	90.90
安徽	0.9272	9	84.40	99.70	11.50	1.35	0.69	78.00
陕西	0.9263	10	97.20	99.80	10.70	1.31	0.90	95.50
辽宁	0.9017	11	98.60	100.00	7.90	2.25	0.83	95.70
重庆	0.8872	12	95.20	97.60	15.00	1.24	0.85	87.20
宁夏	0.8865	13	99.50	99.80	27.50	2.57	0.45	94.10
内蒙古	0.8793	14	97.20	99.80	20.10	1.91	0.56	94.00
湖北	0.8261	15	97.70	99.90	10.10	1.73	1.19	90.40
贵州	0.8048	16	96.20	97.80	26.40	1.06	1.27	78.80
山西	0.7802	17	92.90	99.80	11.70	2.03	1.08	88.20
河南	0.7716	18	92.50	99.50	9.20	1.99	1.53	81.70
广东	0.7542	19	95.70	99.10	9.90	3.48	1.08	95.60
福建	0.7395	20	96.20	100.00	11.40	2.77	1.19	94.50
四川	0.7082	21	93.30	96.20	18.90	1.60	1.60	86.60
河北	0.6681	22	96.70	99.80	10.50	3.02	2.52	92.60

续表

地区	妇女儿童福利发展指数	排名	孕妇产前检查率(%)	孕妇住院分娩率(%)	孕产妇死亡率(1/10万)	出生体重<2500g婴儿比重(%)	5岁以下儿童中重度营养不良比重(%)	7岁以下儿童保健管理率(%)
黑龙江	0.6565	23	97.70	100.00	17.40	2.57	1.64	94.30
江西	0.6408	24	94.80	99.70	11.30	3.32	2.30	85.10
湖南	0.6174	25	95.20	99.80	19.60	2.36	2.02	81.20
新疆	0.6052	26	94.80	98.60	34.40	2.07	1.85	83.50
海南	0.5584	27	94.40	99.60	25.80	2.68	3.18	89.60
广西	0.5426	28	95.70	99.70	17.40	4.79	2.88	86.40
青海	0.5317	29	89.30	94.10	36.20	2.75	2.33	80.70
云南	0.5289	30	96.70	95.50	28.00	3.46	2.97	90.50
西藏	0.3436	31	61.60	73.30	176.40	3.43	5.21	53.20

2011年,妇女儿童福利发展指数排在前四位的是上海、江苏、北京和天津四省市,指数得分明显高于全国平均水平。紧随其后的是吉林、山东和浙江,其指数得分也高于全国平均水平,排名依次为第五、第六和第七位。有24个省市的妇女儿童福利发展指数低于全国平均水平。其中,广西、云南、青海和西藏因指数得分明显低于全国平均水平而位居排名的最后四位(见表7-3)。

表7-3　2011年各省市妇女儿童福利发展指数情况

地区	妇女儿童福利发展指数	排名	孕妇产前检查率(%)	孕妇住院分娩率(%)	孕产妇死亡率(1/10万)	出生体重<2500g婴儿比重(%)	5岁以下儿童中重度营养不良比重(%)	7岁以下儿童保健管理率(%)
上海	3.7928	1	82.10	100.00	3.70	3.75	0.06	99.50
江苏	2.5106	2	100.00	100.00	1.20	2.34	0.52	98.70
北京	1.8749	3	99.10	100.00	9.90	3.44	0.14	98.40
天津	1.5554	4	97.30	100.00	6.80	3.44	0.21	93.00
吉林	1.2852	5	94.10	100.00	16.50	1.66	0.27	86.20
山东	1.1247	6	95.00	100.00	9.70	1.19	0.58	93.40
浙江	1.0628	7	98.50	100.00	6.40	2.71	0.65	96.20

续表

地区	妇女儿童福利发展指数	排名	孕妇产前检查率（%）	孕妇住院分娩率（%）	孕产妇死亡率（1/10万）	出生体重<2500g婴儿比重（%）	5岁以下儿童中重度营养不良比重（%）	7岁以下儿童保健管理率（%）
宁夏	0.9193	8	96.90	99.50	22.80	2.58	0.49	92.80
内蒙古	0.8983	9	95.90	99.70	16.70	1.93	0.66	90.30
安徽	0.8980	10	76.30	99.20	15.70	1.16	0.82	65.50
陕西	0.8773	11	96.30	99.50	13.30	1.46	1.16	93.90
湖北	0.8759	12	97.60	99.90	10.60	1.62	1.24	87.40
辽宁	0.8740	13	91.60	100.00	10.70	2.57	0.85	95.80
重庆	0.8576	14	95.40	96.70	21.60	1.28	1.00	87.60
广东	0.8105	15	96.70	98.70	11.40	3.30	0.98	94.00
贵州	0.8023	16	94.50	96.30	24.30	1.02	1.91	73.20
四川	0.7809	17	91.80	94.70	23.10	1.46	1.20	83.70
河南	0.7734	18	90.00	99.30	10.20	1.98	1.98	78.40
山西	0.7599	19	89.60	99.40	16.60	1.93	1.22	81.70
福建	0.7500	20	96.50	100.00	14.20	2.92	1.27	94.00
河北	0.7416	21	95.30	99.60	9.40	3.07	2.68	91.70
江西	0.7172	22	94.60	99.50	12.60	2.32	2.27	84.10
黑龙江	0.7132	23	96.50	100.00	16.80	2.47	1.66	92.20
甘肃	0.6735	24	96.20	96.70	30.70	2.14	1.56	87.80
海南	0.6557	25	91.10	99.60	13.60	2.67	3.42	82.00
湖南	0.6473	26	94.60	99.70	18.80	2.34	2.16	72.50
新疆	0.6027	27	92.60	98.30	39.10	2.27	2.26	80.40
广西	0.5858	28	94.40	99.40	18.70	4.44	2.75	82.70
云南	0.5458	29	96.70	93.80	34.70	3.55	3.34	86.20
青海	0.5425	30	87.40	93.10	46.10	2.87	2.42	75.80
西藏	0.4909	31	66.70	62.50	180.70	1.62	2.60	50.50

2010年，上海、江苏、北京和天津四省市位居妇女儿童福利发展指数排名的前四位。吉林、浙江和山东的得分也超过了全国平均水平，依次位居排名的第五、第六和第七位。有24个省市的妇女儿童福利发展指数得分低于

全国平均水平。其中,青海、云南和西藏因指数得分明显低于全国平均水平而位居排名的最后三位(见表7-4)。

表7-4　2010年各省市妇女儿童福利发展指数情况

地区	妇女儿童福利发展指数	排名	孕妇产前检查率(%)	孕妇住院分娩率(%)	孕产妇死亡率(1/10万)	出生体重<2500g婴儿比重(%)	5岁以下儿童中重度营养不良比重(%)	7岁以下儿童保健管理率(%)
上海	3.9170	1	87.00	100.00	6.60	3.70	0.06	97.40
江苏	1.7728	2	100.00	100.00	3.60	1.93	0.48	97.80
北京	1.6570	3	98.90	100.00	13.10	3.47	0.19	98.20
天津	1.7867	4	98.40	100.00	9.60	3.29	0.18	91.40
吉林	1.1820	5	90.70	99.90	28.10	1.53	0.35	83.60
浙江	1.1835	6	98.40	100.00	7.40	2.70	0.66	95.80
山东	1.1214	7	97.70	99.90	11.50	1.43	0.70	93.50
宁夏	0.8538	8	99.20	98.50	29.70	2.42	0.72	89.70
内蒙古	0.7987	9	95.50	99.60	35.20	1.89	0.98	85.80
辽宁	0.9881	10	97.90	100.00	12.10	2.18	0.86	95.90
安徽	0.8863	11	74.40	98.70	21.90	1.17	0.99	61.40
湖北	0.9212	12	97.00	99.80	15.40	1.55	1.16	86.20
广东	0.9582	13	96.80	97.70	10.50	3.04	0.96	95.10
陕西	0.9409	14	97.60	99.40	17.30	1.45	1.05	92.20
重庆	0.9211	15	94.10	94.40	23.00	1.24	0.98	82.80
河南	0.7744	16	91.20	98.90	15.20	2.20	1.98	76.70
福建	0.8736	17	97.40	99.90	12.20	2.65	1.44	95.00
山西	0.8746	18	92.90	98.90	14.60	1.93	1.14	78.30
河北	0.6897	19	94.60	99.30	18.40	3.30	2.95	90.30
四川	0.8390	20	91.50	92.50	22.80	1.49	1.18	80.50
江西	0.8331	21	94.10	99.40	11.20	2.45	2.30	82.80
黑龙江	0.7504	22	96.40	99.80	21.70	2.46	1.60	89.70
贵州	0.7724	23	92.70	88.10	35.40	1.24	1.52	66.60
海南	0.6681	24	91.90	99.40	22.70	2.59	2.86	81.40
甘肃	0.6763	25	93.80	93.60	33.20	2.32	1.66	78.50

续表

地区	妇女儿童福利发展指数	排名	孕妇产前检查率（%）	孕妇住院分娩率（%）	孕产妇死亡率（1/10万）	出生体重<2500g婴儿比重（%）	5岁以下儿童中重度营养不良比重（%）	7岁以下儿童保健管理率（%）
湖南	0.6570	26	94.00	99.30	26.70	2.32	2.20	66.70
广西	0.6167	27	97.80	98.70	20.70	4.64	3.05	75.00
新疆	0.6149	28	93.80	97.60	43.20	2.31	2.74	77.30
青海	0.5644	29	86.10	91.50	45.10	2.72	3.07	74.50
云南	0.5737	30	96.10	90.90	37.30	3.30	3.56	82.20
西藏	0.3329	31	64.20	53.60	174.80	5.10	5.12	52.00

从整体上看，各地区妇女儿童福利发展指数绝对值差异较大，上海市连续三年位居首位，而云南、青海和西藏自治区三年均排名最后三位。从纵向发展变化来看，除江苏、北京、天津、上海、吉林之外，其余省市变化不大。江苏省妇女儿童福利发展指数变动最大，且不稳定。从三年平均水平来看，妇女儿童福利发展平均指数最高的上海市是最低的西藏自治区的近10倍（见图7-1）。

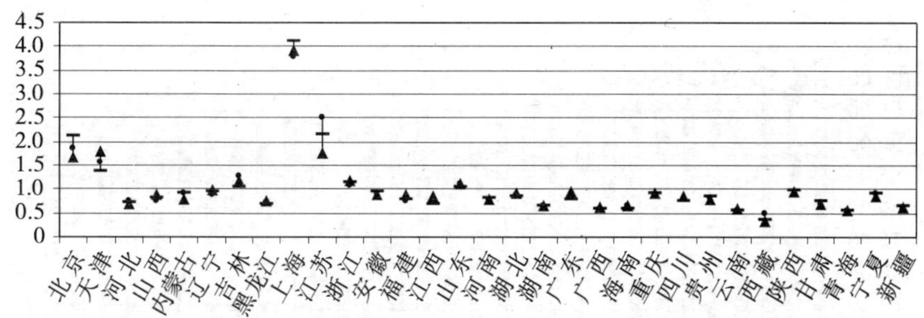

图7-1　妇女儿童福利发展指数三年对比情况

（二）产前检查率排名

2012年，各省市产前检查率均达到较高水平。除西藏、上海、安徽、青海4省市外,其余27个省市产前检查率均达到90%以上。江苏、宁夏、北京产前检查率为前三位,其中江苏省最高,达到了100%。西藏与其他省市相比,指标得分明显较低(见图7-2)。

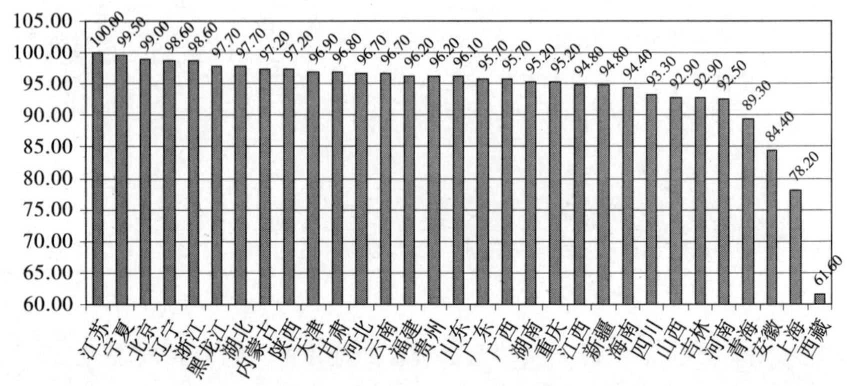

图7-2　2012年各省市孕妇产前检查率情况(%)

2011年,各省市产前检查率同样均达到较高水平。除山西、青海、上海、安徽、西藏五省市外,其余26个省市产前检查率均达到90%以上。江苏、北京、浙江产前检查率为前三位,西藏与其他省市存在较大差距(见图7-3)。

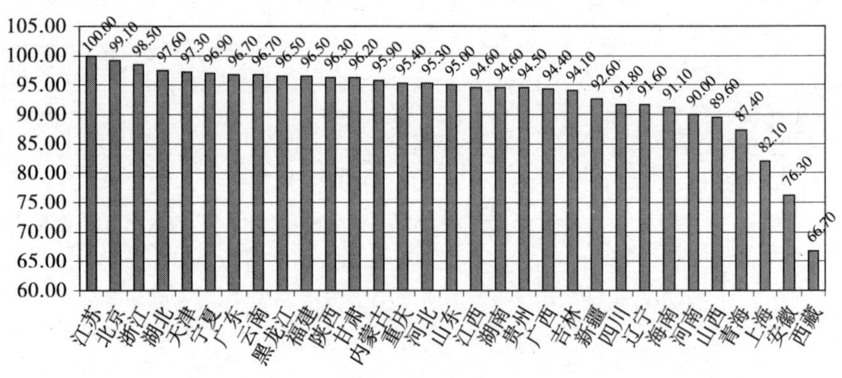

图7-3　2011年各省市孕妇产前检查率情况(%)

2010年,各省市产前检查率均达到较高水平。除上海、青海、安徽、西藏四省市外,其余27个省市产前检查率均达到90%以上。江苏、宁夏、北京产前检查率为前三位,西藏、安徽与其他省市存在较大差距(见图7-4)。

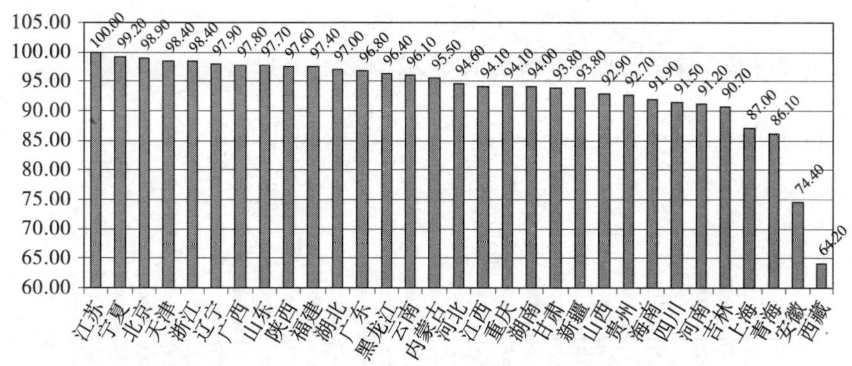

图 7-4　2010 年各省市孕妇产前检查率情况(%)

(三)住院分娩率

全国各地的住院分娩率均达到较高水平。2012 年,除西藏外,其余 30 个省市的住院分娩率均达到 90%以上。其中北京、天津、辽宁、吉林、黑龙江、上海、江苏、浙江、福建、山东十省市的住院分娩率水平都达到了 100%。全国 31 个省市平均水平为 98.30%,仅有贵州、重庆、四川、云南、青海和西藏 6 个省市未达到全国平均水平(见图 7-5)。

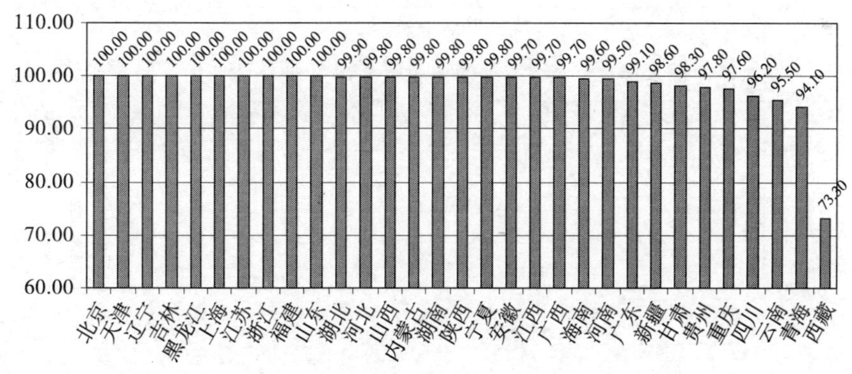

图 7-5　2012 年各省市孕妇住院分娩率情况(%)

2011 年,除西藏外,其余 30 个省市的住院分娩率均达到 90%以上。其中北京、天津、辽宁、吉林、黑龙江、上海、江苏、浙江、福建、山东十省市的住院分娩率水平都达到了 100%。全国 31 个省市平均水平为 97.58%,重庆、甘肃、贵州、四川、云南、青海和西藏7个省市未达到全国平均水平,西藏与其他省市存在较大差距(见图7-6)。

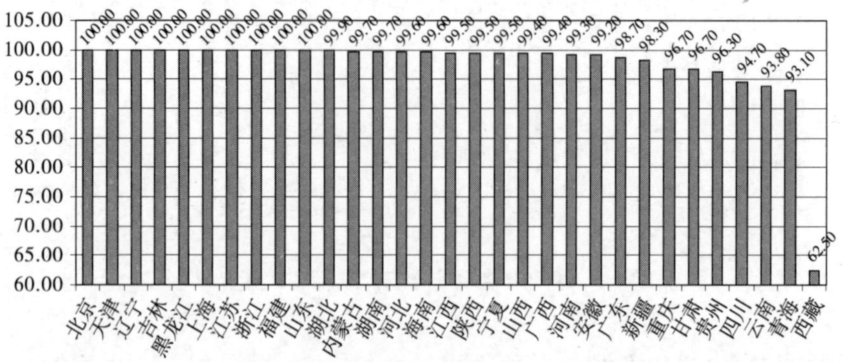

图7-6　2011年各省市孕妇住院分娩率情况(%)

2010年,除贵州和西藏外,其余29个省市的住院分娩率均达到90%以上。其中,北京、天津、辽宁、上海、江苏、浙江六省市的住院分娩率水平都达到了100%。全国31个省市平均水平为96.43%,西藏与全国平均水平存在较大差距(见图7-7)。

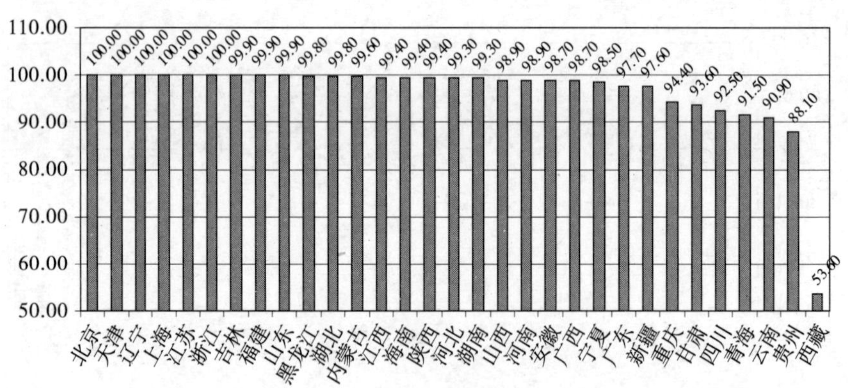

图7-7　2010年各省市孕妇住院分娩率情况(%)

(四)孕产妇死亡率

2012年,孕产妇死亡率绝对值,全国平均水平为20.72人/10万人。西藏、青海、新疆、云南、宁夏、贵州、海南、甘肃 8 个西部省市高于全国平均水平,其中西藏自治区居于首位,孕产妇死亡率高达 176.4 人/10 万人,显著高于其他省市。每 10 万孕产妇死亡率低于 10 人的省份有广东、天津、河南、辽宁、北京、浙江、上海和江苏 8 个省市(见图 7-8)。

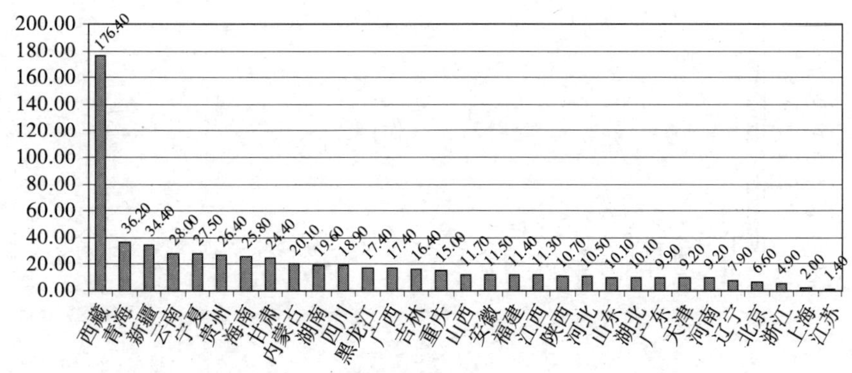

图 7-8　2012 年各省市孕产妇死亡率情况(1/10 万)

2011 年,全国孕产妇死亡率平均值为 22.15 人/10 万人。宁夏、四川、贵州、甘肃、云南、新疆、青海、西藏 8 省市均高于全国平均水平,其中西藏显著高于其他省市。低于 10 人/10 万人的省份有江苏、上海、浙江、天津、河北、山东、北京七个省份(见图 7-9)。

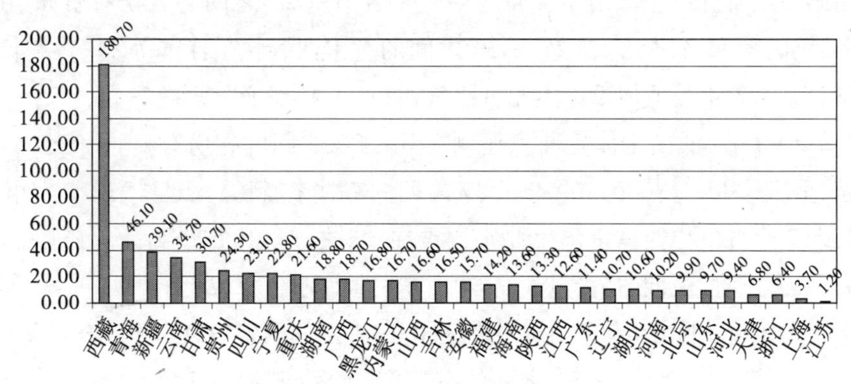

图 7-9　2011 年各省市孕产妇死亡率情况(1/10 万)

2010 年,全国孕产妇死亡率平均值为 25.81 人/10 万人。湖南、吉林、宁夏、甘肃、内蒙古、贵州、云南、新疆、青海、西藏 10 个省市均高于全国平均水平,西藏显著高于其他省市,低于 10 人/10 万人的省份为天津、浙江、上海、江苏 4 个省份(见图 7-10)。

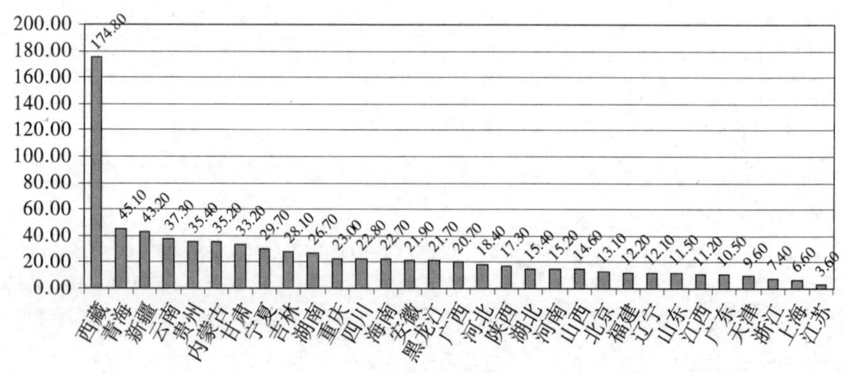

图 7-10 2010 年各省市孕产妇死亡率情况(1/10 万)

(五)出生体重<2500g 儿童比重排名

2012 年,出生体重 < 2500g 儿童比重最高的省份为广西省,达到 4.79%。其次为上海(3.96)、天津(3.61)、北京(3.52)、广东(3.48)依次位居第二至第五位。低出生体重儿童比例在 0—2%之间的省份有贵州、山东、重庆等 11 个省市,在 2%—3%之间的有山西、新疆、江苏等 11 个省市,其余 8 个省市的低体重出生儿童比重在 3%—4%之间(见图 7-11)。

2011 年,低出生体重儿童比例在 0—2%之间的省份有贵州、安徽、山东、重庆等 12 个省市。在 2%—3%之间的有甘肃、新疆、江西等 12 个省市,其余 7 个省市的低体重出生儿童比重在 3%之上。比重最高的为广西、上海、云南三省,最低的为贵州、安徽、山东三省(见图 7-12)。

2010 年,低出生体重儿童比例在 0—2%之间的省份有贵州、安徽、重庆等 11 个省市。在 2%—3%之间的有辽宁、河南、新疆等 12 个省市,其余 8 个省市的低体重出生儿童比重在 3%以上。比重最高的为西藏、广西、上海三省市,最低的为重庆、贵州、安徽三省市(见图 7-13)。

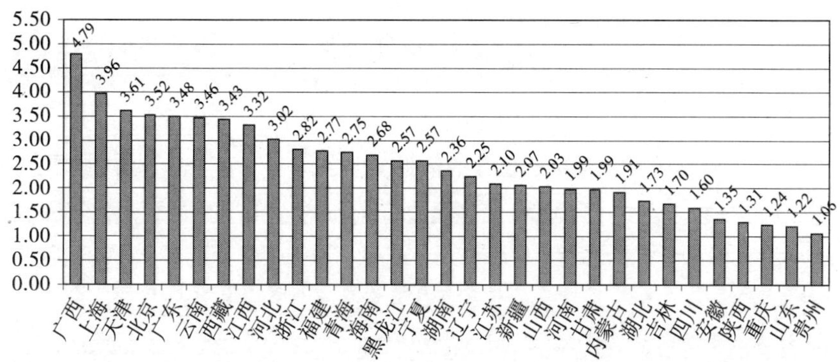

图 7-11　2012 年各省市出生体重<2500g 婴儿比重情况（%）

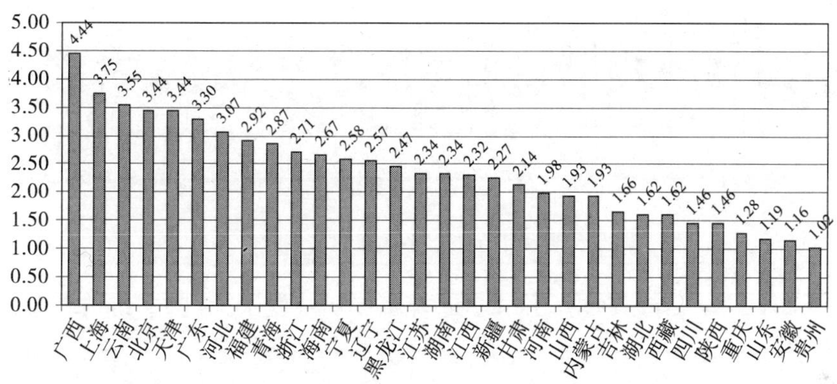

图 7-12　2011 年各省市出生体重<2500g 婴儿比重情况（%）

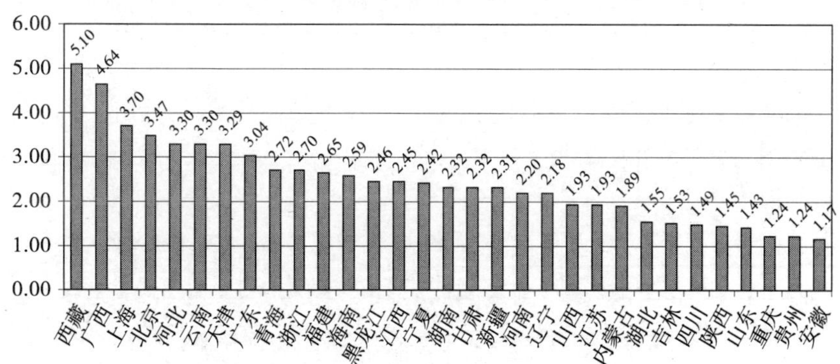

图 7-13　2010 年各省市出生体重<2500g 婴儿比重情况（%）

(六)5 岁以下儿童中重度营养不良比重

2012 年,5 岁以下儿童中重度营养不良比重低于 1%的省市为上海、北京、天津等 13 个省市。其中上海市最低,不足 0.1%;广东、山西、甘肃等 10 个省市在 1%—2%之间;湖南、江西、青海等 8 个省市的比重大于 2%,其中西藏自治区最高为 5.21%(见图 7-14)。

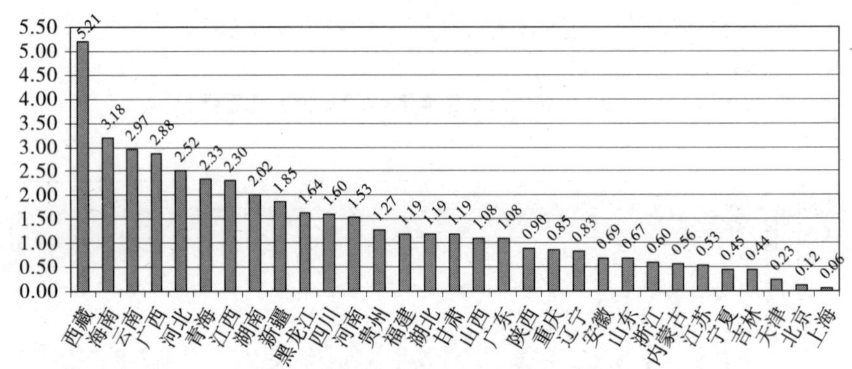

图 7-14 2012 年各省市 5 岁以下儿童中重度营养不良比重(%)

2011 年,5 岁以下儿童中重度营养不良比重低于 1%的省市为上海、北京、天津等 12 个省市。重庆、陕西、四川等 10 个省市在 1%—2%之间,湖南、新疆、江西等省份大于 2%,海南、云南两省 5 岁以下儿童营养不良比重均达到了 3%以上(见图 7-15)。

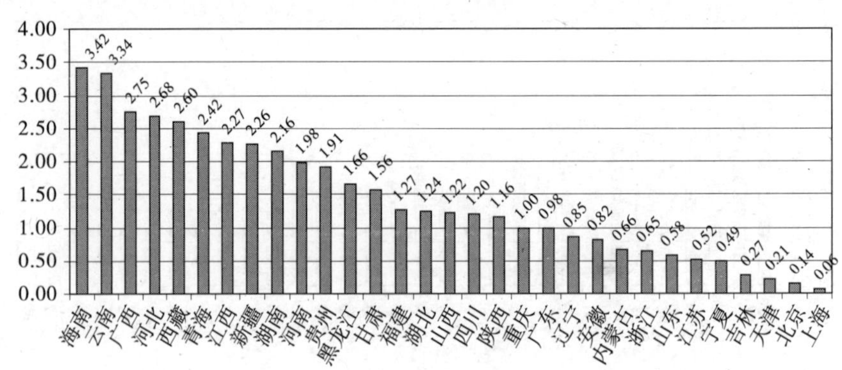

图 7-15 2011 年各省市 5 岁以下儿童中重度营养不良比重(%)

2010 年,5 岁以下儿童中重度营养不良比重低于 1%的省市为上海、天津、北京等 13 个省市。陕西、山西、湖北等 9 个省市在 1%—2%之间,湖南、江西、新疆等 9 个省市比重大于 2%,西藏 5 岁以下儿童营养不良比重达到 5%以上,为全国最高值(见图 7-16)。

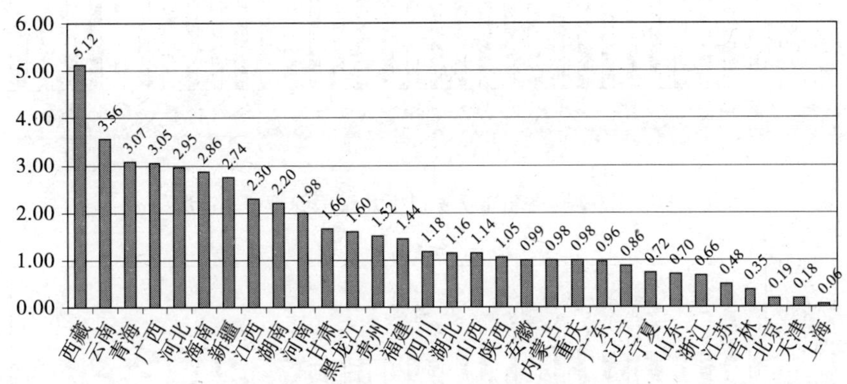

图 7-16　2010 年各省市 5 岁以下儿童中重度营养不良比重(%)

(七)7 岁以下儿童保健管理率

2012 年,全国 7 岁以下儿童保健管理率平均水平为 89. 26%,全国有 19 个省市均能达到平均水平,而其余 12 个省市在平均水平之下。其中西藏自治区的 7 岁以下儿童保健管理率尚不足 60%,与其他省市之间存在较大差距(见图 7-17)。

2011 年,全国 7 岁以下儿童保健管理率平均水平为 86. 12%,上海、江苏、北京处于全国前三位,全国有 19 个省市均能达到平均水平。安徽、西藏两省的比例是 65. 5%和 50. 5%,处于全国最后两位,与其他省市的差距较大(见图 7-18)。

2010 年,全国 7 岁以下儿童保健管理率平均水平为 83. 69%,北京、江苏、上海位列全国前三位,全国有 15 个省市能达到平均水平。西藏仅只有 52. 00%,处于全国最后一位(见图 7-19)。

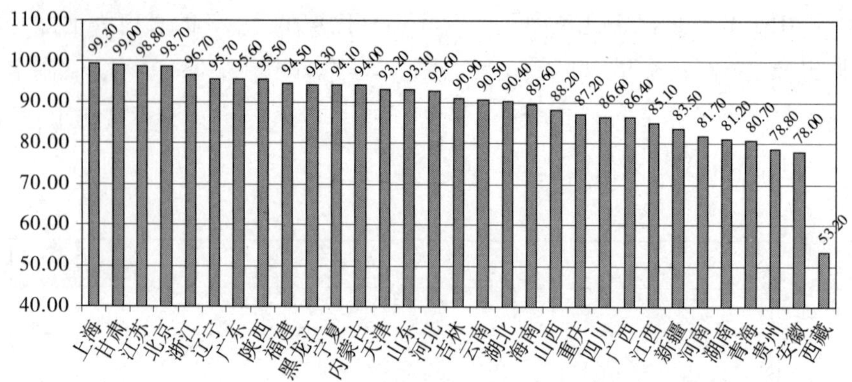

图 7-17　2012 年各省市 7 岁以下儿童保健管理率情况(%)

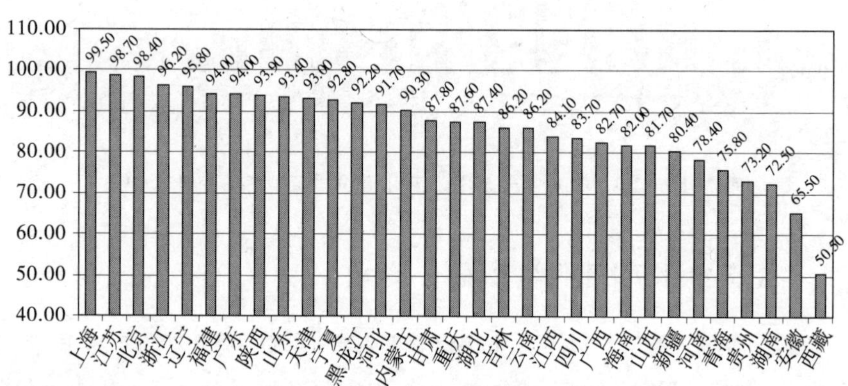

图 7-18　2011 年各省市 7 岁以下儿童保健管理率情况(%)

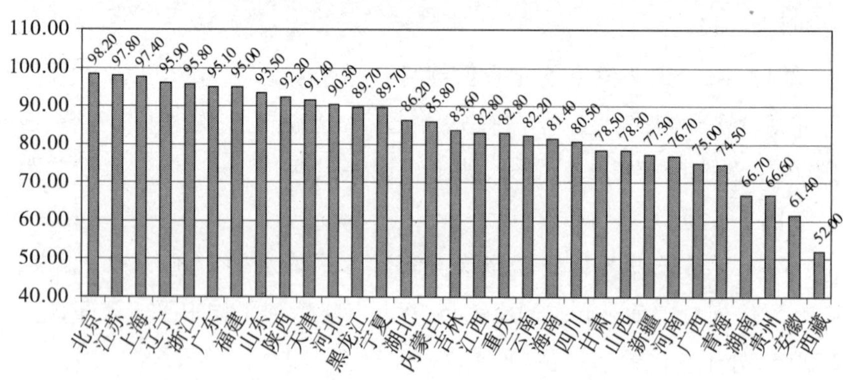

图 7-19　2010 年各省市 7 岁以下儿童保健管理率情况(%)

三、聚类分析和相关分析

(一)妇女儿童福利发展指数聚类分析

基于系统聚类分析,2012 年各省市妇女儿童福利发展水平可以划分为四类。其中,西藏为第一类;北京、天津、上海为第二类;青海、新疆、海南等 7 个省市聚为第三类;其余的宁夏、内蒙古、山东等 20 个省市为第四类(见表 7-5)。

表 7-5　2012 年各省市妇女儿童福利发展指数聚类情况

聚类类型	聚类成员	特　征
第一类	西藏	(1)妇女儿童福利发展指数最低; (2)各负向指标偏高,正向指标较低。
第二类	北京、天津、上海	(1)妇女儿童福利发展指数位居前列; (2)各正向指标位居前列(上海孕妇产前检查率除外)。
第三类	青海、新疆、海南、云南、河北、江西、广西	(1)妇女儿童福利发展指数排名中等偏下; (2)各逆向指标位居前列,各正向指标排名靠后。
第四类	山西、河北、河南、黑龙江、湖南、四川、贵州、甘肃、福建、广东、江苏、浙江、辽宁、重庆、陕西、吉林、安徽、山东、内蒙古、宁夏	(1)妇女儿童福利发展指数排名大部分中等偏上; (2)大部分各项指标排名中等偏上。

基于系统聚类分析,2011 年各省市妇女儿童福利发展水平可以划分为三类。其中,西藏为第一类;甘肃、贵州等 12 个省市为第二类;北京、天津、上海等 18 个省市为第三类(见表 7-6)。

基于系统聚类分析,2010 年各省市妇女儿童福利发展水平可以划分为四类。其中,西藏为第一类;北京、天津、上海等 8 个省市为第二类;青海、新

表 7-6　2011 年各省市妇女儿童福利发展指数聚类情况

聚类类型	聚类成员	特　征
第一类型	西藏	(1)妇女儿童福利发展指数最低; (2)各负向指标偏高,正向指标较低。
第二类型	甘肃、贵州、黑龙江、湖南、河南、江西、广西、海南、河北、云南、新疆、青海	(1)妇女儿童福利发展指数排名中等偏下; (2)各正向指标排名靠后。
第三类型	北京、天津、上海、福建、广东、辽宁、浙江、江苏、湖北、陕西、山西、重庆、四川、安徽、内蒙古、吉林、山东、宁夏	(1)大部分地区妇女儿童福利发展指数排名中等偏上; (2)大部分各项指标排名中等偏上。

疆、云南等 6 个省市为第三类;而山西、湖北、陕西等 16 个省市为第四类(见表 7-7)。

表 7-7　2010 年各省市妇女儿童福利发展指数聚类情况

聚类类型	聚类成员	特　征
第一类型	西藏	(1)妇女儿童福利发展指数最低; (2)各负向指标偏高,正向指标较低。
第二类型	天津、上海、北京、浙江、广东、辽宁、山东、江苏	(1)妇女儿童福利发展指数位居全国前列; (2)各正向指标位居前列(上海孕妇产前检查率除外)。
第三类型	青海、新疆、云南、河北、海南、广西	(1)妇女儿童福利发展指数排名中等偏下; (2)各负向指标相对较高。
第四类型	山西、湖北、陕西、重庆、四川、安徽、贵州、甘肃、江西、河南、黑龙江、湖南、吉林、宁夏、内蒙古、福建	(1)总体妇女儿童福利发展平均指数中等偏上; (2)各项指标处于平均水平上下。

(二)妇女儿童福利发展指数相关性分析

将妇女儿童福利发展指数与各省市 2010—2012 年三年人均 GDP 进行相关性分析发现,两者在 0.01 水平(双侧)上存在显著的线性相关关系,

Pearson 相关系数分别达到了 0.788、0.752、0.723，但三年的相关系数变化情况同时也表明了人均 GDP 对妇女儿童福利发展指数的影响程度不断减小（见表 7-8）。

表 7-8　人均 GDP 与妇女儿童福利发展指数（2010—2012 年）

		妇女儿童福利发展指数（2010）	妇女儿童福利发展指数（2011）	妇女儿童福利发展指数（2012）
人均 GDP	Pearson 相关性	0.788 **	0.752 **	0.723 **
	显著性（双侧）	0.000	0.000	0.006
	N	31	31	31

注：** 在 0.01 水平（双侧）上显著相关。

四、主要结论与思考

妇女儿童福利是福利国家社会政策的重要组成部分，反映了一个社会文明的发展程度。随着我国经济实力的增强，政府对妇女儿童福利建设越来越重视。2011 年 6 月，国务院发布了新一轮《中国妇女发展纲要（2011—2020）》和《中国儿童发展纲要（2011—2020）》，确定了未来 10 年妇女在健康、教育、经济、决策与管理、社会保障、环境、法律 7 个领域，儿童在健康、教育、福利、社会环境、法律保护 5 个领域共 109 个发展目标及其各自的政策措施，体现了政府对妇女儿童的社会保障和社会福利的高度重视。

从妇女儿童福利发展指数看，多数省市的妇女儿童福利发展水平差距并不大，而且平均水平较高。但是，西藏、青海、云南、广西等省区的妇女儿童福利发展处于极低的水平，因此尽快改善这些地区妇女儿童健康状况、生活环境，切实保障妇女儿童合法权益以提升妇女儿童福利水平是各级政府面临的紧迫任务。

五、附录:数据表

附表 7-1　2010 年各省市妇女儿童福利发展指数

地区	产前检查率(%)	住院分娩率(%)	孕产妇死亡率(1/10 万)	出生体重<2500g 婴儿比重(%)	5 岁以下儿童中重度营养不良比重(%)	7 岁以下儿童保健管理率(%)
北京	98. 90	100. 00	13. 10	3. 47	0. 19	98. 2
天津	98. 40	100. 00	9. 60	3. 29	0. 18	91. 4
河北	94. 60	99. 30	18. 40	3. 30	2. 95	90. 3
山西	92. 90	98. 90	14. 60	1. 93	1. 14	78. 3
内蒙古	95. 50	99. 60	35. 20	1. 89	0. 98	85. 8
辽宁	97. 90	100. 00	12. 10	2. 18	0. 86	95. 9
吉林	90. 70	99. 90	28. 10	1. 53	0. 35	83. 6
黑龙江	96. 40	99. 80	21. 70	2. 46	1. 60	89. 7
上海	87. 00	100. 00	6. 60	3. 70	0. 06	97. 4
江苏	100. 00	100. 00	3. 60	1. 93	0. 48	97. 8
浙江	98. 40	100. 00	7. 40	2. 70	0. 66	95. 8
安徽	74. 40	98. 70	21. 90	1. 17	0. 99	61. 4
福建	97. 40	99. 90	12. 20	2. 65	1. 44	95. 0
江西	94. 10	99. 40	11. 20	2. 45	2. 30	82. 8
山东	97. 70	99. 90	11. 50	1. 43	0. 70	93. 5
河南	91. 20	98. 90	15. 20	2. 20	1. 98	76. 7
湖北	97. 00	99. 80	15. 40	1. 55	1. 16	86. 2
湖南	94. 00	99. 30	26. 70	2. 32	2. 20	66. 7
广东	96. 80	97. 70	10. 50	3. 04	0. 96	95. 1
广西	97. 80	98. 70	20. 70	4. 64	3. 05	75. 0
海南	91. 90	99. 40	22. 70	2. 59	2. 86	81. 4
重庆	94. 10	94. 40	23. 00	1. 24	0. 98	82. 8
四川	91. 50	92. 50	22. 80	1. 49	1. 18	80. 5
贵州	92. 70	88. 10	35. 40	1. 24	1. 52	66. 6
云南	96. 10	90. 90	37. 30	3. 30	3. 56	82. 2
西藏	64. 20	53. 60	174. 80	5. 10	5. 12	52. 0
陕西	97. 60	99. 40	17. 30	1. 45	1. 05	92. 2
甘肃	93. 80	93. 60	33. 20	2. 32	1. 66	78. 5
青海	86. 10	91. 50	45. 10	2. 72	3. 07	74. 5
宁夏	99. 20	98. 50	29. 70	2. 42	0. 72	89. 7
新疆	93. 80	97. 60	43. 20	2. 31	2. 74	77. 3

数据来源:《中国统计年鉴》(2011 年);《中国卫生统计年鉴》(2011 年)。

附表 7-2　2011 年各省市妇女儿童福利发展指数

地区	产前检查率（%）	住院分娩率（%）	孕产妇死亡率（1/10 万）	出生体重<2500g 婴儿比重（%）	5 岁以下儿童中重度营养不良比重（%）	7 岁以下儿童保健管理率（%）
北京	99. 10	100. 00	9. 90	3. 44	0. 14	98. 4
天津	97. 30	100. 00	6. 80	3. 44	0. 21	93. 0
河北	95. 30	99. 60	9. 40	3. 07	2. 68	91. 7
山西	89. 60	99. 40	16. 60	1. 93	1. 22	81. 7
内蒙古	95. 90	99. 70	16. 70	1. 93	0. 66	90. 3
辽宁	91. 60	100. 00	10. 70	2. 57	0. 85	95. 8
吉林	94. 10	100. 00	16. 50	1. 66	0. 27	86. 2
黑龙江	96. 50	100. 00	16. 80	2. 47	1. 66	92. 2
上海	82. 10	100. 00	3. 70	3. 75	0. 06	99. 5
江苏	100. 00	100. 00	1. 20	2. 34	0. 52	98. 7
浙江	98. 50	100. 00	6. 40	2. 71	0. 65	96. 2
安徽	76. 30	99. 20	15. 70	1. 16	0. 82	65. 5
福建	96. 50	100. 00	14. 20	2. 92	1. 27	94. 0
江西	94. 60	99. 50	12. 60	2. 32	2. 27	84. 1
山东	95. 00	100. 00	9. 70	1. 19	0. 58	93. 4
河南	90. 00	99. 30	10. 20	1. 98	1. 98	78. 4
湖北	97. 60	99. 90	10. 60	1. 62	1. 24	87. 4
湖南	94. 60	99. 70	18. 80	2. 34	2. 16	72. 5
广东	96. 70	98. 70	11. 40	3. 30	0. 98	94. 0
广西	94. 40	99. 40	18. 70	4. 44	2. 75	82. 7
海南	91. 10	99. 60	13. 60	2. 67	3. 42	82. 0
重庆	95. 40	96. 70	21. 60	1. 28	1. 00	87. 6
四川	91. 80	94. 70	23. 10	1. 46	1. 20	83. 7
贵州	94. 50	96. 30	24. 30	1. 02	1. 91	73. 2
云南	96. 70	93. 80	34. 70	3. 55	3. 34	86. 2
西藏	66. 70	62. 50	180. 70	1. 62	2. 60	50. 5
陕西	96. 30	99. 50	13. 30	1. 46	1. 16	93. 9
甘肃	96. 20	96. 70	30. 70	2. 14	1. 56	87. 8
青海	87. 40	93. 10	46. 10	2. 87	2. 42	75. 8
宁夏	96. 90	99. 50	22. 80	2. 58	0. 49	92. 8
新疆	92. 60	98. 30	39. 10	2. 27	2. 26	80. 4

数据来源:《中国统计年鉴》(2012 年);《中国卫生统计年鉴》(2012 年)。

附表 7-3　2012 年各省市妇女儿童福利发展指数

地区	产前检查率(%)	住院分娩率(%)	孕产妇死亡率(1/10 万)	出生体重<2500g 婴儿比重(%)	5 岁以下儿童中重度营养不良比重(%)	7 岁以下儿童保健管理率(%)
北京	99.00	100.00	6.60	3.52	0.12	98.7
天津	96.90	100.00	9.20	3.61	0.23	93.2
河北	96.70	99.80	10.50	3.02	2.52	92.6
山西	92.90	99.80	11.70	2.03	1.08	88.2
内蒙古	97.20	99.80	20.10	1.91	0.56	94.0
辽宁	98.60	100.00	7.90	2.25	0.83	95.7
吉林	92.90	100.00	16.40	1.70	0.44	90.9
黑龙江	97.70	100.00	17.40	2.57	1.64	94.3
上海	78.20	100.00	2.00	3.96	0.06	99.3
江苏	100.00	100.00	1.40	2.10	0.53	98.8
浙江	98.60	100.00	4.90	2.82	0.60	96.7
安徽	84.40	99.70	11.50	1.35	0.69	78.0
福建	96.20	100.00	11.40	2.77	1.19	94.5
江西	94.80	99.70	11.30	3.32	2.30	85.1
山东	96.10	100.00	10.10	1.22	0.67	93.1
河南	92.50	99.50	9.20	1.99	1.53	81.7
湖北	97.70	99.90	10.10	1.73	1.19	90.4
湖南	95.20	99.80	19.60	2.36	2.02	81.2
广东	95.70	99.10	9.90	3.48	1.08	95.6
广西	95.70	99.70	17.40	4.79	2.88	86.4
海南	94.40	99.60	25.80	2.68	3.18	89.6
重庆	95.20	97.60	15.00	1.24	0.85	87.2
四川	93.30	96.20	18.90	1.60	1.60	86.6
贵州	96.20	97.80	26.40	1.06	1.27	78.8
云南	96.70	95.50	28.00	3.46	2.97	90.5
西藏	61.60	73.30	176.40	3.43	5.21	53.2
陕西	97.20	99.80	10.70	1.31	0.90	95.5
甘肃	96.80	98.30	24.40	1.99	1.19	99.0
青海	89.30	94.10	36.20	2.75	2.33	80.7
宁夏	99.50	99.80	27.50	2.57	0.45	94.1
新疆	94.80	98.60	34.40	2.07	1.85	83.5

数据来源:《中国统计年鉴》(2013 年);《中国卫生统计年鉴》(2013 年)。

第八章　残疾人福利发展指数

一、残疾人福利概论

（一）残疾人福利制度发展演变

残疾人社会福利是指国家和社会针对残疾人的特殊情况，在就业、生活、教育、医疗康复、环境及服务等方面给予特别扶助的一种制度安排，它对保障残疾人基本权益、完善整个社会福利体系及促进社会经济协调发展具有重要的意义。

残疾人社会福利发展的原则主要有：(1)机会均等原则。1993年联合国大会第48届会议通过的《残疾人机会均等标准原则》中把"机会均等"定义为：使社会各系统和环境诸如服务、活动、信息和文件得以为所有人特别是残疾人享受利用的过程。机会均等体现为立法平等、就业机会平等、教育和培训机会平等，以及平等地享有环境和履行义务。(2)特别扶助原则。联合国一系列决议重申：会员国要通过各种措施扶持残疾人，必须制定特别方针，保障残疾人权利的实现。国际劳工大会特别指出：为残疾人制定积极的特别措施，不应认为是对其歧视。

在我国，自古以来对弱势群体实施特殊保护，形成"收养"、宽免徭役和问病等残疾人保护政策。新中国成立后，我国残疾人福利事业获得了较快发展。1951年，中国政府颁布了《劳动保险条例》，陆续开办了一些聋哑学校和社会福利机构(如中国聋人福利会、中国盲人福利会、伤残人福利院和荣军疗养院等)以及社会福利企业。文化大革命时期,残疾人福利事业陷入停顿阶段。改革开放以后,全国人大常委会制定了《中华人民共和国残疾人保障法》,国务院颁布了《残疾人教育条例》等法规。1984年成立中国残疾人社会福利基金会,1988年成立中国残疾人联合会。2010年,国务院办公厅转发中国残联等部门和单位的《关于加快推进残疾人社会保障体系和服务体系建设的指导意见》,正式提出加快建立“两个体系”,即社会保障体系和服务体系。

在社会保障体系建设方面,一是加强残疾人社会救助,即对于生活困难的残疾人群体给予生活方面的最低生活保障救助、康复救助和住房救助等,而对于上学困难的残疾学生给予奖学金救助等;二是落实残疾人社会保险补贴和各项待遇,即对于符合条件但参保困难的残疾人以及接收残疾员工的企业给予保险补贴,并提高保险待遇;三是着力提高残疾人社会福利水平,即从残疾人救助到残疾人康复、供养、教育和就业等多方面给予政府补贴及支持,提高残疾人生活和福利水平。

在服务体系建设方面,要加强残疾人服务体系规划和制度建设,有效整合各方资源,统筹发展残疾人康复、教育、就业、扶贫、托养、无障碍、文化体育、维权等专项服务,不断扩大残疾人服务覆盖面。制定、完善残疾人服务机构建设、服务、技术和绩效考核标准,完善行业管理制度和评价机制,推进残疾人服务体系的规范化和专业化,全面提高为残疾人服务的能力和水平。残疾人服务体系包括以下项目:一是完善社会化康复服务网络,逐步实现残疾人人人享有康复服务。二是完善残疾人教育服务体系,不断提高残疾人受教育水平。三是建立健全残疾人就业服务网络,促进残疾人稳定就业。四是加强农村残疾人扶贫服务,促进残疾人脱贫。五是健全残疾人托养服务体系,大力发展居家助残服务。六是加快推进无障碍建设,方便残疾人生活。七是发展残疾人文化体育服务,丰富残疾人精神文化生活。八是健全残疾人法律服务体系,维护残疾人合法权益。

经过多年的发展,我国残疾人福利事业大致形成了包括残疾人康复、教育、就业、扶贫等在内的残疾人福利体系(见表8-1)。

表 8-1　残疾人福利制度结构

	类　型	项　目	保障对象或具体内容
残疾人福利体系	残疾人社会保障	困难残疾人生活津贴	贫困残疾人
		残疾人护理津贴	一级、二级或三级残疾人
		残疾社会保险参保补助	重度残疾人
		残疾人扶贫	农村贫困残疾人
	残疾人服务	残疾人教育服务	学龄前儿童入托
			义务教育保障
			残疾教育救助
			非义务教育保障
		残疾人预防康复服务	0—6 岁抢救性康复
			康复扶贫
			康复救助
			辅助器具发放
			精神病免费服药
		残疾人就业服务	就业渠道开拓
			职业技能培训
			就业寻找服务
		残疾人托养服务	日托
			全托

（二）残疾人福利发展指标设计

1. 残疾人福利发展指数

残疾人福利发展指数是一个综合性的指数，包括残疾人就业比例、残疾人接受康复服务的比例、残疾人托养比例、残疾人人均综合服务设施面积以及残疾儿童少年未入学率五个分指标。

由于残疾人就业比例、接受康复比例、托养比例以及人均综合服务设施面积和残疾儿童少年未入学率具有不同的单位，在进行计算时，采用均值标准化法对五个单位不同的分指标进行无量纲化。采用德尔菲法对残疾人就业比例、接受康复比例、托养比例、人均综合服务设施面积和残疾儿童少年未入学率五个指标进行权重赋值,分别为 0.30、0.30、0.15、0.15 和 0.10。残疾人福利发展指数的计算公式为:

$$\text{残疾人福利发展指数} = \sum(\text{指标标准值} \times \text{权重})$$

2. 残疾人就业比例

残疾人就业比例是指参与就业的残疾人占残疾人总数的比例,它是残疾人福利发展指数中一项非常重要的二级指标。就业是民生之本,对于残疾人来说更有着非凡的意义。该指标可以反映出各省市残疾人就业的情况,很大程度上反映出残疾人自立自强、平等参与社会的程度。

$$\text{残疾人就业比例} = \frac{\text{残疾人就业人数}}{\text{残疾人总数}} \times 100\%$$

因未能找到各省市就业年龄段之内的残疾人数据,故在该指标的设计中使用了各省市残疾总人数作为分母。各省市残疾人就业人数=城镇残疾人就业人数+农村残疾人就业人数。

3. 残疾人接受康复服务比例

残疾人接受康复服务的比例是指接受康复服务的残疾人数占残疾人总数的比例。计算公式如下:

$$\text{残疾人接受康复服务比例} = \frac{\text{接受康复服务的残疾人人数}}{\text{残疾人总数}} \times 100\%$$

其中:

$$\begin{array}{c}\text{接受康复服务的}\\\text{残疾人人数}\end{array} = \begin{array}{c}\text{视力残疾}\\\text{康复人次数}\end{array} + \begin{array}{c}\text{听力语言残疾}\\\text{康复人次数}\end{array} + \begin{array}{c}\text{肢体残疾}\\\text{康复人次数}\end{array} + \begin{array}{c}\text{智力残疾}\\\text{康复人次数}\end{array}$$

$$\begin{array}{c}\text{视力残疾}\\\text{康复人次数}\end{array} = \begin{array}{c}\text{白内障复明}\\\text{人次数}\end{array} + \begin{array}{c}\text{低视力康复}\\\text{人次数}\end{array} + \begin{array}{c}\text{盲人定向行走}\\\text{训练人次数}\end{array}$$

$$\begin{array}{c}\text{听力语言残疾}\\\text{康复人次数}\end{array} = \begin{array}{c}\text{在训聋儿}\\\text{人次数}\end{array} + \begin{array}{c}\text{培训聋儿}\\\text{家长人次数}\end{array}$$

$$\text{肢体残疾康复训练人次数}=\text{肢体残疾儿童机构康复训练人次数}+\text{肢体残疾人社区和家庭康复训练人次数}$$

$$\text{智力残疾康复人次数}=\text{智力残疾儿童训练人次数}+\text{智力残疾儿童家长培训人次数}$$

4. 残疾人托养比例

残疾人托养比例是指受托养的残疾人人数占残疾人总数的比例。计算公式为：

$$\text{残疾人托养比例}=\frac{\text{受托养的残疾人人数}}{\text{残疾人总数}}\times 1000‰$$

其中：

$$\text{受托养的残疾人人数}=\text{寄宿制托养服务托养残疾人}+\text{日间照料托养服务托养残疾人}+\text{本年度享受居家托养服务残疾人}$$

5. 残疾人人均综合服务设施面积

残疾人综合服务设施是指具有为残疾人提供各种服务功能和为残联提供办公条件的设施计算公式为：

$$\text{残疾人人均服务设施面积}=\frac{\text{残疾人服务设施建筑面积}}{\text{残疾人总数}}$$

6. 残疾儿童少年未入学率

残疾儿童少年未入学率是指未入学的残疾儿童少年占残疾儿童少年的比例。计算公式如下：

$$\text{残疾儿童少年未入学率}=\frac{\text{未入学残疾儿童少年人数}}{\text{残疾儿童少年总数}}\times 100\%$$

其中，残疾儿童少年总数 2010 年为学龄残疾儿童少年数（盲、聋、弱智）。由于《中国残疾人事业统计年鉴 2012》未公布 2011 年的学龄残疾儿童少年数，因此采用 2010 年学龄残疾儿童少年数来代替。2010 年未入学残疾儿童少年数为视力、听力、智力三类未入学残疾儿童少年总数。2011 年未入学残疾儿童少年数为义务教育阶段视力、听力、智力三类未入学残疾儿童少年总数。

二、残疾人福利发展指数排名

(一)残疾人福利发展指数排名

2012 年,各省市残疾人福利发展指数排名位居首位的是上海市,其指数得分为 2. 6832,远高于全国平均水平。紧随其后的宁夏、辽宁和青海,指数得分也明显高于全国平均水平,新疆、云南等八省市的指数得分也高于全国平均水平。19 个省市的指数得分低于全国平均水平。其中,福建、山西、陕西、湖北和安徽五省的指数得分略低于全国平均水平,而江西和黑龙江两省区的得分明显较低,位列排名的最后两位(见表 8-2)。

表 8-2　2012 年残疾人福利发展指数排名

地区	残疾人福利发展指数	排名	残疾人就业比例(%)	残疾人接受康复服务比例(%)	残疾人托养比例(‰)	残疾人人均综合服务设施面积(平方米/万人)	残疾儿童少年未入学率(%)
上海	2. 6832	1	7. 57	5. 71	29. 59	443. 94	0. 26
宁夏	1. 4141	2	29. 55	2. 94	29. 77	626. 11	11. 71
辽宁	1. 3460	3	30. 78	2. 58	14. 08	1082. 06	10. 03
青海	1. 2012	4	13. 90	2. 19	43. 61	409. 43	11. 94
新疆	1. 1868	5	24. 17	2. 12	17. 00	1014. 54	25. 69
云南	1. 1254	6	36. 82	2. 86	5. 01	419. 87	10. 06
江苏	1. 1126	7	19. 80	2. 60	17. 59	406. 55	2. 61
天津	1. 1010	8	13. 19	2. 41	14. 60	1067. 09	10. 11
浙江	1. 0768	9	14. 63	1. 64	17. 23	983. 08	3. 14
重庆	1. 0584	10	36. 13	2. 02	7. 15	447. 13	5. 03
甘肃	1. 0117	11	32. 26	1. 67	8. 51	514. 91	4. 05
山东	1. 0052	12	26. 90	2. 23	8. 58	488. 18	5. 02
福建	0. 9912	13	20. 84	1. 87	9. 01	553. 20	2. 11

续表

地区	残疾人福利发展指数	排名	残疾人就业比例（%）	残疾人接受康复服务比例（%）	残疾人托养比例（‰）	残疾人人均综合服务设施面积（平方米/万人）	残疾儿童少年未入学率（%）
山西	0.9649	14	24.32	2.72	4.77	464.95	8.87
陕西	0.9483	15	33.01	1.65	9.45	376.65	7.15
湖北	0.9440	16	29.45	1.98	4.58	192.77	2.03
安徽	0.9164	17	36.21	1.73	4.57	280.82	6.04
广东	0.8927	18	13.61	2.42	6.74	584.94	4.12
四川	0.8853	19	33.10	1.58	8.47	228.74	6.03
吉林	0.8487	20	23.96	2.25	7.67	292.23	17.12
内蒙古	0.8380	21	24.98	1.56	11.53	329.87	8.23
贵州	0.8184	22	38.14	1.15	5.71	222.23	13.58
湖南	0.7891	23	27.91	1.37	4.88	349.86	5.79
西藏	0.7878	24	14.41	0.75	36.30	0.00	6.09
河北	0.7712	25	20.28	1.74	3.09	288.36	2.65
河南	0.7707	26	31.99	1.41	2.35	267.92	8.09
北京	0.7618	27	8.78	1.42	15.78	378.26	2.72
海南	0.7156	28	14.26	1.23	15.82	149.93	2.94
广西	0.7124	29	21.28	1.45	6.98	317.76	8.87
江西	0.6761	30	24.50	1.70	3.75	87.06	8.03
黑龙江	0.6451	31	17.08	1.26	6.41	295.89	5.02

2011年，各省市残疾人福利发展指数排名情况为：上海居于首位，远高于其他省市。青海（2.0432）、江苏（1.4083）分别位列第二位和第三位。浙江（1.2448）、重庆（1.1187）、山东（1.1072）、辽宁（1.0815）、云南（1.0650）、天津（1.0422）和陕西（1.0382）、河北（1.0080）的指数值均超过全国平均水平。20个省市的残疾人福利发展指数得分低于全国平均水平。其中，江西（0.5955）和黑龙江（0.5892）得分明显较低而位居最后三位（见表8-3）。

表 8-3　2011 年残疾人福利发展指数排名

地区	残疾人福利发展指数	排名	残疾人就业比例(%)	残疾人接受康复服务比例(%)	残疾人托养比例(‰)	残疾人人均综合服务设施面积(平方米/万人)	残疾儿童少年未入学率(%)
上海	2.4778	1	8.18	3.98	35.00	692.98	0.83
青海	2.0432	2	17.96	1.86	88.06	385.24	12.23
江苏	1.4083	3	20.17	1.89	15.78	667.79	2.59
浙江	1.2448	4	14.42	1.68	7.34	963.62	3.66
重庆	1.1187	5	38.62	1.65	5.04	276.31	7.25
山东	1.1072	6	27.52	1.88	7.60	325.29	6.05
辽宁	1.0815	7	30.18	1.71	11.02	266.89	10.43
云南	1.0650	8	35.77	1.35	4.30	479.06	11.97
天津	1.0422	9	13.73	1.32	14.59	721.39	10.58
陕西	1.0382	10	31.92	1.00	6.34	644.86	12.59
河北	1.0080	11	19.19	0.87	2.98	825.19	3.46
宁夏	0.9908	12	28.13	1.11	20.49	178.62	14.23
广东	0.9902	13	14.24	2.28	4.08	270.75	4.69
甘肃	0.9858	14	33.37	0.94	9.66	293.22	5.58
西藏	0.9190	15	25.81	1.76	14.18	N/A	45.63
北京	0.9068	16	9.31	1.43	15.61	274.24	4.20
湖北	0.9043	17	29.53	0.70	5.06	228.62	2.68
福建	0.8777	18	20.51	1.17	5.72	425.73	6.17
新疆	0.8636	19	23.61	1.15	8.47	400.49	28.85
内蒙古	0.8468	20	24.59	1.11	13.90	183.98	22.49
安徽	0.8466	21	35.65	1.11	3.59	169.48	16.98
贵州	0.8439	22	43.19	0.64	4.06	183.31	17.54
河南	0.8264	23	29.28	1.37	1.86	159.84	9.63
四川	0.8122	24	31.94	0.84	7.29	180.99	11.07
湖南	0.7996	25	27.56	1.17	3.49	165.18	7.48
吉林	0.7728	26	23.80	1.23	7.05	131.51	11.64
山西	0.7089	27	24.71	0.76	2.86	302.40	9.53

续表

地区	残疾人福利发展指数	排名	残疾人就业比例（%）	残疾人接受康复服务比例（%）	残疾人托养比例（‰）	残疾人人均综合服务设施面积（平方米/万人）	残疾儿童少年未入学率（%）
海南	0.6525	28	15.89	0.66	9.73	54.92	3.73
广西	0.6325	29	20.23	0.96	4.81	150.85	16.16
江西	0.5955	30	24.52	0.68	2.45	174.10	18.47
黑龙江	0.5892	31	16.75	0.62	4.26	187.38	5.57

2010年，上海市残疾人福利发展指数高达2.9188，在31个省市中居于首位，远高于其他省市。青海、江苏位列第二位和第三位。浙江（1.2617）、西藏（1.1949）、山东（1.1202）、辽宁（1.0651）、重庆（1.0586）、陕西（1.0238）和广东（1.0187）、云南（1.0052）的指数值高于全国平均水平。有20个省市的残疾人福利发展指数得分低于全国平均水平。其中，黑龙江（0.6313）、江西（0.6160）和广西（0.6025）三省区的指数得分明显低于全国平均水平而位列最后三位（见表8-4）。

表8-4　2010年残疾人福利发展指数排名

地区	残疾人福利发展指数	排名	残疾人就业比例（%）	残疾人接受康复服务比例（%）	残疾人托养比例（‰）	残疾人人均综合服务设施面积（平方米/万人）	残疾儿童少年未入学率（%）
上海	2.9188	1	8.69	3.86	24.60	706.46	2.01
青海	1.4162	2	22.87	2.10	8.65	388.78	18.94
江苏	1.3925	3	21.05	1.76	3.03	670.29	2.45
浙江	1.2617	4	13.99	1.70	2.60	966.54	4.83
西藏	1.1949	5	12.57	1.23	14.40	N/A	72.39
山东	1.1202	6	27.40	1.80	2.57	326.96	7.03
辽宁	1.0651	7	30.40	1.60	2.65	267.38	9.37
重庆	1.0586	8	38.36	1.32	1.07	279.60	6.35
陕西	1.0238	9	31.23	1.02	1.62	646.13	18.50

续表

地区	残疾人福利发展指数	排名	残疾人就业比例(%)	残疾人接受康复服务比例(%)	残疾人托养比例(‰)	残疾人人均综合服务设施面积(平方米/万人)	残疾儿童少年未入学率(%)
广东	1.0187	10	13.80	2.09	1.33	272.41	3.64
云南	1.0052	11	35.24	1.25	0.51	482.10	13.86
北京	0.9941	12	7.54	1.58	3.71	282.17	3.02
河北	0.9883	13	19.51	0.79	0.65	830.57	4.14
海南	0.9874	14	22.08	2.08	2.09	55.48	5.94
湖南	0.9765	15	29.41	1.67	1.25	165.82	6.81
湖北	0.9721	16	31.51	0.83	1.49	229.80	3.18
天津	0.9273	17	14.66	1.05	1.92	752.32	8.98
福建	0.9160	18	20.44	1.25	0.87	428.85	4.65
宁夏	0.8851	19	24.94	1.18	3.77	180.45	20.04
安徽	0.8425	20	35.87	1.13	0.66	169.80	18.96
四川	0.8324	21	35.57	1.10	0.55	181.10	18.22
山西	0.8012	22	26.03	1.01	0.79	304.00	8.87
贵州	0.7919	23	40.00	0.75	0.32	182.77	22.18
甘肃	0.7895	24	31.65	0.80	0.90	293.70	16.68
内蒙古	0.7773	25	23.01	1.18	2.15	184.68	20.64
吉林	0.7476	26	25.43	1.00	1.57	131.65	10.04
新疆	0.7258	27	20.89	1.08	0.54	404.81	37.72
河南	0.7195	28	27.54	0.73	0.60	159.55	6.05
黑龙江	0.6313	29	16.33	0.73	1.22	187.41	5.77
江西	0.6160	30	23.46	0.88	0.30	175.12	19.50
广西	0.6025	31	20.28	1.05	0.18	152.00	17.61

2010—2012年,全国多数省市残疾人福利发展指数出现了较为明显的变化。其中青海、宁夏、新疆、上海、西藏、北京、辽宁等变动幅度相对较大。从三年平均水平来看,上海以高达2.6946的平均指数位居首位,黑龙江残疾人福利发展三年平均指数仅为0.6227(见图8-1)。

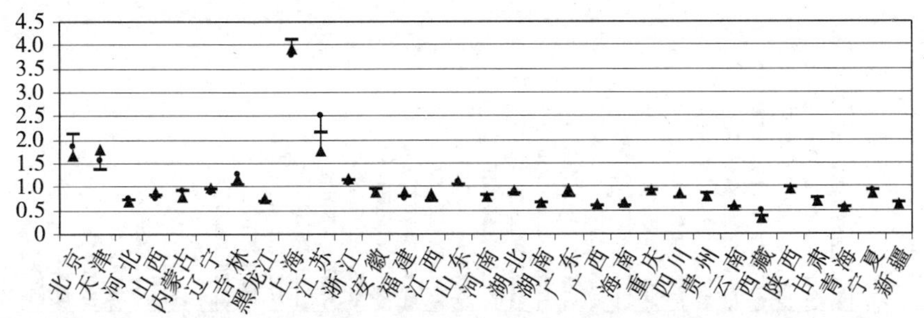

图 8-1　残疾人福利发展指数三年对比情况

（二）残疾人就业比例排名

2012 年贵州省（38.14%）残疾人就业比例位列第一。云南、安徽、重庆均超过 35%，居于第二、第三和第四位。天津、北京、上海三个直辖市的残疾人就业比例位列最后三位，分别为 13.19%、8.78%、7.57%（见图 8-2）。

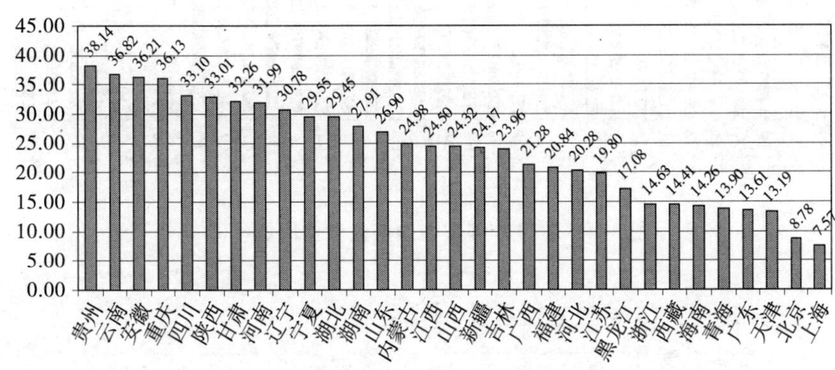

图 8-2　2012 年各省市残疾人就业比例（%）

2011 年，残疾人就业比例最高的是贵州（43.19%），其次是重庆（38.62%）。上海、北京、天津则位列后三位，残疾人就业比例分别为 8.18%、9.31%和 13.73%（见图 8-3）。

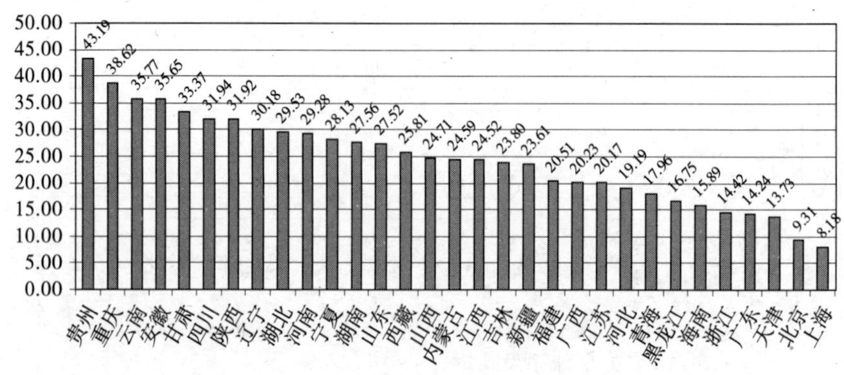

图 8-3　2011 年各省市残疾人就业比例(%)

2010 年,残疾人就业比例最高的是贵州(40.00%),其次是重庆(38.36%)。西藏、上海、北京位列最后三位(见图 8-4)。

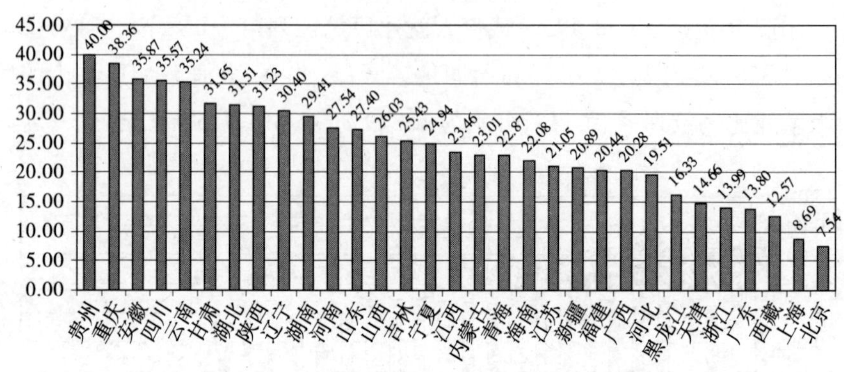

图 8-4　2010 年各省市残疾人就业比例(%)

(三)残疾人接受康复服务比例排名①

2012 年,残疾人接受康复服务比例最高的为上海市(5.71%),也是唯一个超过 5%的省市。其次是宁夏、云南、山西、江苏、辽宁,比例均超过

① 2011 年听力语言残疾中加入了在训聋儿数,但 2010 年没有此数据。智力残疾康复人次数 2010 年中加入了智力残疾儿童家长培训人次数,但 2011 年没加此数据。这样算下来,两年的康复比例相差不是特别大,对整体结果影响不太大。

2.5%。残疾人接受康复服务比例排在末位的是西藏自治区，仅为0.75%，与排名第一的上海市差距巨大（图8-5）。

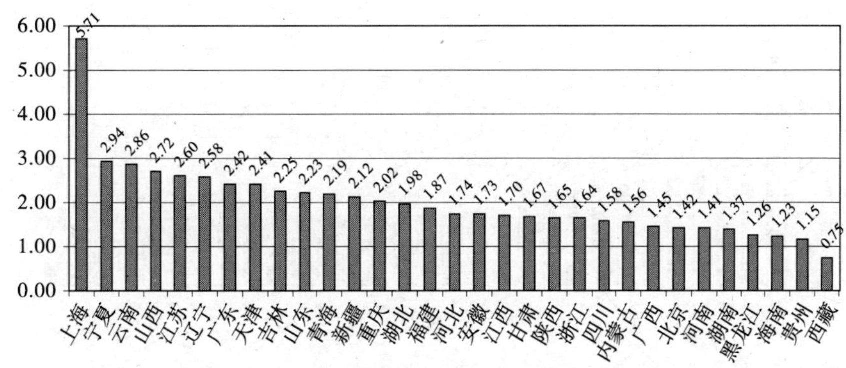

图8-5　2012年各省市残疾人接受康复服务比例（%）

2011年，上海的残疾人接受康复比例为3.98%，居全国首位。广东省以2.28%位居第二位。江苏、山东、青海等19个省市接受康复服务的比例均在1%—2%之间，江西、海南、贵州、黑龙江4个省市比例分别为：0.68%、0.66%、0.64%、0.62%，位居最后四位（图8-6）。

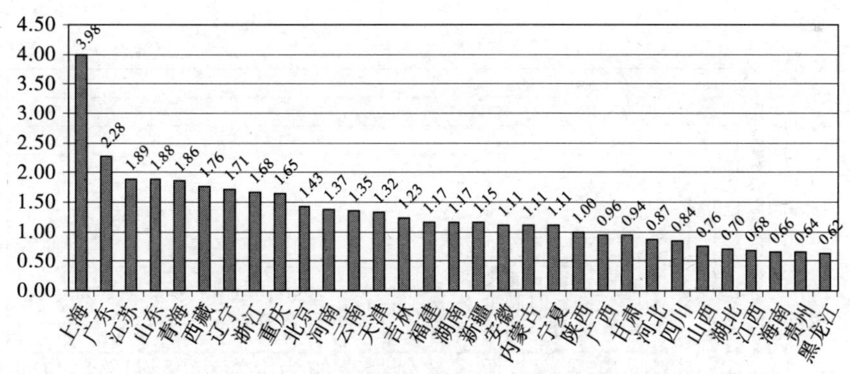

图8-6　2011年各省市残疾人接受康复服务比例（%）

2010年，上海的残疾人接受康复比例为3.86%，居全国首位。青海、广东、海南分别以2.10%、2.09%、2.08%位居第二、第三、第四位；山东、江苏、浙江等20个省市残接人接受康复服务的比例在1%—2%之间。排在最后四位的河北、贵州、黑龙江、河南,比例分别为:0.79%、0.75%、0.73%、0.73%(图 8-7)。

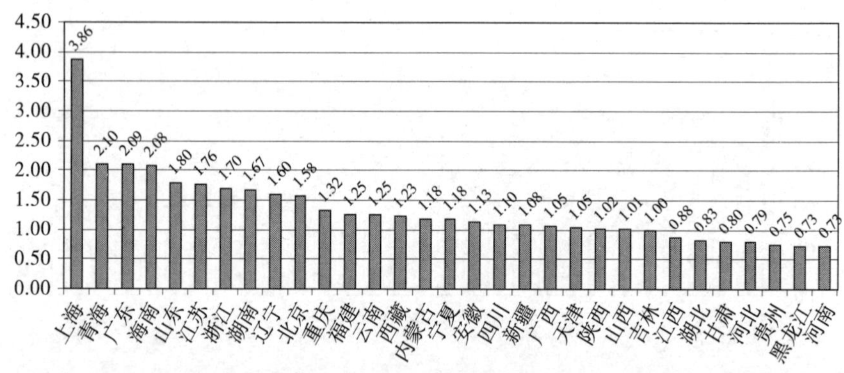

图 8-7　2010 年各省市残疾人接受康复服务比例(%)

(四)残疾人托养比例排名

2012 年,残疾人托养比例排名前三位的是西藏、青海和宁夏。排在最后三位的江西、河北和河南,比例均未达到 4‰,分别为:3.75‰、3.09‰、2.35‰(图 8-8)。

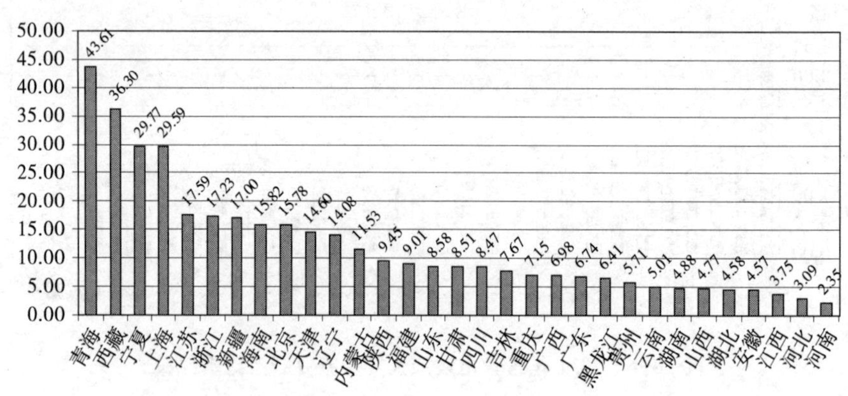

图 8-8　2012 年各省市残疾人托养比例(‰)

2011 年,青海托养比例达到 88.06‰,居于榜首。上海达到 35.00‰,

位居第二位，宁夏排名第三位。排在最后四位的河北、山西、江西、河南，比例均未达到 3‰，分别为：2. 98‰、2. 86‰、2. 45‰、1. 86‰。青海残疾人托养比例达到 88. 06‰的主要原因是其残疾人总数较少，但是 2011 年享受居家托养服务的人数却较多，达到了 22561 人（图 8-9）。

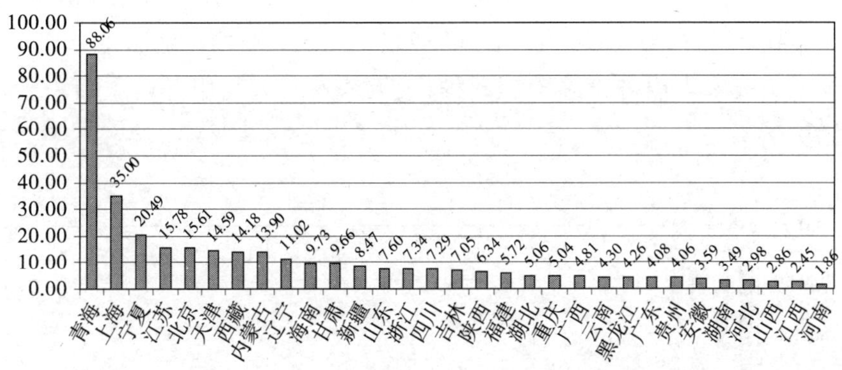

图 8-9　2011 年各省市残疾人托养比例（‰）

2010 年，上海残疾人托养比例达到 24. 60‰，居于榜首，西藏、青海分别以 14. 40‰、8. 65‰居于第二、第三位，其他各省市均低于 4‰。贵州、江西和广西位居最后三位（见图 8-10）。

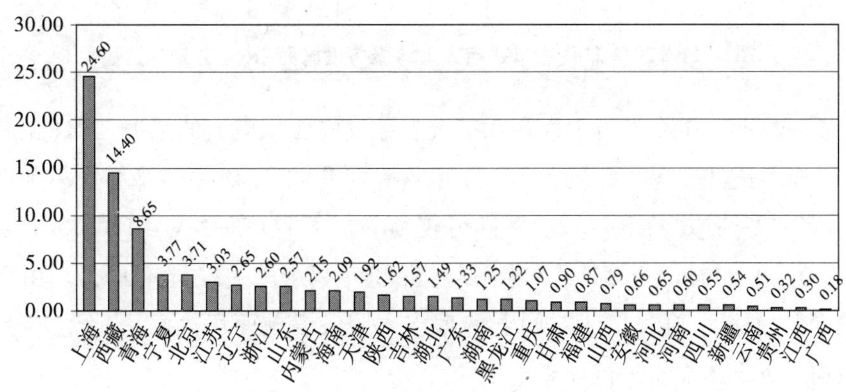

图 8-10　2010 年各省市残疾人托养比例（‰）

(五)残疾人人均服务设施面积排名

2012 年,各省市残疾人人均服务设施面积最大的是辽宁省,高达 1082.06 平方米/万人。其次是天津(1067.09 平方米/万人)和新疆(1014.54 平方米/万人),三省市自治区突破 1000 平方米/万人。海南、江西和西藏位居全国最后三位(见图 8-11)。由于缺少西藏地区 2012 年(累计)县级残疾人服务设施面积数据,故无法对其人均服务设施面积进行计算。

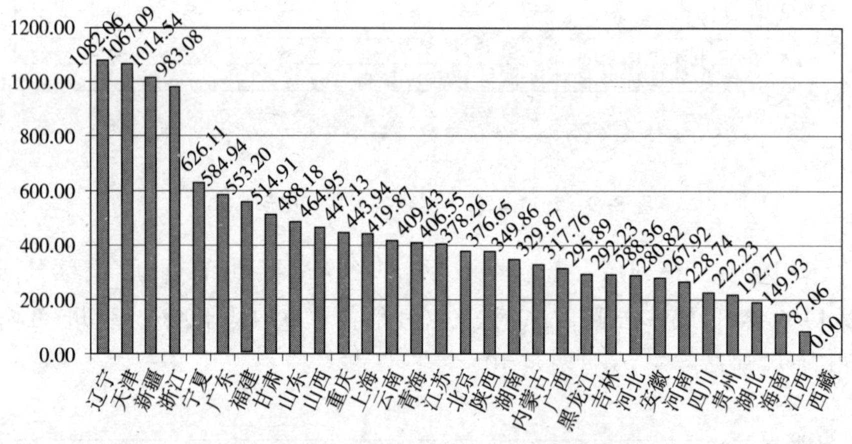

图 8-11　2012 年各省市残疾人人均服务设施面积(平方米/万人)

2011 年,31 个省市中人均残疾人服务设施面积最大的是浙江省(见图 8-12),高达 963.62 平方米/万人。其次是河北(825.19 平方米/万人)和天津(721.39 平方米/万人)。而排名较为靠后的省市是广西(150.85 平方米/万人)、吉林(131.51 平方米/万人)和海南(54.92 平方米/万人)。由于缺少西藏地区 2011 年(累计)县级残疾人服务设施面积数据,故无法对其人均服务设施面积进行计算。

2010 年,31 个省市中人均残疾人服务设施面积最大的是浙江省(见图 8-13),高达 966.54 平方米/万人。其次是河北省(830.57 平方米/万人)和天津市(752.32 平方米/万人)。而排名较为靠后的省分别是广西(152.00

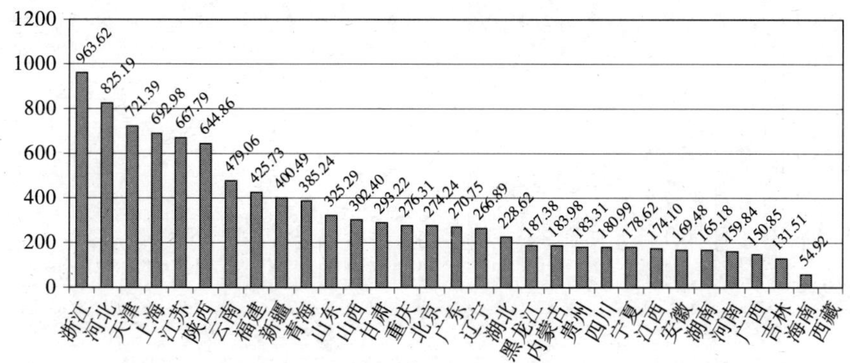

图 8-12　2011 年各省市残疾人人均服务设施面积(平方米/万人)

平方米/万人)、吉林(131.65 平方米/万人)和海南(55.48 平方米/万人)。由于缺少西藏地区 2010 年(累计)县级残疾人服务设施面积数据,故无法对其人均服务设施面积进行计算。

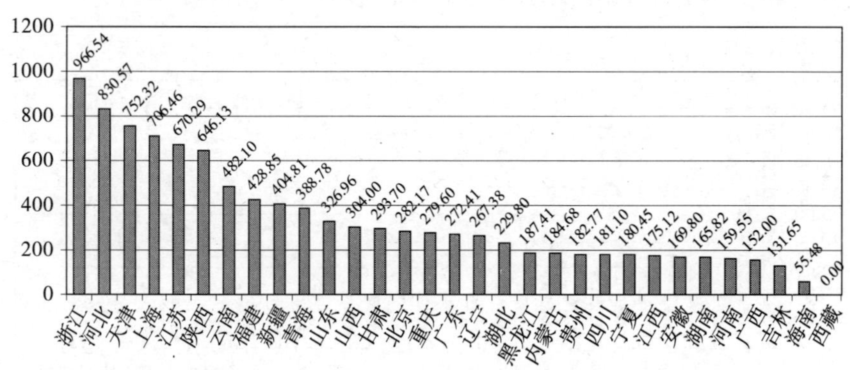

图 8-13　2010 年各省市残疾人人均服务设施面积(平方米/万人)

(六)残疾儿童少年未入学率排名

2012 年,从各地区残疾儿童少年未入学率排名情况看,新疆以 25.69% 的少年儿童未入学率位居全国首位,吉林、贵州分别位于第二位和第三位;排在后三位的是福建、湖北和上海,其残疾儿童少年未入学率分别是 2.11%、2.03%、0.26%(图 8-14)。

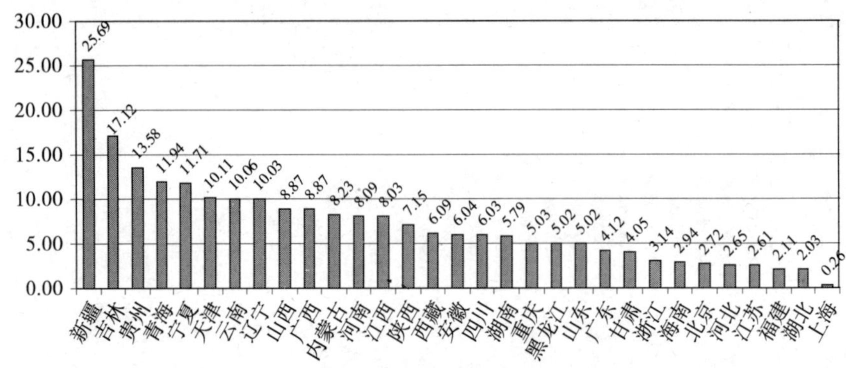

图 8-14　2012 年残疾儿童少年未入学率(%)

2011 年,西藏的残疾儿童少年未入学率居全国首位,为 45.63%。新疆、内蒙古分别以 28.85%、22.49%位居第二位和第三位,其余所有省市比例均在 20%以下。排在最后三位的是湖北、江苏和上海,其残疾儿童少年未入学率分别为:2.68%、2.59%、0.83%(图 8-15)。

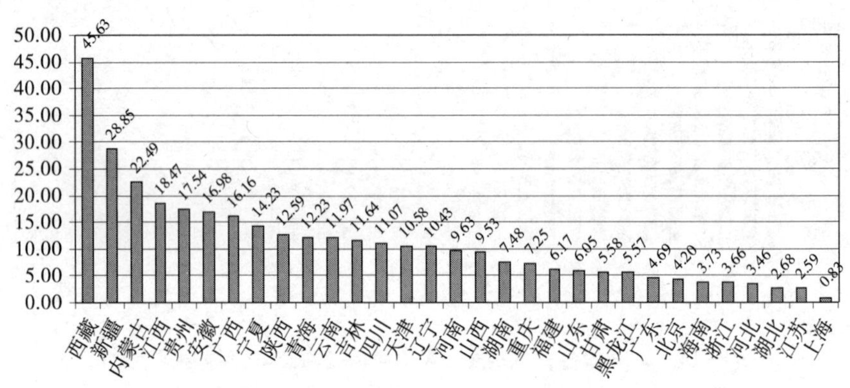

图 8-15　2011 年残疾儿童少年未入学率(%)

2010 年,西藏的残疾儿童少年未入学率为 72.39%,居全国首位。新疆、贵州分别以 37.72%、22.18%位居第二位和第三位。排在较后位置的则是北京、江苏和上海,其残疾儿童少年未入学率分别为:3.02%、2.45%、2.01%。由于残疾儿童少年未入学率为负向指标,因此经济发展水平高的省市排在末位(图 8-16)。

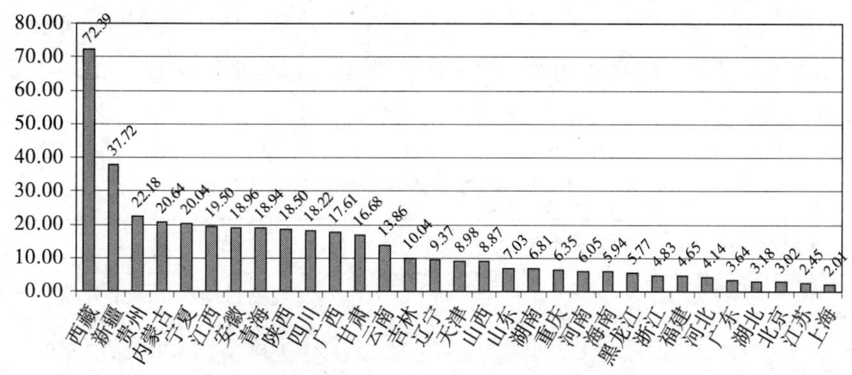

图 8-16　2010 年残疾儿童少年未入学率(%)

三、聚类分析和相关分析

(一)聚类分析

基于系统聚类分析,可以将 2012 年残疾人福利发展水平划分为三个类型,则青海、宁夏、西藏、上海为第一类;天津、辽宁、浙江、新疆为第二类;其余的北京、海南、内蒙古等 23 个省市为第三类(见表 8-5)。

表 8-5　2012 年残疾人福利发展水平聚类情况

聚类类型	聚类成员	特　征
第一类型	青海、宁夏、西藏、上海	(1)各项指标发展不均衡; (2)残疾人托养比例居于全国前列; (3)残疾人福利发展指数位居前列(西藏除外)。
第二类型	天津、辽宁、浙江、新疆	(1)残疾人福利发展指数排名靠前; (2)残疾人人均服务设施面积高。
第三类型	安徽、四川、河南、湖南、黑龙江、广西、江西、河北、湖北、山西、云南、重庆、陕西、甘肃、吉林、贵州、福建、广东、山东、江苏、内蒙古、海南、北京	(1)残疾人福利发展指数平均排名中等偏下; (2)各项指标发展水平差异较大。

基于系统聚类分析,可以将 2011 年各省市残疾人福利发展水平划分为三个类型。其中,青海省为第一类;云南、陕西、河北等 7 省市为第二类;而西藏、新疆、宁夏等 23 个省市为第三类型(见表 8-6)。

表 8-6 2011 年残疾人福利发展水平聚类情况

聚类类型	聚类成员	特　征
第一类型	青海	(1)残疾人福利发展指数得分明显高于其他省市; (2)残疾人托养比例居于全国首位。
第二类型	云南、陕西、河北、浙江、天津、江苏、上海	(1)残疾人福利发展指数排名居中等偏上水平; (2)各项指标发展较为不平衡。
第三类型	西藏、新疆、宁夏、内蒙古、贵州、安徽、广西、江西、海南、北京、广东、重庆、山东、辽宁、福建、黑龙江、山西、甘肃、湖北、四川、吉林、湖南、河南	(1)残疾人福利发展指数平均排名中等偏下; (2)各项指标发展水平差异较大。

基于系统聚类分析,可以将 2010 年各省市残疾人福利发展水平划分为四个类型。其中,上海市为第一类;西藏自治区为第二类;安徽、四川、贵州等 24 个省市为第三类;而江苏、浙江、天津、河北和青海为第四类型(见表 8-7)。

表 8-7 2010 年残疾人福利发展水平聚类情况

聚类类型	聚类成员	特　征
第一类型	上海	(1)残疾人福利发展指数居于首位; (2)残疾人接受康复比例、残疾人托养比例、残疾人人均服务设施面积指标排名靠前,少年儿童未入学率指标排名末位。
第二类型	西藏	(1)残疾人福利发展指数位居前列; (2)各项指标发展较为不平衡。

续表

聚类类型	聚类成员	特　　征
第三类型	安徽、四川、贵州、甘肃、江西、广西、内蒙古、宁夏、新疆、云南、陕西、吉林、黑龙江、河南、湖北、山西、重庆、湖南、辽宁、山东、福建、广东、海南、北京	(1)残疾人福利发展指数大部分排名中等偏下; (2)各项指标发展水平差异较大。
第四类型	江苏、浙江、天津、河北、青海	(1)残疾人福利发展指数排名中等偏上; (2)各项指标发展水平差异较大。

(二)相关分析

2010 年和 2011 年,在 0.05 水平(双侧)上,人均 GDP、城乡居民人均收入水平、人均社会福利财政支出水平与残疾人福利发展指数成呈现显著正相关;2012 年,残疾人福利发展指数与人均 GDP、城乡居民人均收入在 0.05 水平上显著相关,而与人均社会福利财政支出水平间的相关关系在 0.01 和 0.05 水平上均不显著。而且,各相关系数呈逐年降低特点,说明三个指标与残疾人福利发展水平之间的相关性有所减弱。

表 8-8　人均 GDP、居民人均收入、人均社会福利财政支出与残疾人福利发展指数(2010—2012 年)

		残疾人福利发展指数(2010)	残疾人福利发展指数(2011)	残疾人福利发展指数(2012)
人均 GDP	Pearson 相关性	0. 538 **	0. 443 *	0. 407 *
	显著性(双侧)	0. 002	0. 013	0. 023
	N	31	31	31
城乡居民人均收入	Pearson 相关性	0. 607 **	0. 496 **	0. 492 **
	显著性(双侧)	0. 000	0. 005	0. 005
	N	31	31	31
人均社会福利财政支出	Pearson 相关性	0. 498 **	0. 481 **	0. 317
	显著性(双侧)	0. 004	0. 006	0. 082
	N	31	31	31

注: * 在 0. 05 水平(双侧)上显著相关; ** 在 0. 01 水平(双侧)上显著相关。

四、主要结论与思考

(一)主要结论

通过指标之间的相关性分析,可以发现各省市残疾人福利发展指数与当地的经济发展水平即人均GDP呈现较强的正相关关系,部分经济较为落后的地区,其残疾人福利发展水平的排名却位居全国前列。近年来,随着政府对残疾人事业的日益重视,各省市不断加大财政投入力度,无论是残疾人服务设施建设,还是针对残疾人的各项服务供给都取得了重大进展。残疾人社会福利发展水平不断提升,但地区间差距较大的状况仍很突出。

(二)几点思考

建立残疾人社会福利制度,一个基本的原则"一般+特殊",即首先应把残疾人看成是正常人,与正常人有共同的需求;其次把残疾人看成是特殊群体,与正常人有着不同的需求。

所谓"一般"是指建立和完善国家基本社会保障体系,残疾人与正常人一样随着国家基本社会保障体系的完善而逐步纳入国家保障范围,并随着国民生活水平的提高而提高。从具体项目看,社会救助是社会保护的最后安全网,其重要性是不言而喻的。目前,全国已普遍建立了最低生活保障制度、医疗救助制度、教育救助制度和住房救助制度,残疾人与正常人一样,已全部纳入社会救助的保障范围。随着国家对五保供养制度的改革,农村五保供养水平逐步提高,救助水平普遍高于低保线。再看社会保险,参保人数上升较快,但是,与城镇残疾人就业人数相比,参保率仍然有大幅度上升空间。从社会服务看,我国以社区服务为重点发展社区福利,残疾人享受到越来越方便的服务和照顾。但是普遍性的国家福利仍然还处于发育阶段,残疾人享受的社会福利还十分有限。

所谓"特殊"是指针对残疾人的特殊需求而建立的特殊社会保障制度。

目前,我国针对残疾人的特殊保障项目还十分有限,即使建立的残疾人保障项目也基本依附于其他社会保障制度,而且水平较低,如在低保制度中针对残疾人的优惠保障,在扶贫中开展康复扶贫,等等。未来残疾人的社会保障项目还需要在以下几个方面做进一步完善。

一是建立残疾家庭津贴制度。残疾家庭津贴制度是福利国家普遍建立的一种针对残疾人及其家庭的转移支付制度,对保障残疾人生存,提高其生活质量发挥重要作用。许多国家建立了种类繁多的残疾津贴项目,如德国疾病保险待遇、工伤保险待遇、战争伤残赔偿、一般伤残待遇或残疾人过渡津贴。根据我国国情,可以先开展选择性的家庭津贴项目,如残疾家庭生活补贴、重残家庭护理津贴。等条件成熟后,则可以建立普遍性的家庭津贴项目,即根据伤残等级的不同,对残疾人实施水平不等的津贴。

二是完善就业保障金制度。就业保障金制度的实质是针对残疾人就业风险而设立的社会保险制度。通过实行征缴残疾人就业保障金制度,既有利于推动和促进用人单位积极吸收残疾人就业,从根本上解决残疾人就业难问题;又有利于积累资金,加大对残疾人培训教育、自谋职业、扶贫救助、社会保障等工作的扶持力度,促进残疾人生活状况进一步改善,推进残疾人事业与经济社会协调发展。未来要严格执行就业保障金制度。

三是进一步完善残疾人康复机制。要实现"人人康复服务"的目标,首先要建立健全国民卫生保健体制,使医疗保障覆盖大多数人,切实把残疾人,尤其是农村和贫困残疾人的基本医疗需求、特殊医疗需求纳入城乡医疗保障范围,将残疾人的特殊医疗需求纳入医疗保险报销范围,并在医疗救助中设立残疾人康复专项基金,同时,积极推进残疾人各项康复保障制度的研究与建立。其次要大力发展社区康复。在示范区的基础上加快扩展,社区康复服务与社区卫生服务同时推进;制订社区康复服务规范及各项技术标准,加强社区康复人才培养和队伍建设,提高社区康复服务质量;实现社区康复与医疗机构和康复机构的有效衔接。再次要重视残疾预防工作。理顺残疾预防工作体系,建立多部门参与协作并提供相应政策支持的平台;建立以社区为基础的、以一级预防为重点的三级预防体系;加强全民健康意识,普及残疾预防知识,通过各种渠道和方式进行健康教育,倡导健康的生活方式;加强安全生产、劳动保护和交通安全工作,减少意外伤害致残。

四是加强无障碍设施建设。目前我国无障碍设施建设存在发展不平衡、缺乏规划指导、缺乏系统性和规范性、缺乏精神无障碍环境建设等问题。今后应进一步加大无障碍环境的立法和监督;加大建设项目的审批力度,把住验收关;加强设施管理,确保无障碍设施的正常使用。各地政府有关部门应根据宪法和地方组织法的有关规定,制定配套的行政法规和地方性法规。

针对残疾人福利发展指数的研究有助于客观分析各地残疾人事业的发展现状和问题,为改善和提升残疾人福利提供支撑。但令人遗憾的是,当前我国残疾人事业统计工作存在很大问题,给我们的研究带来了诸多困扰,客观上也影响到残疾人福利发展指数的质量。如部分关键指标数据缺失(如各省市当年残疾人规模)、统计口径不一致(如接受社会救助残疾人)及个别统计数据有误(如残疾人综合服务设施面积)等问题。因此,在不断提升我国残疾人福利发展水平的同时,应尽快规范和统一残疾人事业统计工作,努力提升残疾人相关统计数据的质量。

五、附录:数据表

附表 8-1　2010—2012 年各省(市)残疾人就业比例统计

地区	2010					2011					2012				
	城镇残疾人就业人数(万人)	农村残疾人实际就业人数(万人)	残疾人就业人数(万人)	残疾人总数(万人)	残疾人就业比例(%)	城镇残疾人就业人数(万人)	农村残疾人实际就业人数(万人)	残疾人就业人数(万人)	残疾人总数(万人)	残疾人就业比例(%)	城镇残疾人就业人数(万人)	农村残疾人实际就业人数(万人)	残疾人就业人数(万人)	残疾人总数(万人)	残疾人就业比例(%)
北京	5.24	4.36	9.60	127.33	7.54	6.89	5.30	12.19	131.01	9.31	7.30	4.50	11.80	134.30	8.78
天津	3.92	6.50	10.42	71.07	14.66	3.47	6.70	10.17	74.12	13.73	3.50	6.70	10.20	77.30	13.19
河北	17.94	83.55	101.49	520.10	19.51	19.67	80.80	100.47	523.49	19.19	19.63	87.20	106.83	526.89	20.28
山西	12.51	43.68	56.19	215.88	26.03	12.41	41.20	53.61	217.02	24.71	12.35	40.70	53.05	218.09	24.32
内蒙古	11.72	24.63	36.35	157.97	23.01	10.69	28.30	38.99	158.58	24.59	11.75	28.00	39.75	159.10	24.98
辽宁	31.70	38.93	70.63	232.31	30.40	31.25	39.00	70.25	232.74	30.18	31.64	40.10	71.74	233.06	30.78
吉林	18.60	30.51	49.11	193.09	25.43	15.49	30.50	45.99	193.28	23.80	15.72	30.60	46.32	193.35	23.96
黑龙江	12.55	23.25	35.80	219.27	16.33	12.73	24.00	36.73	219.30	16.75	12.95	24.50	37.45	219.30	17.08
上海	7.67	2.92	10.59	121.81	8.69	6.96	3.20	10.16	124.18	8.18	6.94	2.60	9.54	125.92	7.57

续表

地区	2010					2011					2012				
	城镇残疾人就业人数(万人)	农村残疾人实际就业人数(万人)	残疾人就业人数(万人)	残疾人总数(万人)	残疾人就业比例(%)	城镇残疾人就业人数(万人)	农村残疾人实际就业人数(万人)	残疾人就业人数(万人)	残疾人总数(万人)	残疾人就业比例(%)	城镇残疾人就业人数(万人)	农村残疾人实际就业人数(万人)	残疾人就业人数(万人)	残疾人总数(万人)	残疾人就业比例(%)
江苏	28.86	77.18	106.04	503.64	21.05	28.19	73.80	101.99	505.52	20.17	30.49	69.90	100.39	506.88	19.80
浙江	18.38	30.07	48.45	346.40	13.99	19.00	31.10	50.10	347.45	14.42	19.85	31.10	50.95	348.34	14.63
安徽	17.25	107.73	124.98	348.47	35.87	18.38	106.10	124.48	349.13	35.65	18.85	108.00	126.85	350.30	36.21
福建	11.07	36.12	47.19	230.81	20.44	11.79	35.90	47.69	232.50	20.51	12.22	36.60	48.82	234.25	20.84
江西	13.27	53.62	66.89	285.14	23.46	14.61	55.70	70.31	286.81	24.52	14.91	55.60	70.51	287.80	24.50
山东	22.51	139.06	161.57	589.65	27.40	23.31	139.80	163.11	592.68	27.52	24.84	135.40	160.24	595.63	26.90
河南	30.03	156.50	186.53	677.19	27.54	29.89	168.00	197.89	675.94	29.28	30.63	186.00	216.63	677.23	31.99
湖北	23.83	96.01	119.84	380.33	31.51	23.78	89.10	112.88	382.30	29.53	23.31	89.70	113.01	383.73	29.45
湖南	28.24	96.18	124.42	423.11	29.41	27.85	89.20	117.05	424.76	27.56	27.43	91.90	119.33	427.55	27.91
广东	18.83	65.62	84.45	611.84	13.80	18.36	69.30	87.66	615.58	14.24	19.80	64.70	84.50	620.81	13.61
广西	7.15	60.46	67.61	333.30	20.28	7.75	60.20	67.95	335.83	20.23	8.04	64.00	72.04	338.51	21.28
海南	1.45	9.96	11.41	51.68	22.08	1.49	6.80	8.29	52.20	15.89	1.02	6.50	7.52	52.75	14.26

续表

地区	2010					2011					2012				
	城镇残疾人就业人数（万人）	农村残疾人实际就业人数（万人）	残疾人就业人数（万人）	残疾人总数（万人）	残疾人就业比例（%）	城镇残疾人就业人数（万人）	农村残疾人实际就业人数（万人）	残疾人就业人数（万人）	残疾人总数（万人）	残疾人就业比例（%）	城镇残疾人就业人数（万人）	农村残疾人实际就业人数（万人）	残疾人就业人数（万人）	残疾人总数（万人）	残疾人就业比例（%）
重庆	13.33	53.61	66.94	174.52	38.36	14.01	54.20	68.21	176.60	38.62	14.27	50.10	64.37	178.17	36.13
四川	36.54	180.05	216.59	609.00	35.57	30.75	163.90	194.65	609.39	31.94	27.66	174.70	202.36	611.37	33.10
贵州	6.71	82.35	89.06	222.65	40.00	9.29	86.60	95.89	222.00	43.19	7.76	77.30	85.06	222.98	38.14
云南	7.03	97.72	104.75	297.26	35.24	7.29	99.70	106.99	299.15	35.77	7.42	103.40	110.82	300.97	36.82
西藏	0.09	2.55	2.64	21.05	12.57	0.08	5.40	5.48	21.23	25.81	0.10	3.00	3.10	21.53	14.41
陕西	10.11	67.94	78.05	249.89	31.23	10.52	69.40	79.92	250.38	31.92	10.37	72.50	82.87	251.08	33.01
甘肃	11.28	47.05	58.33	184.32	31.65	11.61	50.00	61.61	184.62	33.37	10.88	49.00	59.88	185.58	32.26
青海	0.98	6.15	7.13	31.19	22.87	0.85	4.80	5.65	31.48	17.96	0.71	3.70	4.41	31.75	13.90
宁夏	2.88	7.90	10.78	43.23	24.94	2.39	9.90	12.29	43.67	28.13	2.26	10.80	13.06	44.20	29.55
新疆	6.69	17.54	24.23	116.03	20.89	6.69	21.00	27.69	117.28	23.61	7.05	21.60	28.65	118.56	24.17

注：其中残疾人就业人数=城镇残疾人就业人数+农村残疾人实际就业人数；因无法找到各省市就业年龄段残疾人人数，故采用各省市残疾人总数来取代之。其中，残疾人总数是根据2006年第二次全国残疾人抽样调查数据推算而来。

数据来源：《中国残疾人事业统计年鉴》（2011年、2012年、2013年）。

附表 8-2　2010—2012 年各省(市)残疾人接受康复服务比例统计

地区	2010							2011							2012						
	残疾人接受康复服务人数(人)	残疾人总数(万人)	视力残疾康复人数(人)	听力语言残疾康复人数(人)	肢体残疾康复人数(人)	智力残疾儿童康复训练人数(人)	孤独症儿童康复人数(人)	残疾人接受康复服务人数(人)	残疾人总数(万人)	视力残疾康复人数(人)	听力语言残疾康复人数(人)	肢体残疾康复人数(人)	智力残疾儿童康复训练人数(人)	孤独症儿童康复人数(人)	残疾人接受康复服务人数(人)	残疾人总数(万人)	视力残疾康复人数(人)	听力语言残疾康复人数(人)	肢体残疾康复人数(人)	智力残疾儿童康复训练人数(人)	孤独症儿童康复人数(人)
北京	20134	127.33	12768	861	5744	855	249	18687	131.01	10644	1112	6057	609	265	19049	134.30	11663	1452	5142	490	302
天津	7444	71.07	4212	2031	976	220	88	9805	74.12	6650	1667	1082	284	122	18626	77.30	9006	3300	4495	1707	118
河北	41269	520.10	35246	3216	1647	1905	70	45565	523.49	38237	4742	1414	1100	72	91815	526.89	54630	9529	18879	8246	531
山西	21732	215.88	17429	2074	1334	1200	206	16477	217.02	11472	3331	883	517	274	59386	218.09	39373	4961	10199	4407	446
内蒙古	18694	157.97	12100	2222	3928	694	62	17536	158.58	11596	2451	2903	475	111	24777	159.10	14356	2537	5542	1923	419
辽宁	37170	232.31	27637	2572	5287	1861	532	39884	232.74	26986	3814	6907	1530	647	60219	233.06	34780	3755	16964	3857	863
吉林	19284	193.09	16420	1052	1132	768	249	23703	193.28	19355	2079	1148	477	644	43532	193.35	29436	2435	7700	3387	574
黑龙江	15977	219.27	12842	1171	1287	865	168	13555	219.30	9965	1556	1426	413	195	27610	219.30	18858	1867	4628	1949	308
上海	47053	121.81	43872	1534	993	524	365	49463	124.18	43971	2304	1740	1254	194	71887	125.92	58086	4861	5657	2806	477
江苏	88801	503.64	60420	5740	19597	4126	909	95533	505.52	60117	8551	23460	2232	1173	131671	506.88	75831	9685	33518	11359	1278
浙江	58877	346.40	45512	5342	6448	2313	221	58273	347.45	43702	6194	6710	1367	300	56960	348.34	43398	4833	6008	2308	413

续表

地区	2010							2011							2012						
	残疾人接受康复服务人数（人）	残疾人总数（万人）	视力残疾康复人数（人）	听力语言残疾康复人数（人）	肢体残疾康复人数（人）	智力残疾儿童康复训练人数（人）	孤独症儿童康复人数（人）	残疾人接受康复服务人数（人）	残疾人总数（万人）	视力残疾康复人数（人）	听力语言残疾康复人数（人）	肢体残疾康复人数（人）	智力残疾儿童康复训练人数（人）	孤独症儿童康复人数（人）	残疾人接受康复服务人数（人）	残疾人总数（万人）	视力残疾康复人数（人）	听力语言残疾康复人数（人）	肢体残疾康复人数（人）	智力残疾儿童康复训练人数（人）	孤独症儿童康复人数（人）
安徽	39344	348.47	31066	3379	3783	1634	85	38776	349.13	24214	4189	9685	586	102	60590	350.30	34936	9261	13844	2128	421
福建	28803	230.81	22139	2697	2376	1664	672	27234	232.50	19323	2735	3188	841	1147	43805	234.25	23627	3416	9724	5537	1501
江西	25111	285.14	20310	2858	1184	953	145	19380	286.81	10989	1961	5810	399	221	48953	287.80	24999	3193	15194	5181	386
山东	106275	589.65	74801	6573	20632	5101	1570	111546	592.68	78463	6288	21998	3167	1630	132685	595.63	67978	7495	51286	4562	1364
河南	49277	677.19	39474	4688	3253	3263	136	92794	675.94	70538	11923	7463	2635	235	95414	677.23	52611	10998	19541	11020	1244
湖北	31637	380.33	23785	3162	3370	2114	212	26891	382.30	16496	3425	5536	1006	428	76029	383.73	51269	3345	14467	6376	572
湖南	70486	423.11	54885	4615	9180	2562	172	49529	424.76	39853	4695	3777	896	308	58747	427.55	41102	5288	9765	2040	552
广东	128101	611.84	104192	5793	14163	4821	1321	140194	615.58	96807	10224	27656	2990	2517	150349	620.81	95530	11877	31369	8070	3503
广西	35147	333.30	26958	2987	4064	1786	172	32093	335.83	24609	2865	2948	1212	459	48933	338.51	34115	2802	5984	5519	513
海南	10728	51.68	9831	398	229	183	153	3445	52.20	2370	891	94	25	65	6492	52.75	5769	422	168	47	86
重庆	23073	174.52	20481	1554	630	624	84	29187	176.60	23388	2584	2667	406	142	36059	178.17	21132	2703	8488	3334	402

续表

地区	2010							2011							2012						
	残疾人接受康复服务人数(人)	残疾人总数(万人)	视力残疾康复人数(人)	听力语言残疾康复人数(人)	肢体残疾康复人数(人)	智力残疾儿童康复训练人数(人)	孤独症儿童康复人数(人)	残疾人接受康复服务人数(人)	残疾人总数(万人)	视力残疾康复人数(人)	听力语言残疾康复人数(人)	肢体残疾康复人数(人)	智力残疾儿童康复训练人数(人)	孤独症儿童康复人数(人)	残疾人接受康复服务人数(人)	残疾人总数(万人)	视力残疾康复人数(人)	听力语言残疾康复人数(人)	肢体残疾康复人数(人)	智力残疾儿童康复训练人数(人)	孤独症儿童康复人数(人)
四川	66816	609.00	44175	3941	17458	1956	125	51147	609.39	38043	3712	8370	910	112	96760	611.37	55368	5487	27051	8543	311
贵州	16715	222.65	14228	1222	751	740	72	14276	222.00	11596	1372	807	394	107	25650	222.98	21339	2006	1413	540	352
云南	37046	297.26	32163	2880	1529	758	74	40371	299.15	34149	2168	3343	685	26	86198	300.97	71202	3529	8545	2856	66
西藏	2579	21.05	1663	348	425	197	N/A	3738	21.23	3455	153	110	20	N/A	1608	21.53	1228	143	166	71	N/A
陕西	25461	249.89	19488	2141	2538	1942	180	25087	250.38	16287	3335	4588	676	201	41376	251.08	29083	3352	7594	1019	328
甘肃	14753	184.32	12251	1004	1146	617	20	17379	184.62	13959	1545	1471	375	29	30910	185.58	19700	1454	7263	2411	82
青海	6555	31.19	4717	320	1313	365	23	5848	31.48	4195	578	920	147	8	6953	31.75	3996	773	1361	753	70
宁夏	5105	43.23	4148	332	400	452	60	4828	43.67	3289	873	464	156	46	12977	44.20	6264	780	4928	854	151
新疆	12503	116.03	8610	1851	1641	609	64	13489	117.28	8128	2536	2362	217	246	25115	118.56	14838	3396	5207	1398	276

注:残疾人接受康复服务比例=残疾人接受康复服务人次数/残疾人总数。其中,接受康复服务人次数=视力残疾康复人次数+听力语言残疾康复人次数+肢体残疾康复人次数+智力残疾儿童康复训练人次数+精神病康复人次数+孤独症儿童康复训练人次数。

数据来源:《中国残疾人事业统计年鉴》(2011 年、2012 年、2013 年)。

附表 8-3　2010—2012 年各省(市)残疾人托养比例统计

地区	2010			2011			2012		
	托养残疾人(人)	残疾人总数(万人)	残疾人托养比例(‰)	托养残疾人(人)	残疾人总数(万人)	残疾人托养比例(‰)	托养残疾人(人)	残疾人总数(万人)	残疾人托养比例(‰)
北京	4718	127.33	3.71	20456	131.01	15.61	21194	134.30	15.78
天津	1363	71.07	1.92	10814	74.12	14.59	11284	77.30	14.60
河北	3378	520.10	0.65	15575	523.49	2.98	16286	526.89	3.09
山西	1705	215.88	0.79	6205	217.02	2.86	10410	218.09	4.77
内蒙古	3390	157.97	2.15	22044	158.58	13.90	18351	159.10	11.53
辽宁	6150	232.31	2.65	25652	232.74	11.02	32806	233.06	14.08
吉林	3041	193.09	1.57	13633	193.28	7.05	14827	193.35	7.67
黑龙江	2670	219.27	1.22	9348	219.30	4.26	14068	219.30	6.41
上海	29968	121.81	24.60	43461	124.18	35.00	37264	125.92	29.59
江苏	15254	503.64	3.03	79783	505.52	15.78	89180	506.88	17.59
浙江	9014	346.40	2.60	25510	347.45	7.34	60028	348.34	17.23
安徽	2298	348.47	0.66	12524	349.13	3.59	16012	350.30	4.57
福建	2012	230.81	0.87	13291	232.50	5.72	21111	234.25	9.01
江西	859	285.14	0.30	7023	286.81	2.45	10795	287.80	3.75
山东	15182	589.65	2.57	45025	592.68	7.60	51078	595.63	8.58
河南	4084	677.19	0.60	12572	675.94	1.86	15927	677.23	2.35
湖北	5677	380.33	1.49	19329	382.30	5.06	17581	383.73	4.58
湖南	5292	423.11	1.25	14811	424.76	3.49	20863	427.55	4.88
广东	8141	611.84	1.33	25108	615.58	4.08	41852	620.81	6.74
广西	587	333.30	0.18	16165	335.83	4.81	23629	338.51	6.98
海南	1081	51.68	2.09	5080	52.20	9.73	8344	52.75	15.82
重庆	1862	174.52	1.07	8898	176.60	5.04	12736	178.17	7.15
四川	3348	609.00	0.55	44409	609.39	7.29	51766	611.37	8.47
贵州	720	222.65	0.32	9011	222.00	4.06	12729	222.98	5.71
云南	1515	297.26	0.51	12875	299.15	4.30	15071	300.97	5.01
西藏	3031	21.05	14.40	3010	21.23	14.18	7816	21.53	36.30
陕西	4054	249.89	1.62	15885	250.38	6.34	23731	251.08	9.45
甘肃	1658	184.32	0.90	17842	184.62	9.66	15785	185.58	8.51
青海	2698	31.19	8.65	27719	31.48	88.06	13848	31.75	43.61
宁夏	1630	43.23	3.77	8948	43.67	20.49	13160	44.20	29.77
新疆	626	116.03	0.54	9936	117.28	8.47	20153	118.56	17.00

注:残疾人托养比例=托养残疾人数/残疾人总数。

数据来源:《中国残疾人事业统计年鉴》(2011 年、2012 年、2013 年)。

附表 8-4　2010—2012 年各省(市)残疾人人均服务设施面积统计

地区	2010			2011			2012		
	建筑面积(平方米)	残疾人总数(万人)	人均建筑面积(平方米/万人)	建筑面积(平方米)	残疾人总数(万人)	人均建筑面积(平方米/万人)	建筑面积(平方米)	残疾人总数(万人)	人均建筑面积(平方米/万人)
北京	35928	127.33	282.17	35928	131.01	274.24	50800	134.30	378.26
天津	53468	71.07	752.32	53468	74.12	721.39	82485	77.30	1067.09
河北	431977	520.10	830.57	431977	523.49	825.19	151931	526.89	288.36
山西	65626	215.88	304.00	65626	217.02	302.40	101403	218.09	464.95
内蒙古	29175	157.97	184.68	29175	158.58	183.98	52483	159.10	329.87
辽宁	62115	232.31	267.38	62115	232.74	266.89	252181	233.06	1082.06
吉林	25419	193.09	131.65	25419	193.28	131.51	56503	193.35	292.23
黑龙江	41094	219.27	187.41	41094	219.30	187.38	64891	219.30	295.89
上海	86055	121.81	706.46	86055	124.18	692.98	55903	125.92	443.94
江苏	337582	503.64	670.29	337582	505.52	667.79	206072	506.88	406.55
浙江	334808	346.40	966.54	334808	347.45	963.62	342442	348.34	983.08
安徽	59171	348.47	169.80	59171	349.13	169.48	98371	350.30	280.82
福建	98983	230.81	428.85	98983	232.50	425.73	129586	234.25	553.20
江西	49934	285.14	175.12	49934	286.81	174.10	25056	287.80	87.06
山东	192794	589.65	326.96	192794	592.68	325.29	290773	595.63	488.18
河南	108044	677.19	159.55	108044	675.94	159.84	181445	677.23	267.92
湖北	87401	380.33	229.80	87401	382.30	228.62	73970	383.73	192.77
湖南	70161	423.11	165.82	70161	424.76	165.18	149580	427.55	349.86
广东	166670	611.84	272.41	166670	615.58	270.75	363136	620.81	584.94
广西	50661	333.30	152.00	50661	335.83	150.85	107566	338.51	317.76
海南	2867	51.68	55.48	2867	52.20	54.92	7909	52.75	149.93
重庆	48796	174.52	279.60	48796	176.60	276.31	79666	178.17	447.13
四川	110293	609.00	181.10	110293	609.39	180.99	139843	611.37	228.74
贵州	40695	222.65	182.77	40695	222.00	183.31	49554	222.98	222.23
云南	143310	297.26	482.10	143310	299.15	479.06	126369	300.97	419.87
西藏	N/A	21.05	N/A	N/A	21.23	N/A	N/A	21.53	N/A
陕西	161459	249.89	646.13	161459	250.38	644.86	94570	251.08	376.65
甘肃	54134	184.32	293.70	54134	184.62	293.22	95559	185.58	514.91
青海	12126	31.19	388.78	12126	31.48	385.24	13001	31.75	409.43
宁夏	7801	43.23	180.45	7801	43.67	178.62	27676	44.20	626.11
新疆	46970	116.03	404.81	46970	117.28	400.49	120284	118.56	1014.54

数据来源:《中国残疾人事业统计年鉴》(2011 年、2012 年、2013 年)。

附表 8-5　2010—2012 年各省（市）残疾儿童少年未入学率统计

地区	2010			2011			2012		
	未入学学龄残疾儿童少年（人）	学龄残疾儿童少年人数（人）	残疾儿童少年未入学率（%）	未入学学龄残疾儿童少年（人）	学龄残疾儿童少年人数（人）	残疾儿童少年未入学率（%）	未入学学龄残疾儿童少年（人）	学龄残疾儿童少年人数（人）	残疾儿童少年未入学率（%）
北京	221	7311	3.02	307	7311	4.20	199	7311	2.72
天津	229	2551	8.98	270	2551	10.58	258	2551	10.11
河北	996	24079	4.14	833	24079	3.46	638	24079	2.65
山西	1162	13105	8.87	1249	13105	9.53	1162	13105	8.87
内蒙古	1569	7603	20.64	1710	7603	22.49	626	7603	8.23
辽宁	1298	13850	9.37	1444	13850	10.43	1389	13850	10.03
吉林	728	7253	10.04	844	7253	11.64	1242	7253	17.12
黑龙江	536	9296	5.77	518	9296	5.57	467	9296	5.02
上海	146	7263	2.01	60	7263	0.83	19	7263	0.26
江苏	795	32489	2.45	842	32489	2.59	849	32489	2.61
浙江	674	13962	4.83	511	13962	3.66	438	13962	3.14
安徽	4654	24552	18.96	4169	24552	16.98	1483	24552	6.04
福建	1615	34711	4.65	2141	34711	6.17	733	34711	2.11
江西	6376	32694	19.50	6039	32694	18.47	2625	32694	8.03
山东	2635	37471	7.03	2266	37471	6.05	1881	37471	5.02
河南	2761	45611	6.05	4392	45611	9.63	3689	45611	8.09
湖北	1636	51377	3.18	1379	51377	2.68	1042	51377	2.03
湖南	2703	39682	6.81	2968	39682	7.48	2299	39682	5.79
广东	1726	47436	3.64	2226	47436	4.69	1954	47436	4.12
广西	4121	23402	17.61	3782	23402	16.16	2075	23402	8.87
海南	517	8702	5.94	325	8702	3.73	256	8702	2.94
重庆	1021	16072	6.35	1166	16072	7.25	809	16072	5.03
四川	6650	36502	18.22	4040	36502	11.07	2201	36502	6.03
贵州	5246	23657	22.18	4149	23657	17.54	3212	23657	13.58
云南	2987	21551	13.86	2579	21551	11.97	2169	21551	10.06
西藏	1177	1626	72.39	742	1626	45.63	99	1626	6.09
陕西	5343	28885	18.50	3638	28885	12.59	2065	28885	7.15
甘肃	5191	31115	16.68	1737	31115	5.58	1260	31115	4.05
青海	525	2772	18.94	339	2772	12.23	331	2772	11.94
宁夏	772	3852	20.04	548	3852	14.23	451	3852	11.71
新疆	2340	6204	37.72	1790	6204	28.85	1594	6204	25.69

数据来源：《中国残疾人事业统计年鉴》（2011 年、2012 年、2013 年）。

第九章　社会服务发展指数

一、社会服务发展概述

（一）社会服务概念界定

在现代社会中，政府组织、市场组织、社会组织是社会发展和运行的三个起不同作用的基本主体，也是提供社会性服务的三个起不同作用的基本主体。政府组织提供惠及所有公民的公共服务、市场组织提供有偿的私人服务、社会组织或第三部门提供非营利的社会公益服务。广义的社会服务，包含上述三种社会服务，并由这三种社会服务构成；而狭义的社会服务，或者指政府向公民提供的公共服务，或者是指市场组织提供的社会性的私人服务，或者是指社会组织提供的社会公益性服务。这三种狭义的服务，虽然同为社会服务，但是性质是不同的。就医疗卫生服务来说，它既可能是政府组织使用公共权力或公共资源所提供的公共服务，也可能是市场组织为了牟利而使用私人资源来提供的营利性的私人服务，还可能是非政府组织或非营利组织使用来自捐赠等渠道的社会资源所提供的社会公益性服务。

从社会服务的主体来看，我国社会服务的一个特点是政府主导①。事实表明，新中国成立以来，无论哪一种主体实施的社会服务，都是在政府主导下推进发展的。新中国成立后的三十年间，政府垄断了几乎全部社会资

① 参见郑杭生：《从社会学的视角看社会服务》，《中国民政》2011 年 5 期。

源和社会机会，政企不分、政事不分、政社不分，社会服务几乎都是政府行为。改革开放以来，随着社会主义市场经济逐步成为配置社会资源的基本手段，政企、政事、政社逐步区分，三大部门的社会格局逐步形成。政府向公民提供的公共服务这种社会服务，即为满足公民生活、生存与发展等社会性直接需求所提供的服务；其他社会服务，如社会福利服务、优抚保障服务、社会救助服务、社会慈善服务、社区服务、社会工作服务等，也是政府主导下的社会服务。

目前我国社区服务共有三大类：从属于社会保障体系的福利性保障服务；面向社区一般居民开展的便民利民生活服务；与驻区单位开展的双向共建服务①。从这三大类来看，政府的公共服务、市场的私人服务、社会公益服务都体现在社区服务中。因此，狭义或广义的社会服务都需要通过社区服务体系才能完成。

（二）中国社会服务的发展过程

在我国，社区服务的发展早于社会服务的发展。社区服务在早期拥有着社会服务的内涵，在新时期"社会服务"这一概念逐渐被强调。中国社区服务是于20世纪80年代中期兴起、由中央政府倡导和推动、以社区为行动场域的社会发展运动。目的是为了改革中国的福利体制，实现"福利社会化"的制度目标，但在其后来的发展过程中，却意外地使得"社区"成为继"单位"以后中国城市居民生活的中心舞台，并于90年代中期演变成为一场轰轰烈烈的社区建设运动。从最初单一化的社区服务到现在全方位、多元化的社区建设，虽然概念的内涵和外延都有所变化，但其核心目标却都是旨在提高社区居民的生活质量。我国社区服务发展经历了三个阶段。

第一，起步阶段（1986—1993年）。1986年，为配合城市经济体制改革，民政部首先倡导社区服务，旨在城市开展以民政对象为主的福利服务和便民利民服务。社区服务是适应改革的产物，满足了居民的需求，所以一开始它就有很强的生命力，如雨后春笋迅速在全国蔓延开来。特别是1987年

① 参见郑杭生：《从社会学的视角看社会服务》，《中国民政》2011年第5期。

武汉会议和 1989 年的杭州会议以后,社区服务事业更是有了飞速的发展,到 1989 年年底,我国已有 3267 个街道开展了社区服务工作,占当年全国城市街道总数的 66. 9%。①

第二,发展阶段(1993—2000 年)。1993 年 8 月,国家计委、民政部、体改委、财政部等中央 14 部委联合下发的《关于加快社区服务业的意见》(民福发[1993]11 号),明确提出了与社会主义市场经济体制相适应的社区服务政策和运行机制,是我国社区服务发展历程中的一个转折点,标志着社区服务进入新阶段。在宏观上,社区服务业纳入市场经济轨道,纳入社会保障体系和社会化社会服务体系。接着,1994 年 12 月,民政部在上海召开的全国社区服务经验交流会,进一步推动了社区服务产业化。1995 年,民政部颁布了《社区服务示范城区标准》,在全国开展了创建示范城区的活动。

第三,提高阶段(2000 年至今)。2000 年 11 月 19 日中办发[2000]23 号文件标志着社区服务进入了巩固和提高的发展阶段。2005 年六部委的意见则标志着进入和谐社区建设的新时期。文件讲道:"加强和改进社区服务工作是新时期落实科学发展观、构建社会主义和谐社会、全面建设小康社会的重要内容。"2006 年 4 月,国务院下发了《国务院关于加强和改进社区服务工作的意见》,正式将社区服务作为构建小康社会的一项重要内容来对待。

社会服务是新时期推进社会管理和社会建设的现实话题,也是谋划民政工作发展的重大议题。党的十六大以来,社会服务的概念在党的重大文献中多次提到,《中共中央关于构建社会主义和谐社会若干重大问题的决定》中明确强调:"以增强社会服务功能和提高社会管理,依法办事能力为重点,大力加强基层政权建设"。"深入开展城乡社会志愿服务活动,建立政府服务,市场服务相衔接的社会志愿服务体系"。目前,我国正着力构建社会服务体系,旨在通过完善的社会服务体系和社区服务机制,进一步提高广大民众的物质文化生活水平。

① 参见唐忠新:《中国城市社区建设概论》,天津人民大学出版社 2000 年版,第 167 页。

（三）社会服务发展指数设计

1. 社会服务发展指数

社会服务发展指数旨在从社会服务各个方面综合反映某地区社会服务的发展水平。体现社会服务发展水平的指标有很多，《中国民政统计年鉴》中社会服务业综合指数的分指标就有社会服务事业费占财政支出的比重、每万人口家庭收养数、每万人口福利企业残疾职工人数、城市低保平均水平等15个指标。

为避免重复计算，社会服务发展指数在此仅选取具有代表性的7个指标，并根据德尔菲法综合确定各个指标的权重如下：千人口社会服务床位（0.2）、万人口福利彩票销售（0.1）、社区服务设施覆盖率（0.25）、万人口社会组织（0.2）、万人口社会工作师和助理社会工作师（0.25）。该指标的计算公式为：

$$社会服务发展指数 = \Sigma(各指标标准值 \times 权重)$$

2. 千人口社会服务床位

社会服务床位包括老年人及残疾人床位、智障和精神疾病床位、儿童床位、救助及其他社会服务床位。千人口社会服务床位数旨在衡量社会服务床位的多寡程度，是社会服务水平高低的一个重要衡量指标，每千人口社会服务床位数越多，则该地区社会服务硬件资源越丰富。该指标的计算公式为：

$$千人口社会服务床位数 = \frac{社会服务床位数}{年末人口数} \times 1000$$

3. 万人口福利彩票销售

根据《彩票管理条例》［国务院令第554号（2009年）］，彩票资金包括彩票奖金、彩票发行费和彩票公益金。彩票公益金专项用于社会福利、体育等社会公益事业，不用于平衡财政一般预算。在一定程度上，年度福利彩票销售额越多，则彩票公益金越多。万人口福利彩票销售旨在衡量公众参与社会服务资金建设的高低程度，万人口福利彩票销售越高，则民众参与社会

服务资金建设程度越高。该指标的计算公式为:

$$万人口福利彩票销售 = \frac{年度福利彩票销售额}{年末人口数} \times 10000$$

4. 社区服务设施覆盖率

社区服务设施数是指报告期末设立的以非营利为目的,为本社区居民服务,特别是为老年人、残疾人、儿童服务的社区服务中心、活动站、服务站、养老院、老年公寓(托老所),残疾人工疗站、残疾儿童日托所、家务服务站、婚姻介绍所等福利性设施以及职工社会保险管理服务的机构数。社区服务设施覆盖率则反映了某地区社区服务设施的密集程度,在一定程度上,社区服务设施覆盖率越高,其社区服务水平越高。该指标的计算公式为:

$$社区服务设施覆盖率 = \frac{社区服务设施数}{村委会数 + 居委会数} \times 100\%$$

5. 万人口社会组织

万人口社会组织数旨在衡量我国社会组织的发展程度,每万人口社会组织数量越多,则该地区社会组织发展程度越高,社会服务资源在一定程度上越丰厚。该指标的计算公式为:

$$万人口社会组织 = \frac{年末实有社会组织数}{年末人口数} \times 10000$$

6. 万人口社会工作师和助理社会工作师

社会工作师是指通过人力资源和社会保障部与民政部联合举办的全国社会工作师职业水平考试并取得社会工作师职业水平证书的人员。万人口社会工作师和助理社会工作师旨在反映某地区社会工作者的发展水平,间接反映该地区社会服务的发展水平,每万人口拥有的社会工作师或助理社会工作师数量越多,则说明该地区拥有的社会服务软件设施越丰厚。该指标的计算公式为:

$$\begin{matrix}万人口社会工作师和\\助理社会工作师数\end{matrix} = \frac{社会工作师和助理社会工作师数}{年末人口数} \times 10000$$

二、社会服务发展指数排名

(一)社会服务发展指数

2012 年社会服务发展指数排名位居首位的为北京市,其指数得分为 4.1412,远高于全国平均水平。排名位于第二位至第五位的为广东(2.0595)、江苏(2.0506)、浙江(1.8688)和上海(1.8198)四省市,其指数得分也明显高于全国平均水平。指数得分大于全国平均水平的省市还有天津、辽宁和宁夏三省区。有 23 个省市的社会服务发展指数低于全国平均水平。其中,山东、重庆和湖北三省市的指数得分略低于全国平均水平,而广西(0.4906)、云南(0.4805)和西藏(0.3732)因指数得分明显低于全国平均水平而排名位居最后三位(见表 9-1)。

表 9-1　2012 年各地区社会服务发展指数及排名

地区	社会服务发展指数	排名	千人口社会服务床位(张/千人)	每万人口福利彩票销售(万元/万人)	社区服务设施覆盖率(平方米/万人)	每万人口社会组织(个/万人)	万人口社工师(人/万人)
北京	4.1412	1	6.25	245.01	152.00	3.86	5.67
广东	2.0595	2	1.65	160.09	145.80	3.33	1.34
江苏	2.0506	3	5.50	169.19	98.30	5.44	1.33
浙江	1.8688	4	4.90	186.96	75.70	5.82	1.32
上海	1.8198	5	4.93	161.32	62.70	4.51	1.70
天津	1.1900	6	3.01	161.34	25.80	3.00	1.32
辽宁	1.1569	7	4.25	181.82	26.40	4.70	0.73
宁夏	1.0182	8	1.53	140.61	45.80	6.38	0.28
山东	0.9974	9	4.24	126.38	29.60	4.18	0.45
重庆	0.9951	10	4.27	129.71	34.80	4.04	0.34
湖北	0.9263	11	4.38	105.21	25.90	4.30	0.34
安徽	0.8679	12	4.62	72.98	28.10	3.13	0.34

续表

地区	社会服务发展指数	排名	千人口社会服务床位(张/千人)	每万人口福利彩票销售(万元/万人)	社区服务设施覆盖率(平方米/万人)	每万人口社会组织(个/万人)	万人口社工师(人/万人)
福建	0.7871	13	1.94	99.25	13.10	4.82	0.59
黑龙江	0.7757	14	2.97	93.38	18.50	3.47	0.47
贵州	0.7585	15	1.69	51.95	57.90	2.14	0.12
四川	0.7472	16	4.61	73.67	9.10	4.04	0.28
新疆	0.7152	17	2.47	124.06	18.30	3.95	0.27
吉林	0.7107	18	3.29	93.08	5.30	3.10	0.57
江西	0.6904	19	3.63	78.15	16.00	2.73	0.33
甘肃	0.6714	20	2.11	88.46	23.40	4.04	0.18
内蒙古	0.6690	21	3.08	112.86	14.30	3.94	0.15
青海	0.6587	22	1.88	130.85	2.80	5.10	0.36
湖南	0.6427	23	2.71	79.68	18.00	2.91	0.29
陕西	0.6395	24	2.37	134.02	9.70	4.33	0.19
河北	0.5479	25	2.88	74.92	10.60	2.27	0.26
海南	0.5257	26	1.67	161.30	2.30	4.19	0.11
山西	0.5201	27	1.92	70.62	6.70	3.17	0.31
河南	0.5043	28	3.10	60.49	6.00	2.24	0.24
广西	0.4906	29	1.29	82.23	6.30	3.16	0.32
云南	0.4805	30	1.54	96.37	7.60	3.28	0.18
西藏	0.3732	31	3.12	100.77	0.70	1.43	0.02

2011年,社会服务发展指数排名位居首位的是北京市,其指数得分为4.7413,不仅远远高于全国平均水平,而且远高于排名第二位的上海(2.4231)。浙江、江苏、广东和天津位居排名的第三位至第六位。紧随其后的宁夏、山东和辽宁三省区的指数得分也超过了全国平均水平。在社会服务发展指数得分低于全国平均水平的22个省市中,重庆和湖北两省市略低于全国平均水平,而河南、广西、云南、海南及西藏(0.3455)因指数得分明显较低而位列排名最后五位。其中,位居末位的西藏,其社会服务发展指数值仅相当于北京市的十分之一(见表9-2)。

表 9-2　2011 年各地区社会服务发展指数及排名

地区	社会服务发展指数	排名	千人口社会服务床位（张/千人）	每万人口福利彩票销售（万元/万人）	社区服务设施覆盖率（平方米/万人）	每万人口社会组织（个/万人）	万人口社工师（人/万人）
北京	4.7413	1	9.34	399.00	139.10	6.01	3.72
上海	2.4231	2	8.15	271.50	64.44	7.35	1.11
浙江	1.8548	3	4.88	195.30	56.84	6.20	0.85
江苏	1.8368	4	4.36	157.90	73.13	4.91	0.79
广东	1.6750	5	1.83	165.10	81.53	3.60	0.78
天津	1.4703	6	3.82	162.30	28.32	4.23	1.01
宁夏	1.0868	7	1.51	119.80	42.05	6.67	0.22
辽宁	1.0656	8	3.34	147.60	22.40	4.42	0.46
山东	1.0518	9	4.00	115.10	28.34	4.31	0.32
重庆	0.9204	10	3.41	104.70	34.84	3.08	0.18
湖北	0.9007	11	3.98	83.00	27.04	3.79	0.18
福建	0.7933	12	1.65	93.20	11.10	4.82	0.41
安徽	0.7791	13	3.59	52.10	21.48	2.47	0.27
黑龙江	0.7785	14	2.64	74.30	18.63	3.38	0.31
新疆	0.7322	15	2.30	104.10	17.89	3.80	0.20
江西	0.7032	16	3.38	49.20	15.98	2.42	0.27
青海	0.6688	17	1.51	105.80	3.27	4.91	0.31
四川	0.6604	18	3.74	54.10	7.16	3.36	0.20
内蒙古	0.6510	19	2.40	105.40	15.12	3.59	0.11
陕西	0.6181	20	2.11	103.60	9.14	3.91	0.15
吉林	0.6134	21	3.10	76.40	4.02	3.16	0.23
湖南	0.5982	22	2.30	57.90	16.36	2.42	0.19
贵州	0.5745	23	1.14	38.30	34.18	1.71	0.09
河北	0.5657	24	2.44	64.60	11.82	2.17	0.20
甘肃	0.5609	25	1.39	67.40	14.57	3.68	0.13
山西	0.5516	26	1.89	61.50	6.20	3.06	0.26

续表

地区	社会服务发展指数	排名	千人口社会服务床位(张/千人)	每万人口福利彩票销售(万元/万人)	社区服务设施覆盖率(平方米/万人)	每万人口社会组织(个/万人)	万人口社工师(人/万人)
河南	0.4717	27	2.62	41.90	6.06	1.86	0.18
广西	0.4691	28	1.10	53.00	7.83	2.51	0.24
云南	0.4337	29	1.33	87.60	4.14	2.99	0.12
海南	0.4041	30	0.55	132.60	2.24	3.59	0.06
西藏	0.3455	31	2.45	112.60	0.53	1.15	0.02

2010年,社会服务发展指数排名位居首位的是北京市,其指数得分为3.5691,不仅远高于全国平均水平,而且明显高于紧随其后的浙江(1.9370)和江苏(1.9350)两省。上海、广东、天津、山东、辽宁、湖北和重庆七省市,以此位列排名的第四位至第十位,其指数得分均高于全国平均水平。在21个指数得分低于全国平均水平的省市中,海南(0.4498)和云南(0.4264)的得分明显较低而位列排名最后两位(见表9-3)。

表9-3　2010年各地区社会服务发展指数及排名

地区	社会服务发展指数	排名	千人口社会服务床位(张/千人)	每万人口福利彩票销售(万元/万人)	社区服务设施覆盖率(平方米/万人)	每万人口社会组织(个/万人)	万人口社工师(人/万人)
北京	3.5691	1	5.00	194.71	64.65	3.66	2.86
浙江	1.9370	2	3.71	134.77	60.79	5.31	0.70
江苏	1.9350	3	3.38	91.88	78.06	4.34	0.62
上海	1.7481	4	4.65	128.11	54.05	4.39	0.51
广东	1.5119	5	1.34	108.80	61.97	2.73	0.61
天津	1.3117	6	2.23	95.44	24.20	3.20	0.80
山东	1.2131	7	3.48	93.66	24.46	4.85	0.37
辽宁	1.1281	8	3.02	124.35	22.19	4.35	0.32
湖北	1.1279	9	4.14	71.06	33.50	3.83	0.15
重庆	1.0049	10	3.29	75.92	29.30	3.14	0.19

续表

地区	社会服务发展指数	排名	千人口社会服务床位（张/千人）	每万人口福利彩票销售（万元/万人）	社区服务设施覆盖率（平方米/万人）	每万人口社会组织（个/万人）	万人口社工师（人/万人）
新疆	0.9681	11	2.11	88.33	16.11	3.70	0.42
宁夏	0.9510	12	0.95	101.11	16.68	7.16	0.21
安徽	0.9227	13	3.74	42.31	22.20	2.49	0.24
江西	0.8827	14	3.38	32.27	15.38	2.40	0.36
黑龙江	0.7627	15	2.03	63.39	20.70	3.23	0.14
福建	0.7552	16	0.84	65.26	10.68	4.23	0.34
内蒙古	0.7323	17	1.90	81.30	19.80	3.33	0.09
四川	0.7289	18	3.74	45.74	4.71	3.62	0.14
陕西	0.7275	19	1.85	68.80	11.60	3.52	0.22
青海	0.6938	20	1.06	81.71	3.55	4.52	0.29
湖南	0.6843	21	2.22	40.03	20.90	2.43	0.11
甘肃	0.6575	22	1.05	57.81	18.22	4.03	0.09
河北	0.6460	23	2.18	48.24	10.47	2.12	0.24
吉林	0.6401	24	2.84	64.08	4.34	3.05	0.14
贵州	0.6392	25	0.86	41.39	31.96	1.90	0.08
山西	0.6015	26	1.68	44.77	6.87	2.91	0.23
河南	0.5890	27	2.92	34.24	7.35	2.03	0.15
西藏	0.5313	28	2.00	83.13	0.53	1.29	0.26
广西	0.5232	29	1.24	45.55	7.50	2.82	0.17
海南	0.4498	30	0.58	96.71	3.60	3.22	0.07
云南	0.4264	31	1.11	71.71	4.01	2.74	0.06

从2010—2012年的变化看，多数省市的社会服务发展指数排名没有显著变化。虽然北京市社会服务发展指数出现了较大程度的波动，但一直位居首位；上海市、广东省、天津市社会服务发展指数变动也较大。从三年平均水平来看，社会服务发展平均指数最高的北京市高达4.1506，与最低的西藏自治区0.4167相差近10倍，差距明显（见图9-1）。

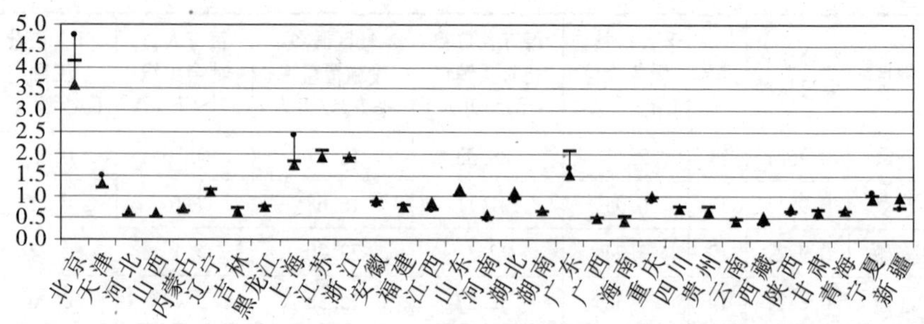

图 9-1　社会服务发展指数三年对比情况

(二)千人口社会服务床位

2012 年每千人口社会服务床位超过 5 张的地区仅有北京(6.25)和江苏(5.50),全国平均水平为 3.15 张/千人,超过全国平均水平的有 12 个省市自治区;未超过全国平均水平的 19 个省市中,广西省排名最后,每千人口社会服务床位不足 1.3 张,云南和宁夏也仅仅刚超过 1.5 张,其余的 16 个省市在 1.6—3.15 张之间(见图 9-2)。

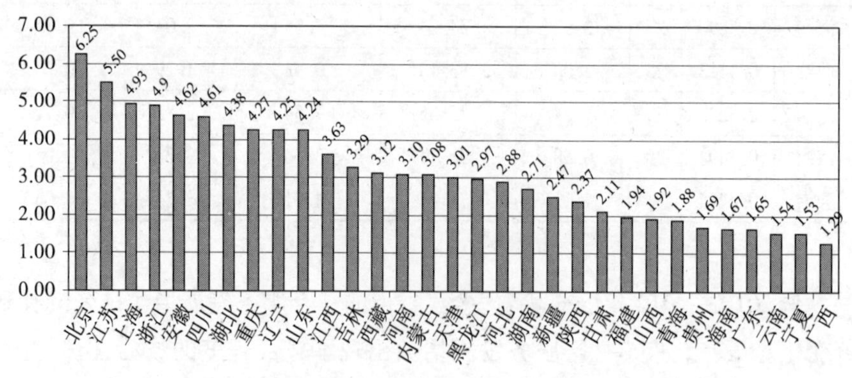

图 9-2　2012 年各地区千人口社会服务床位(张/千人)

2011 年每千人口社会服务床位超过 5 张的地区为北京(9.34)和上海(8.15)两市,全国平均水平为 2.98 张/千人,13 个省市超过平均水平;排名后五位的是甘肃(1.39)、云南(1.33)、贵州(1.14)、广西(1.10)和海南(0.55),每千人口社会服务床位均不足1.5张(见图9-3)。

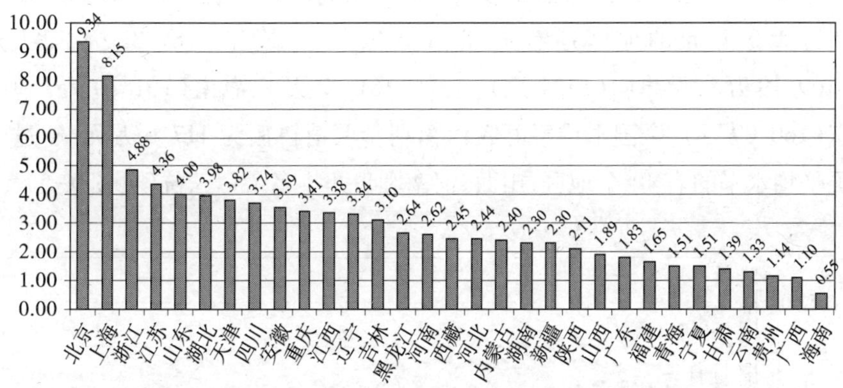

图9-3　2011年各地区千人口社会服务床位(张/千人)

2010年,每千人口社会服务床位超过5张的地区仅只有北京(5.00),全国平均水平为2.40张/千人,超过平均水平的有13个省市自治区;排名靠后的宁夏(0.95)、贵州(0.86)、福建(0.84)、海南(0.58)每千人口社会服务床位不足1张(见图9-4)。

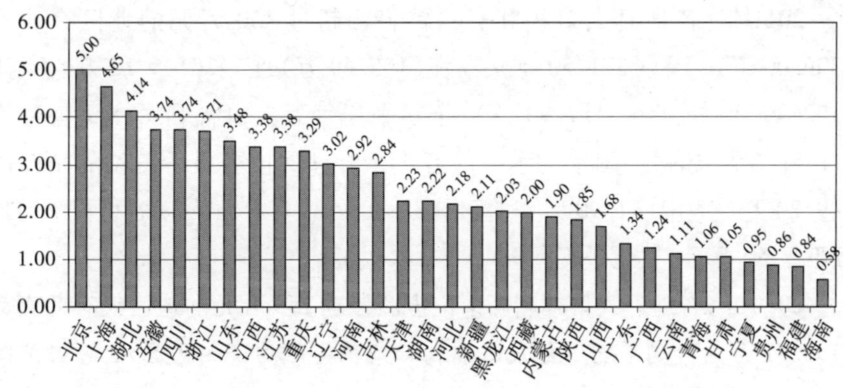

图9-4　2010年各地区千人口社会服务床位(张/千人)

注:2001年起,社会服务机构床位数口径有所调整,除收养性机构床位数外,还包括了救助类机构床位数、社区类机构床位数以及军休所、军供站等机构床位数。

(三)福利彩票销售排名

2012年,各地万人口福利彩票销售额最高的地区为北京(245.01万)。超过150万元的地区还有浙江(186.96万)、辽宁(181.82万)、江苏(169.19万)、天津(161.34万)、上海(161.32万)、海南(161.30万)和广东(160.09万);全国平均每万人口福利彩票销售额为117.6万元,超过全国平均水平的有14个地区;山西、河南和贵州排名最后三位(见图9-5)。

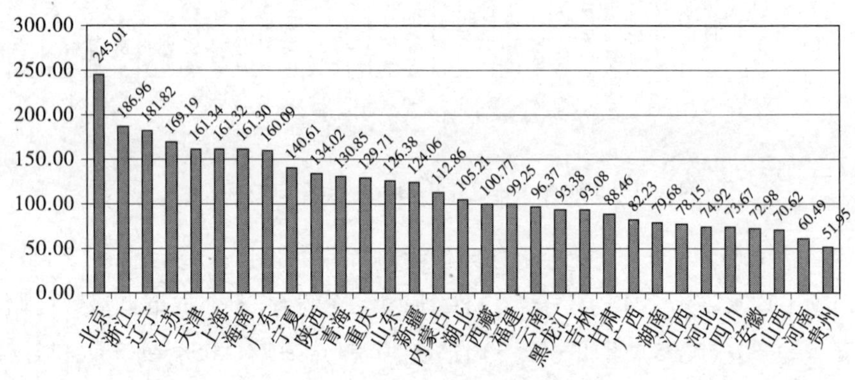

图9-5 2012年各地区万人口福利彩票销售(万元/万人)

2011年,各地万人口福利彩票销售额超过150万元的地区有北京(399.00万)、上海(271.50万)、浙江(195.30万)、广东(165.10万)、天津(162.30万)和江苏(157.90万);全国平均每万人口福利彩票销售额为111.51万元,超过全国平均水平的有11个地区;排名最后三位的是江西(49.20万)、河南(41.90万)和贵州(38.30万),其每万人口福利彩票销售额不足50万元(见图9-6)。

2010年,各地万人口福利彩票销售额超过150万元的地区仅有北京市(194.71万),全国平均每万人口福利彩票销售额为77.95万元,超过全国平均水平的有14个地区;排名最后两位的河南省(34.24)、江西省(32.27),其每万人口平均不足40万元的福利彩票销售额。福利彩票的销售以地区经济为依托,相较于上海、浙江、广东等经济发达城市,北京市万人口福利彩票销售之所以遥遥领先,得益于其城市街道上随处可见的中国福

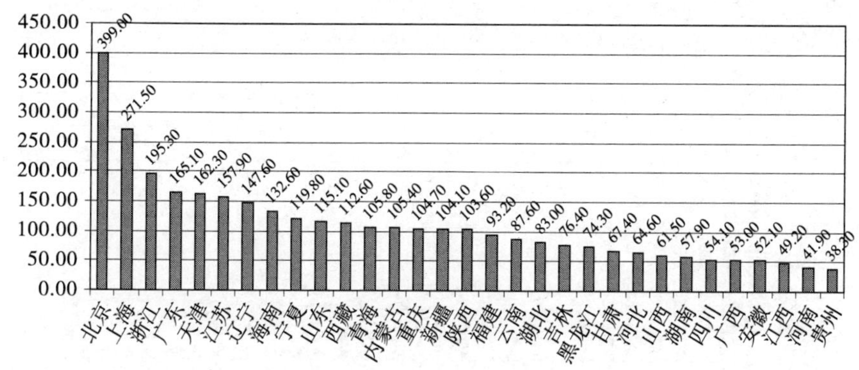

图 9-6　2011 年各地区万人口福利彩票销售(万元/万人)

利彩票销售网点,居民参与福利彩票购买方面,故而北京市能够拥有如此高额的万人口福利彩票销售。

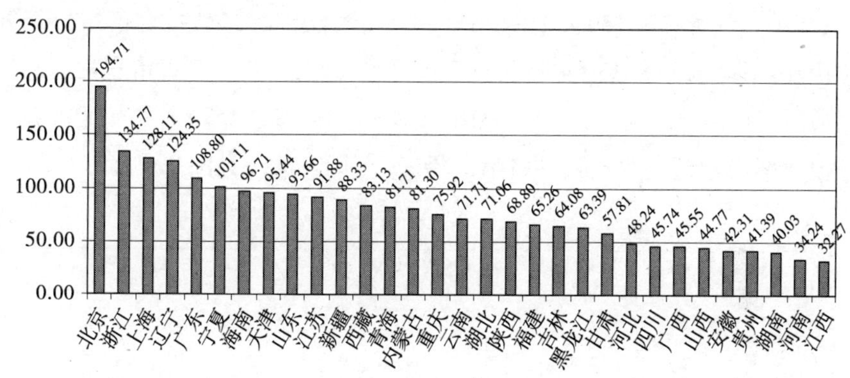

图 9-7　2010 年各地区万人口福利彩票销售(万元/万人)

(四)社区服务设施覆盖率

2012 年,北京市社区服务设施覆盖率位居第一位(152.00),广东、江苏、浙江、上海依次位居第二位至第五位,覆盖率均超过 60%;全国平均水平为 32.18%,超过全国平均水平的有 8 个省市自治区。排名最后三位的是青海(2.80)、海南(2.30)和西藏(0.70),其社区服务设施覆盖率均未超过 3%,其中西藏尚未达到 1.00。社区服务设施覆盖率存在明显的地区差距(见图 9-8)。

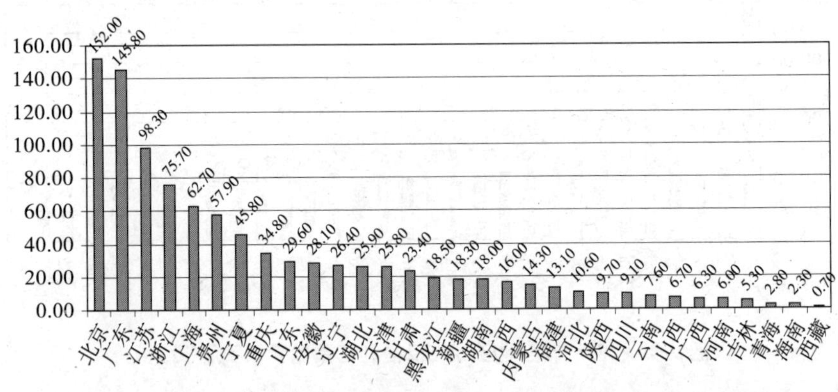

图 9-8　2012 年各地区社区服务设施覆盖率(%)

2011 年,北京市社区服务设施覆盖率遥居第一(139.100),广东(81.530)、江苏(73.130)、上海(64.440)和浙江(56.840)排名第二位至五位;全国平均水平为 26.64%,超过全国平均水平的有 11 个省市自治区。排名最后三位的是青海(3.270)、海南(2.240)和西藏(0.530),其社区服务设施覆盖率均未超过 5%,西藏自治区仍未达到 1.00%(见图 9-9)。

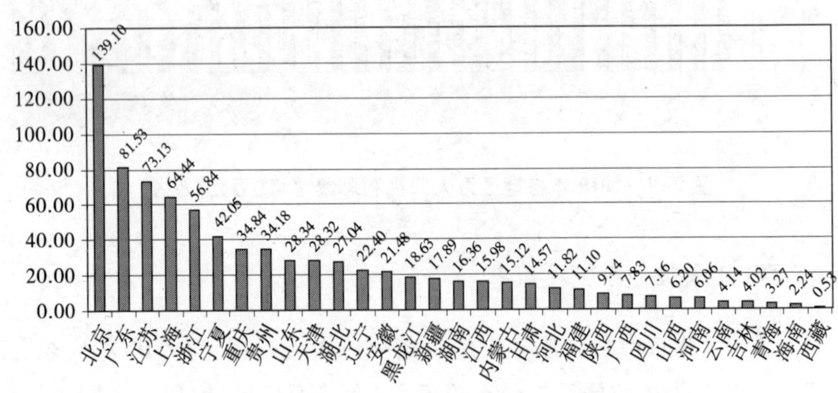

图 9-9　2011 年各地区社区服务设施覆盖率(%)

2010 年,社区服务设施覆盖率江苏省(78.060)位居第一,北京(64.650)、广东(61.970)、浙江(60.790)和上海(54.050)列第二位至第五位;全国平均水平为 22. 910,超过全国平均水平的有 10 个省市自治区。排名最后三位的是海南(3. 600)、青海(3. 550)和西藏(0. 530),社区服务设施覆盖率均未超过 5%,其中西藏尚未达到 1. 00%。

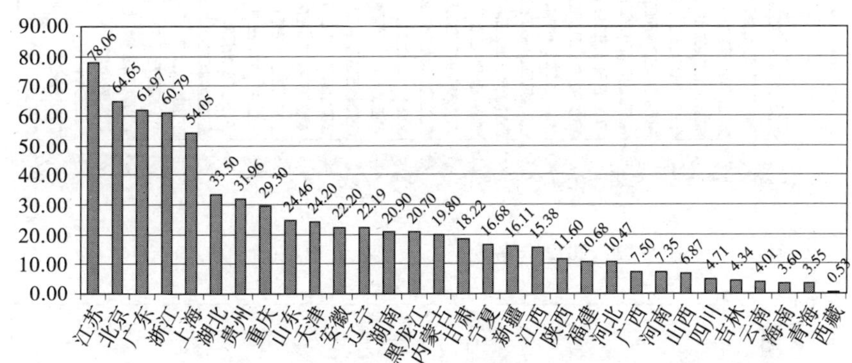

图 9-10　2010 年各地区社区服务设施覆盖率(%)

数据来源:《中国统计年鉴》(2011 年、2012 年、2013 年)。

(五)社会组织排名

2012 年,每万人口社会组织数超过 5 个的省市有宁夏(6. 38)、浙江(5. 82)、江苏(5. 44)和青海(5. 10),全国平均水平为 3. 77,17 个省市超过平均水平,14 个省市未达到平均水平,排名最后三位的是河南、贵州和西藏(见图 9-11)。

2011 年,每万人口社会组织数超过 5 个的省市有上海(7. 35)、宁夏(6. 67)、浙江(6. 20)和北京(6. 01),全国平均水平为 3. 73 个,13 个省市超过平均水平;排名最后三位的是河南(1. 86)、贵州(1. 71)和西藏(1. 15)(见图 9-12)。

2010 年,每万人口社会组织数超过 5 个的省份只有宁夏(7. 16)和浙江(5. 31),全国平均水平仅为 3. 44,14 个省市超过平均水平;排名最后三位的是河南、贵州和西藏(见图 9-13)。

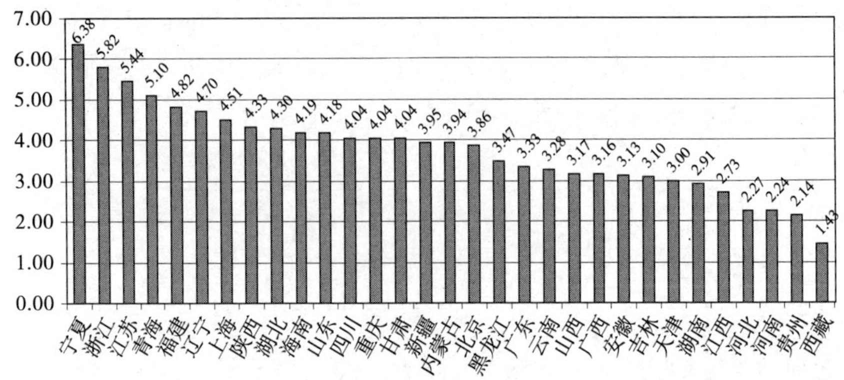

图 9-11　2012 年各地区万人口社会组织(个/万人)

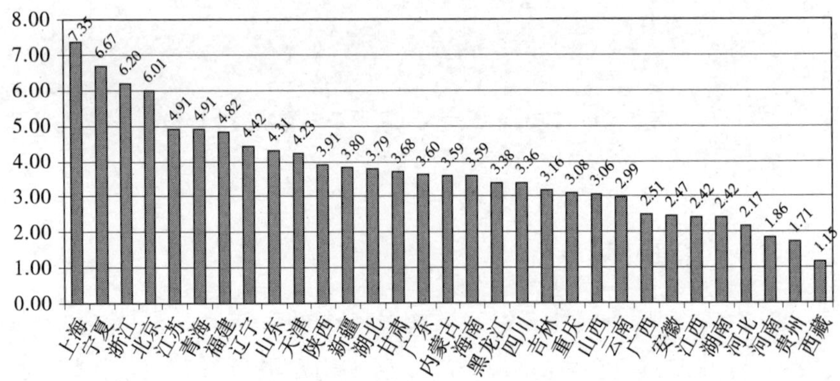

图 9-12　2011 年各地区万人口社会组织(个/万人)

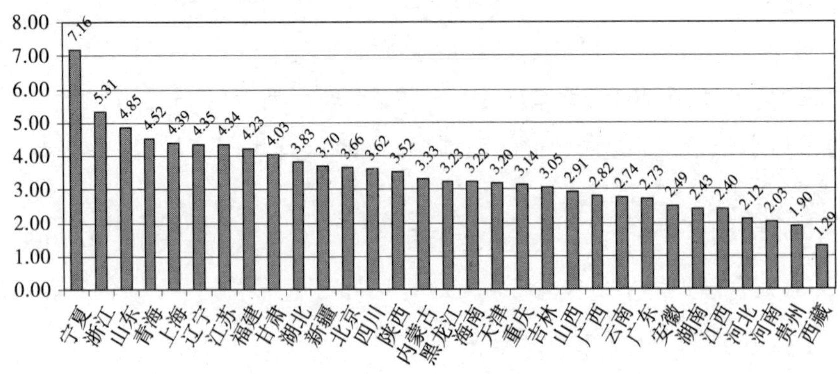

图 9-13　2010 年各地区万人口社会组织(个/万人)

（六）社会工作师排名

2012 年，各地每万人口拥有的社工师超过 1 名的地区有北京（5.67）、上海（1.70）、广东（1.34）、江苏（1.33）、天津（1.32）和浙江（1.32）；全国平均水平为每万人口 0.66 名社工师；贵州、海南和西藏排名最后三位，其中西藏其每万人口社工师仅为 0.02（见图 9-14）。

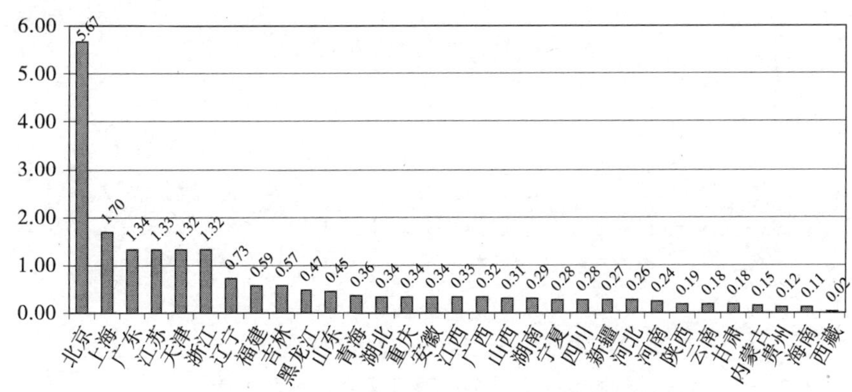

图 9-14　2012 年各地区万人口社工师数（名/万人）

2011 年，各地每万人口拥有的社工师超过 1 名的地区有北京（3.72）、上海（1.11）和天津（1.01）；全国平均水平为每万人口 0.44 名社工师，超过全国平均水平的有 7 个地区；排名最后三位的贵州（0.09）、海南（0.06）和西藏（0.02）每万人口平均不足 0.1 名社工师（见图 9-15）。

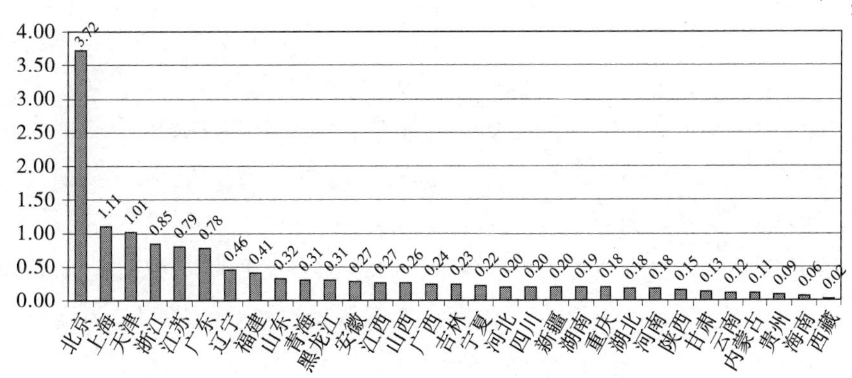

图 9-15　2011 年各地区万人口社工师数（名/万人）

2010年,各地每万人口拥有的社会工作师超过1名的仅只有北京(2.86),全国平均水平为每万人口0.36名社会工作师,超过全国平均水平的有8个地区;排名靠后的甘肃(0.09)、内蒙古(0.09)、贵州(0.08)、海南(0.07)和云南(0.06)每万人口平均不足0.1名社工师(见图9-16)。

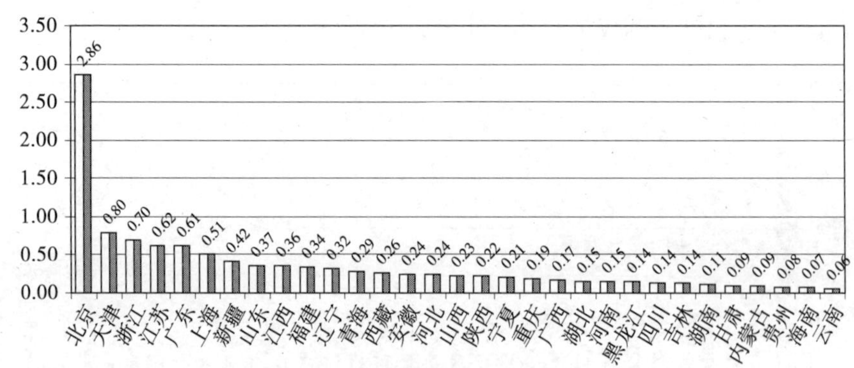

图9-16　2010年各地区万人口社工师数(名/万人)

注:万人口社工师=社会工作师和助理社会工作师累计总人数/年末人口数

三、聚类分析和相关分析

(一)聚类分析

基于系统聚类分析,可将2012年各地区社会服务发展水平划分为三类,则北京单独为一类;江苏、浙江、上海、广东为第二类;第三类是其余的青海、西藏、宁夏等26个省市自治区为第三类见表9-4。

基于系统聚类分析,2011年各地区社会服务发展指数聚类情况如表9-5所示。将2011年各省市自治区社会服务发展指数水平划分为两个类别,则北京为单独一类,其他30个省市为第二类。

表 9-4 2012 年社会服务发展指数聚类情况

聚类类型	聚类成员	特 征
第一类型	北京	(1)社会服务发展指数最高; (2)社会服务各项指标均居全国最前。
第二类型	江苏、浙江、上海、广东	(1)社会服务发展指数居全国前列; (2)大部分社会服务各项指标排位均衡发展。
第三类型	河北、湖南、河南、江西、四川、西藏、黑龙江、安徽、吉林、内蒙古、新疆、陕西、甘肃、广西、云南、山西、福建、青海、海南、贵州、山东、湖北、重庆、辽宁、宁夏、天津	(1)社会服务发展指数排名中等及偏下,社会服务整体水平偏低; (2)社会服务各项指标发展并不统一。

表 9-5 2011 年社会服务发展指数聚类情况

聚类类型	聚类成员	特 征
第一类型	北京	(1)社会服务发展指数最高; (2)社会服务各项指标均居全国最前。
第二类型	江苏、浙江、广东、天津、上海	(1)社会服务发展指数居全国前列; (2)社会服务各项指标排位均衡发展(广东、天津除外)。
第三类型	河北、湖南、河南、江西、四川、西藏、黑龙江、安徽、吉林、内蒙古、新疆、陕西、甘肃、广西、云南、山西、福建、青海、海南、贵州、山东、湖北、重庆、辽宁、宁夏	(1)社会服务发展指数排名中等或偏下,社会服务整体水平偏低; (2)各分项指标发展不均衡。

2010 年社会服务发展指数的地区划分聚类情况如表 9-6 所示。将 2010 年各省市自治区社会服务发展指数水平划分为三类。即第一类为北京市;江苏、浙江、上海、广东为第二类;青海、西藏、宁夏等 26 个省市为第三类。

表 9-6　2010 年社会服务发展指数聚类情况

聚类类型	聚类成员	特　征
第一类型	北京	(1)社会服务发展指数最高; (2)社会服务各项指标均居全国最前。
第二类型	江苏、浙江、广东、上海	(1)社会服务发展指数居全国前列; (2)社会服务各项指标排位均衡发展(广东除外)。
第三类型	河北、湖南、河南、江西、四川、西藏、黑龙江、安徽、吉林、内蒙古、新疆、陕西、甘肃、广西、云南、山西、福建、青海、海南、贵州、山东、湖北、重庆、辽宁、宁夏、天津	(1)社会服务发展指数排名中等偏下,社会服务整体水平偏低。 (2)社会服务各项指标发展并不统一。

(二)相关分析

如表 9-7 所示,2010—2012 年,社会服务发展指数与人均 GDP、城乡居民收入水平之间在 0.01 水平(双侧)上具有非常强的正相关关系。而社会服务发展指数与人均社会福利财政支出的相关关系明显较弱。2010 年和 2011 年,二者之间的相关性仅在 0.05 水平上显著,2012 年的相关系数更低且不显著。一定程度上,说明社会福利财政支出结构中,用于提升社会服务发展水平的投入相对较低且不均衡。

表 9-7　GDP、年末人口数等与社会服务发展指数(2010—2012 年)

		社会服务发展指数(2010)	社会服务发展指数(2011)	社会服务发展指数(2012)
人均 GDP	Pearson 相关性	0.780 **	0.774 **	0.723 **
	显著性(双侧)	.000	.000	.000
	N	31	31	31
城乡居民人均收入	Pearson 相关性	0.835 **	0.846 **	0.805 **
	显著性(双侧)	.000	.000	.000
	N	31	31	31

续表

		社会服务发展指数(2010)	社会服务发展指数(2011)	社会服务发展指数(2012)
人均社会福利财政支出	Pearson 相关性	0.387 *	0.358 *	0.243
	显著性(双侧)	0.032	0.048	0.188
	N	31	31	31

注：* 在 0.05 水平(双侧)上显著相关；** 在 0.01 水平(双侧)上显著相关。

四、主要结论与思考

社会服务发展水平的高低基本上与各地区经济发展水平，尤其是人均GDP呈正相关关系。经济发展水平越高，可支配的社会服务财政预算越高，从而该地区社会服务发展水平越高。某些社会服务资源呈单一集中趋势，即在全国分布不均匀的前提下，集中分布在某几个地区。一个地区服务业较发达，则该地区社会服务发展水平比较高。北京市、上海市等经济发达的省市自然拥有较高的服务业发展水平，其社会服务发展指数较高，而西藏、贵州等经济欠发达省市，其第三产业发展较为薄弱，因而其社会服务发展指数也较为偏低。

一个国家或地区的社会服务发展水平是衡量其发展阶段和发展质量的重要指标。社会服务事业的发展不仅能够切实满足民众的需要，而且能较好地发挥缓解社会矛盾的稳定器作用。众所周知，社会福利财政支出的快速增长并不必然带了社会服务水平的同步提升。因此，如何通过科学合理的制度设计，让全体民众能够更好地享有社会公共服务是一项重要而紧迫的课题。近年来，随着“以人为本”发展理念和科学发展观不断得到深入贯彻落实，很多省市的社会服务事业得到了前所未有的重视，服务供给水平得到了很大提升。但与发达国家相比，我国社会服务事业总体上仍非常落后，供需矛盾仍很突出，提升社会服务事业的发展水平和质量仍任重道远。

五、附录:数据表

附表 9-1　2010 年各省(市)社会服务发展指数

地区	千人口社会服务床位(张/千人)	每万人口福利彩票销售(万元/万人)	社区服务设施覆盖率(%)	每万人口社会组织(个/万人)	万人口社工师(人/万人)
北京	5.00	194.71	64.65	3.66	2.86
天津	2.23	95.44	24.20	3.20	0.80
河北	2.18	48.24	10.47	2.12	0.24
山西	1.68	44.77	6.87	2.91	0.23
内蒙古	1.90	81.30	19.80	3.33	0.09
辽宁	3.02	124.35	22.19	4.35	0.32
吉林	2.84	64.08	4.34	3.05	0.14
黑龙江	2.03	63.39	20.70	3.23	0.14
上海	4.65	128.11	54.05	4.39	0.51
江苏	3.38	91.88	78.06	4.34	0.62
浙江	3.71	134.77	60.79	5.31	0.70
安徽	3.74	42.31	22.20	2.49	0.24
福建	0.84	65.26	10.68	4.23	0.34
江西	3.38	32.27	15.38	2.40	0.36
山东	3.48	93.66	24.46	4.85	0.37
河南	2.92	34.24	7.35	2.03	0.15
湖北	4.14	71.06	33.50	3.83	0.15
湖南	2.22	40.03	20.90	2.43	0.11
广东	1.34	108.80	61.97	2.73	0.61
广西	1.24	45.55	7.50	2.82	0.17
海南	0.58	96.71	3.60	3.22	0.07
重庆	3.29	75.92	29.30	3.14	0.19
四川	3.74	45.74	4.71	3.62	0.14
贵州	0.86	41.39	31.96	1.90	0.08
云南	1.11	71.71	4.01	2.74	0.06
西藏	2.00	83.13	0.53	1.29	0.26
陕西	1.85	68.80	11.60	3.52	0.22
甘肃	1.05	57.81	18.22	4.03	0.09
青海	1.06	81.71	3.55	4.52	0.29
宁夏	0.95	101.11	16.68	7.16	0.21
新疆	2.11	88.33	16.11	3.70	0.42

数据来源:《中国民政统计年鉴》(2011)、《中国社会统计年鉴》(2011)。

附表 9-2　2011 年各省(市)社会服务发展指数

地区	千人口社会服务床位(张/千人)	每万人口福利彩票销售(万元/万人)	社区服务设施覆盖率(%)	每万人口社会组织(个/万人)	万人口社工师(人/万人)
北京	9.34	399.00	139.10	6.01	3.72
天津	3.82	162.30	28.32	4.23	1.01
河北	2.44	64.60	11.82	2.17	0.20
山西	1.89	61.50	6.20	3.06	0.26
内蒙古	2.40	105.40	15.12	3.59	0.11
辽宁	3.34	147.60	22.40	4.42	0.46
吉林	3.10	76.40	4.02	3.16	0.23
黑龙江	2.64	74.30	18.63	3.38	0.31
上海	8.15	271.50	64.44	7.35	1.11
江苏	4.36	157.90	73.13	4.91	0.79
浙江	4.88	195.30	56.84	6.20	0.85
安徽	3.59	52.10	21.48	2.47	0.27
福建	1.65	93.20	11.10	4.82	0.41
江西	3.38	49.20	15.98	2.42	0.27
山东	4.00	115.10	28.34	4.31	0.32
河南	2.62	41.90	6.06	1.86	0.18
湖北	3.98	83.00	27.04	3.79	0.18
湖南	2.30	57.90	16.36	2.42	0.19
广东	1.83	165.10	81.53	3.60	0.78
广西	1.10	53.00	7.83	2.51	0.24
海南	0.55	132.60	2.24	3.59	0.06
重庆	3.41	104.70	34.84	3.08	0.18
四川	3.74	54.10	7.16	3.36	0.20
贵州	1.14	38.30	34.18	1.71	0.09
云南	1.33	87.60	4.14	2.99	0.12
西藏	2.45	112.60	0.53	1.15	0.02
陕西	2.11	103.60	9.14	3.91	0.15
甘肃	1.39	67.40	14.57	3.68	0.13
青海	1.51	105.80	3.27	4.91	0.31
宁夏	1.51	119.80	42.05	6.67	0.22
新疆	2.30	104.10	17.89	3.80	0.20

数据来源:《中国民政统计年鉴》(2012)、《中国社会统计年鉴》(2012)。

附表 9-3 2012 年各省(市)社会服务发展指数

地区	千人口社会服务床位(张/千人)	每万人口福利彩票销售(万元/万人)	社区服务设施覆盖率(%)	每万人口社会组织(个/万人)	万人口社工师(人/万人)
北京	6.25	245.01	152.0	3.86	5.67
天津	3.01	161.34	25.8	3.00	1.32
河北	2.88	74.92	10.6	2.27	0.26
山西	1.92	70.62	6.7	3.17	0.31
内蒙古	3.08	112.86	14.3	3.94	0.15
辽宁	4.25	181.82	26.4	4.70	0.73
吉林	3.29	93.08	5.3	3.10	0.57
黑龙江	2.97	93.38	18.5	3.47	0.47
上海	4.93	161.32	62.7	4.51	1.70
江苏	5.50	169.19	98.3	5.44	1.33
浙江	4.90	186.96	75.7	5.82	1.32
安徽	4.62	72.98	28.1	3.13	0.34
福建	1.94	99.25	13.1	4.82	0.59
江西	3.63	78.15	16.0	2.73	0.33
山东	4.24	126.38	29.6	4.18	0.45
河南	3.10	60.49	6.0	2.24	0.24
湖北	4.38	105.21	25.9	4.30	0.34
湖南	2.71	79.68	18.0	2.91	0.29
广东	1.65	160.09	145.8	3.33	1.34
广西	1.29	82.23	6.3	3.16	0.32
海南	1.67	161.30	2.3	4.19	0.11
重庆	4.27	129.71	34.8	4.04	0.34
四川	4.61	73.67	9.1	4.04	0.28
贵州	1.69	51.95	57.9	2.14	0.12
云南	1.54	96.37	7.6	3.28	0.18
西藏	3.12	100.77	0.7	1.43	0.02
陕西	2.37	134.02	9.7	4.33	0.19
甘肃	2.11	88.46	23.4	4.04	0.18
青海	1.88	130.85	2.8	5.10	0.36
宁夏	1.53	140.61	45.8	6.38	0.28
新疆	2.47	124.06	18.3	3.95	0.27

数据来源:《中国民政统计年鉴》(2013)、《中国社会统计年鉴》(2013)。

第十章　社会福利财政支出指数

一、社会福利财政支出概述

（一）社会福利财政支出内容

社会福利财政支出是各级政府依照《预算法》、《社会保险法》等相关法规，通过向社会成员提供资金、实物或服务支持，以保障基本生活需要和不断提高其生活质量的公共财政支出项目。社会福利财政支出是衡量一个国家或地区在一定时期内社会福利发展水平的重要指标之一。本报告所指的社会福利是一个广义的概念，主要由一般公共服务、教育、社会保障与就业、医疗卫生、城乡社区事务和住房保障等构成。社会福利财政支出的结构可以相应地划分为：一般公共服务支出、教育支出、社会保障和就业支出、医疗卫生支出、城乡社区事务支出、住房保障支出等。

一是一般公共服务支出。一般公共服务支出指政府提供基本公共管理与服务的支出，包括人大事务、政协事务、政府办公厅（室）及相关机构事务、发展与改革事务、统计信息事务、财政事务、税收事务、审计事务、海关事务、人力资源事务、纪检监察事务、人口与计划生育事务、商贸事务、知识产权事务、工商行政管理事务、国土资源事务、海洋管理事务、测绘事务、地震事务、气象事务、民族事务、宗教事务、港澳台侨事务、档案事务、共产党事务、民主党派事务及工商联事务、群众团体事务、彩票事务等。

二是教育事务支出。教育事务支出指政府教育事务支出，包括教育行政管理、学前教育、小学教育、初中教育、普通高中教育、普通高等教育、初等职业教育、中专教育、技校教育、职业高中教育、高等职业教育、广播电视教育、留学生教育、特殊教育、干部继续教育等方面的财政支出。

三是社会保障与就业支出。社会保障与就业支出指政府在社会保障与就业方面的支出，主要包括政府在社会保障和就业管理事务、民政管理事务、财政对社会保险基金的补助、补充全国社会保障基金、行政事业单位离退休、企业改革补助、就业补助、抚恤、退役安置、社会福利、残疾人事业、城市居民最低生活保障、其他城镇社会救济、农村社会救济、自然灾害生活救助、红十字事务等方面的支出。

四是医疗卫生支出。医疗卫生支出主要包括医疗卫生管理事务支出、医疗服务支出、医疗保障支出、疾病预防控制支出、卫生监督支出、妇幼保健支出、农村卫生支出等。

五是政府城乡社区事务支出。城乡社区事务支出主要包括城乡社区管理事务支出、城乡社区规划与管理支出、城乡社区公共设施支出、城乡社区住宅支出、城乡社区环境卫生支出、建设市场管理与监督支出等。

六是住房保障支出。住房保障支出主要包括保障性住房支出(廉租住房支出、沉陷区治理、棚户区改造、少数民族地区游牧民定居工程、农村危房改造、其他保障性住房支出)、住房改革支出(住房公积金、提租补贴、购房补贴)、城乡社区住宅(公有住房建设和维修改造支出、其他城乡社区住宅支出)等。

(二)社会福利财政支出指数设计

1. 社会福利财政支出指数

社会福利财政支出指数由人均社会福利财政支出、社会福利财政支出占 GDP 比重和社会福利财政支出占当年财政总支出比重三个指标加权平均而得。基于德尔菲法，最终确定社会福利财政支出指数的三个指标所占权重分别为 0.70、0.15 和 0.15。计算公式如下：

$$\text{社会福利财政支出指数} = \sum(\text{指标标准值} \times \text{权重})$$

$$= \frac{\text{人均社会福利财政}}{\text{支出(标准值)}} \times 0.70 + \frac{\text{社会福利财政支出}}{\text{占 GDP 比重(标准值)}} \times 0.15 + \frac{\text{社会福利财政支出占}}{\text{财政总支出比重(标准值)}} \times 0.15$$

2. 人均社会福利财政支出

人均社会福利财政支出是衡量社会福利财政支出水平的基本指标，能够较好地反映各地社会福利财政支出差异。该指标是反映社会福利发展水平的一个非常重要的指标，人均社会福利财政支出越高，表明地区福利发展水平越高；反之，则越低。其计算公式如下：

$$\text{人均社会福利支出} = \frac{\text{社会福利支出总额}}{\text{常住人口规模}}$$

3. 社会福利财政支出水平

社会福利财政支出水平能够衡量一定时期内一国或地区社会成员享受社会福利待遇的高低程度。可以从总量上反映国民财富用于社会福利的分配情况，以及社会福利财政支出对国民经济的总体压力，是国际上常用的衡量福利发展水平的指标。该指标是国际上通常所采用的总体指标。它根据社会福利财政支出占国民生产总值（GDP）的比例来衡量一个国家或地区的总体社会福利支出水平。其计算公式如下：

$$\text{社会福利财政支出水平} = \frac{\text{社会福利财政支出总额}}{\text{国内生产总值(GDP)}} \times 100\%$$

4. 社会福利财政支出占当年财政总支出比重

该指标用政府当年财政性社会福利支出额占当年国家财政支出总额的比例来表示，用以反映财政支出用于改善民生的财政支出占总财政支出的比例。它反映了政府对社会福利事业的重视程度。其计算公式如下：

$$\text{社会福利财政支出占财政总支出比重} = \frac{\text{社会福利财政支出额}}{\text{当年财政支出总额}} \times 100\%$$

二、社会福利财政支出指数排名

(一)社会福利财政支出指数排名

2012年,西藏社会福利财政支出指数位居全国首位,指数得分为2.3220,不仅远高于位居末位的一些省市,而且明显高于紧随其后的青海省(1.7900)。排名位于第三位至第五位的是天津(1.4754)、北京(1.4492)和上海(1.3914)三个直辖市。宁夏、内蒙古、新疆、重庆、辽宁和海南六省市的社会福利财政支出指数也高于全国平均水平,依次位于排名的第六位至第十一位。在最后四位的是河北、山东、河南和福建四省(见表10-1)。

表10-1 2012年各省市社会福利支出指数及排名

地区	社会福利支出指数	排名	人均社会福利财政支出(元)	社会福利财政支出占GDP比重(%)	社会福利财政支出占财政总支出比重(%)
西藏	2.3220	1	13626.67	59.80	46.30
青海	1.7900	2	11107.65	33.62	54.93
天津	1.4754	3	10064.20	11.03	66.36
北京	1.4492	4	10008.91	11.58	56.20
上海	1.3914	5	9581.95	11.30	54.51
宁夏	1.1974	6	7253.73	20.05	54.31
内蒙古	1.1815	7	7724.34	12.11	56.14
新疆	1.1607	8	6871.00	20.44	56.40
重庆	1.1290	9	6692.05	17.27	64.69
辽宁	1.0471	10	6512.84	11.50	62.71
海南	1.0213	11	5868.95	18.22	57.07
陕西	0.9622	12	5562.01	14.44	62.80
甘肃	0.9258	13	4744.61	21.64	59.38
贵州	0.9191	14	4583.60	23.31	57.95
吉林	0.9114	15	5367.49	12.36	59.74

续表

地区	社会福利支出指数	排名	人均社会福利财政支出（元）	社会福利财政支出占 GDP 比重（%）	社会福利财政支出占财政总支出比重（%）
云南	0. 8834	16	4505. 75	20. 36	58. 76
黑龙江	0. 8644	17	4882. 53	13. 67	59. 02
江苏	0. 8470	18	5226. 06	7. 66	58. 90
山西	0. 8103	19	4468. 64	13. 32	58. 47
安徽	0. 8043	20	4206. 89	14. 64	63. 60
湖南	0. 7590	21	4015. 46	12. 03	64. 72
江西	0. 7554	22	3960. 03	13. 77	59. 07
四川	0. 7524	23	3968. 99	13. 43	58. 80
广西	0. 7481	24	3860. 68	13. 87	60. 55
浙江	0. 7380	25	4392. 71	6. 94	57. 81
湖北	0. 7330	26	3997. 73	10. 38	61. 45
广东	0. 7071	27	4071. 81	7. 56	58. 39
福建	0. 6872	28	3944. 61	7. 50	56. 70
河南	0. 6826	29	3456. 09	10. 98	64. 93
山东	0. 6728	30	3746. 35	7. 25	61. 45
河北	0. 6711	31	3513. 13	9. 63	62. 76

2011 年，社会福利财政支出指数排在前五位的分别是西藏、青海、天津、上海和北京，内蒙古、宁夏、新疆、重庆、辽宁和海南 6 个省区依次位居排名的第六位至第十一位。而福建、河南和山东位居排名的最后三位（见表 10-2）。

表 10-2　2011 年各省市社会福利支出指数及排名

地区	社会福利支出指数	排名	人均社会福利财政支出（元）	社会福利财政支出占 GDP 比重（%）	社会福利财政支出占财政总支出比重（%）
西藏	2. 3402	1	11512. 69	57. 64	46. 06
青海	1. 8228	2	9515. 64	32. 37	55. 88
天津	1. 5142	3	8747. 16	10. 48	65. 98

续表

地区	社会福利支出指数	排名	人均社会福利财政支出(元)	社会福利财政支出占 GDP 比重(%)	社会福利财政支出占财政总支出比重(%)
上海	1.4832	4	8752.57	10.70	52.48
北京	1.4805	5	8697.41	10.80	54.10
内蒙古	1.2125	6	6711.22	11.60	55.72
宁夏	1.1764	7	5995.62	18.24	54.31
新疆	1.1726	8	5837.66	19.51	56.44
重庆	1.0853	9	5404.83	15.76	61.38
辽宁	1.0416	10	5461.49	10.77	61.29
海南	1.0066	11	4875.19	16.96	54.92
陕西	0.9497	12	4625.74	13.84	59.07
甘肃	0.9377	13	4056.29	20.72	58.07
吉林	0.9282	14	4627.90	12.04	57.79
贵州	0.8724	15	3572.73	21.73	55.09
江苏	0.8710	16	4562.92	7.34	57.93
云南	0.8481	17	3591.60	18.70	56.77
黑龙江	0.8459	18	4058.19	12.37	55.69
山西	0.8222	19	3845.73	12.30	58.45
浙江	0.7847	20	4009.24	6.78	57.00
安徽	0.7741	21	3388.47	13.22	61.22
四川	0.7534	22	3339.55	12.79	57.51
广西	0.7357	23	3203.81	12.70	58.47
湖南	0.7325	24	3262.07	10.94	61.11
江西	0.7257	25	3197.37	12.26	56.62
广东	0.7096	26	3505.30	6.92	54.86
湖北	0.6988	27	3202.94	9.39	57.36
河北	0.6766	28	3008.01	8.88	61.57
福建	0.6692	29	3228.79	6.84	54.64
河南	0.6647	30	2832.91	9.88	62.59
山东	0.6635	31	3110.45	6.61	59.93

2010 年,社会福利财政支出指数排在前五位的是青海、西藏、北京、上海和天津,内蒙古、宁夏、新疆、辽宁和海南 5 个省区依次位居排名的第六位至第十位,河北、山东、河南三省排在最后三位,其社会福利财政支出指数相当,在 0. 6560—0. 6790 之间(见表 10-3)。

表 10-3　2010 年各省市社会福利财政支出指数及排名

地区	社会福利支出指数	排名	人均社会福利财政支出(元)	社会福利财政支出占 GDP 比重(%)	社会福利财政支出占财政总支出比重(%)
青海	2. 0118	1	8131. 33	33. 90	61. 58
西藏	1. 9839	2	7583. 62	44. 94	41. 39
北京	1. 6395	3	7608. 03	10. 58	54. 93
上海	1. 5766	4	7356. 00	9. 87	51. 28
天津	1. 5289	5	6904. 23	9. 72	65. 15
内蒙古	1. 2374	6	5304. 08	11. 23	57. 68
宁夏	1. 1678	7	4618. 62	17. 30	52. 44
新疆	1. 1470	8	4414. 70	17. 74	56. 78
辽宁	1. 0760	9	4418. 57	10. 47	60. 49
海南	1. 0162	10	3799. 81	15. 99	56. 77
重庆	0. 9889	11	3716. 16	13. 53	62. 72
陕西	0. 9514	12	3568. 50	13. 17	60. 07
吉林	0. 9368	13	3670. 94	11. 05	56. 41
甘肃	0. 9317	14	3142. 21	19. 52	54. 77
江苏	0. 8725	15	3568. 37	6. 78	57. 14
云南	0. 8683	16	2843. 50	18. 11	57. 25
黑龙江	0. 8459	17	3164. 38	11. 70	53. 83
贵州	0. 8454	18	2626. 69	19. 86	56. 01
山西	0. 8393	19	3070. 99	11. 93	56. 83
浙江	0. 8071	20	3256. 51	6. 40	55. 29
广西	0. 7569	21	2561. 74	12. 34	58. 82
安徽	0. 7485	22	2531. 50	12. 20	58. 28
湖南	0. 7156	23	2459. 42	10. 08	59. 79

续表

地区	社会福利支出指数	排名	人均社会福利财政支出(元)	社会福利财政支出占 GDP 比重(%)	社会福利财政支出占财政总支出比重(%)
广东	0.7091	24	2755.21	6.25	53.06
四川	0.7087	25	2499.94	11.70	47.23
江西	0.7076	26	2397.52	11.32	55.63
湖北	0.6897	27	2453.37	8.68	56.18
福建	0.6794	28	2548.89	6.36	55.53
河北	0.6790	29	2359.64	8.32	60.19
山东	0.6762	30	2509.37	6.14	58.04
河南	0.6560	31	2192.39	8.93	60.36

注:(1)社会福利支出指数 = (人均社会福利财政支出) × 0.70 + (社会福利财政支出占 GDP 比重) × 0.15 + (社会福利财政支出占财政总支出比重) × 0.15。

(2)数据来源:《中国统计年鉴》(2011 年、2012 年、2013 年)。

从 2010 年至 2012 年各省市社会福利财政支出指数的变化情况看,多数省市的指数得分较为稳定。出现了较为明显变化的有西藏、青海、上海、北京和重庆五省市。其中,西藏和重庆,其指数上升趋势非常明显。从三年平均水平来看,社会福利财政支出指数最高的为西藏自治区,平均指数为 2.2154,最低的为河南省 0.6678(见图 10-1)。

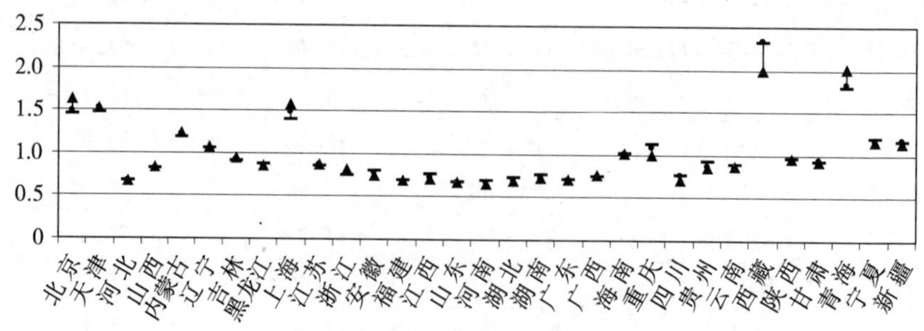

图 10-1 社会福利财政支出指数三年对比情况

（二）人均社会福利财政支出水平

与绝对规模排名相比，各省市人均社会福利财政支出情况变化较大。2012 年，全国总体人均社会福利财政支出水平为 5864.11 元。31 个省市中，人均社会福利财政支出超过全国平均水平的有 11 个省市，其中西藏、青海、天津、北京均超过 10000 元，依次位居前四位，其余 7 省市分别为上海、内蒙古、宁夏、新疆、重庆、辽宁、海南。人口规模较大的河南、河北、山东等 8 个省份的人均社会福利财政支出水平低于 4000 元，其中，河南的人均支出规模最低，为 3456.09 元（见图 10-2）。

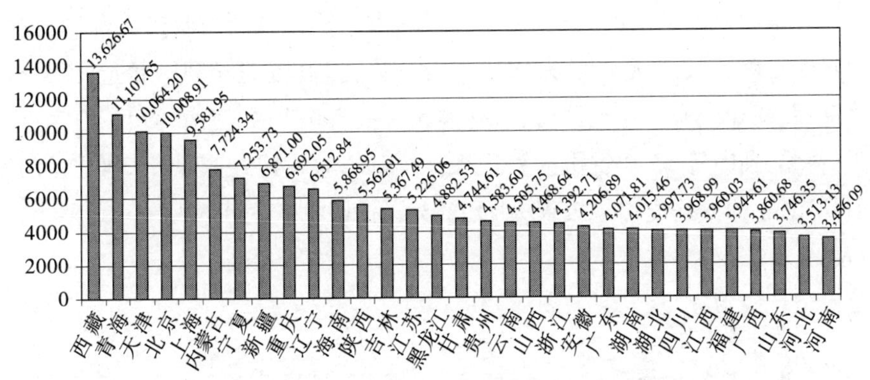

图 10-2　2012 年各省市人均社会福利财政支出情况

2011 年，全国总体人均社会福利财政支出水平为 4959.40 元。尽管西藏自治区和青海省的社会福利财政支出绝对规模较小，但其人均社会福利财政支出却明显高于其他省市，分别超过 10000 元和 9500 元；人均社会福利财政支出超过 8000 元为上海、天津和北京 3 个直辖市；人口规模较大①的省市，如河南、河北、山东、广西、湖北、湖南等 14 个省份的人均社会福利财政支出规模低于 4000 元，其中，河南省的人均支出规模仅为 2832.91 元（见图 10-3）。

2010 年，全国总体人均社会福利财政支出水平为 3872.14 元。青海省

① 总人口在 5000 万人以上的省市。

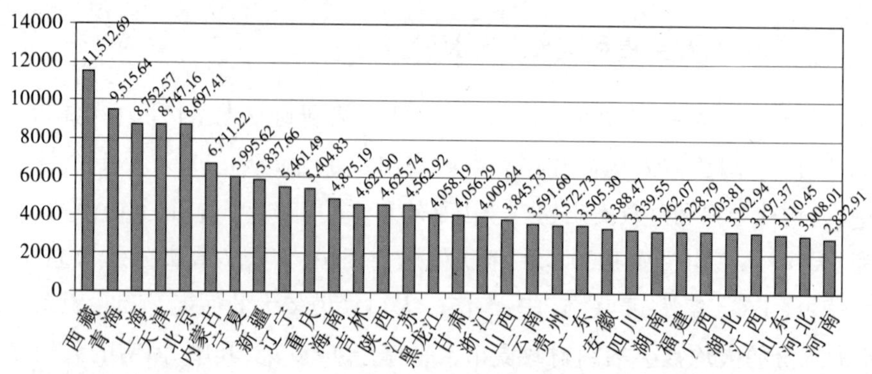

图 10-3　2011 年各省市人均社会福利财政支出情况

的社会福利财政支出绝对规模较小,但其人均社会福利财政支出却明显高于其他省市,超过 8000 元;人均社会福利财政支出超过 7000 元的省市只有北京、西藏和上海 3 个地区,人口规模较大的省市①,如河南、河北、山东、广西、湖北、湖南等 13 个省份的人均社会福利财政支出规模低于 3000 元,其中,河南省的人均支出规模仅为 2192. 39 元(见图 10-4)。

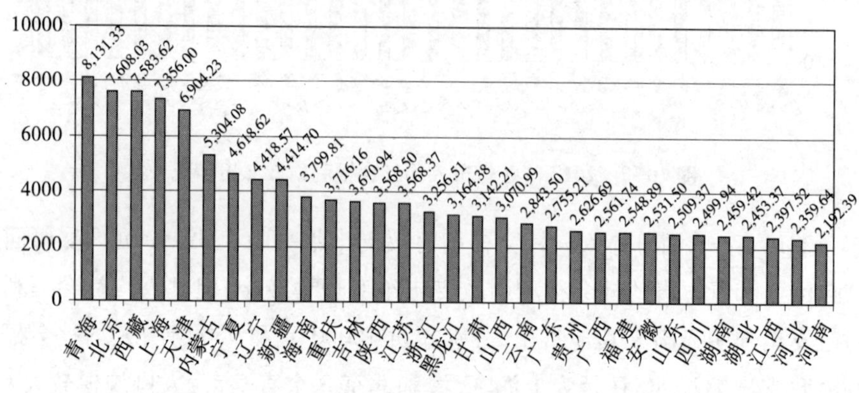

图 10-4　2010 年各省市人均社会福利财政支出情况

(三)社会福利财政支出水平

由于各省市经济发展水平存在较大差异,全国社会福利财政支出占

① 总人口在 5000 万人以上的省市。

GDP 比重并不能很好地反映各省市的真实支出情况。一种能较好反映真实社会福利财政支出情况的可替代度量方法是对所有省市用于社会福利财政支出进行简单算术平均。一个地区的社会福利财政支出占 GDP 比重的大小直接受到经济发展水平的影响。因此,社会福利财政投入绝对规模较小的地区(如西藏、青海、甘肃、贵州等),但由于其较小的国内生产总值而使得其社会福利财政支出规模占 GDP 的比重远远高于全国平均水平。

2012 年,社会福利财政支出占 GDP 比重最大的是西藏自治区,达到了 GDP 的近 60%(59. 80%);青海位居第二位,达到 33. 62%。贵州、甘肃、新疆、云南、宁夏五省份社会福利财政支出占 GDP 的比重也均超过了 20%。多数省市支出水平在 10%—20%之间,6 个省市的支出水平低于 10%,最低的为浙江省 6. 94%(见图 10-5)。

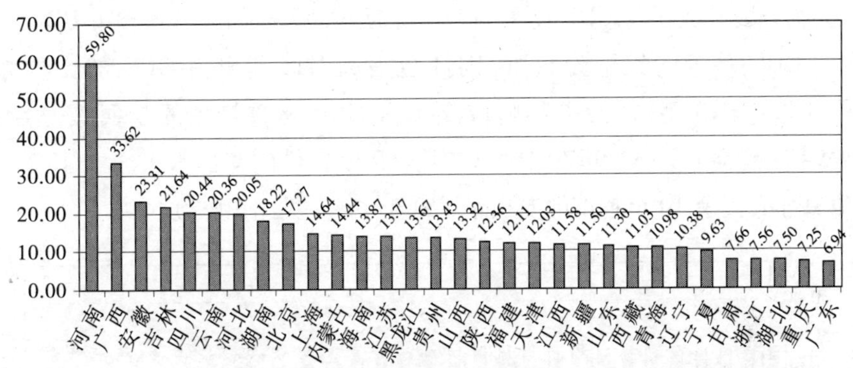

图 10-5　2012 年各省市社会福利财政支出情况(以占 GDP 的百分比计)

2011 年,各省市用于社会福利财政支出占其 GDP 的 14. 55%。如果将各省市的人口数占全国人口数的比重作为加权平均的权重,则各省市用于社会福利财政支出占 GDP 比重的平均值为 11. 31%;如果以各省市 GDP 占全国 GDP 总量的比重为权重,则社会福利财政支出占 GDP 的比重为 10. 29%。2011 年,社会福利财政支出占 GDP 比重最大的是西藏,达到 GDP 的 57. 64%,青海位居第二,占 GDP 的 32. 37%;贵州和甘肃两省的支出水平也超过了其 GDP 的 20%。19 个省市的支出水平在 10%—20%之间,其余 8 个省市的支出水平低于 10%(见图 10-6)。

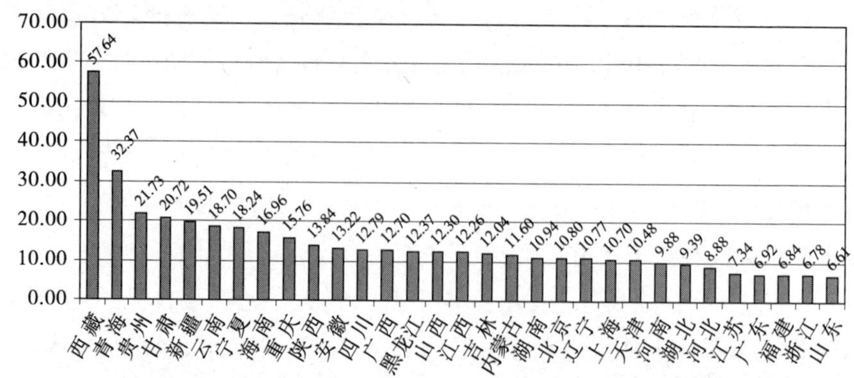

图 10-6　2011 年各省市社会福利财政支出情况(以占 GDP 的百分比计)

2010 年,各省市用于社会福利财政支出占其 GDP 的 13. 42%。如果将各省市的人口数占全国人口数的比重作为加权平均的权重,则各省市用于社会福利财政支出占 GDP 比重的平均值为 10. 47%;如果以各省市 GDP 占全国 GDP 总量的比重为权重,则社会福利财政支出占 GDP 的比重为 10. 40%。2010 年,社会福利财政支出占 GDP 比重最大的是西藏,达到 44. 94%;青海省以 33. 90%位居第二位;19 个省份的支出水平介于 10%—20%之间,其余 10 个省市的支出水平低于 10%(见图 10-7)。

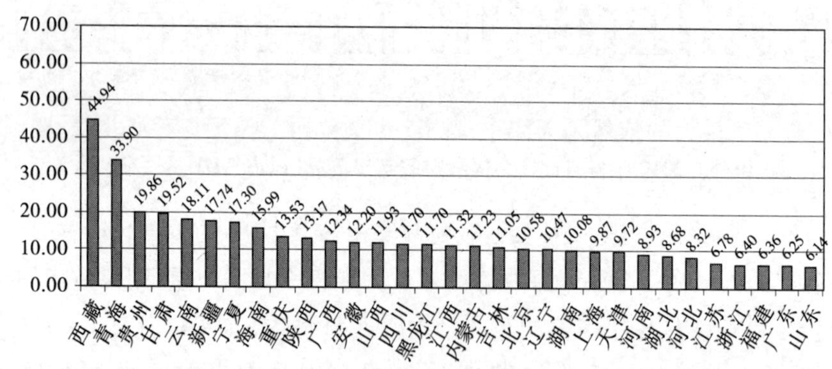

图 10-7　2010 年各省市社会福利财政支出情况(以占 GDP 的百分比计)

(四)社会福利财政支出占财政总支出比重

2012 年,社会福利财政支出占其财政支出总额比重最大的是天津市,以 66. 36%位居首位。超过 60%的还有河南、湖南、重庆、安徽、陕西、河北、辽宁、山东、湖北、广西 10 个省市。除西藏自治区外，其余 19 个省市的社会福利财政支出占当年财政总支出比重均超过了 50%（见图 10-8）。

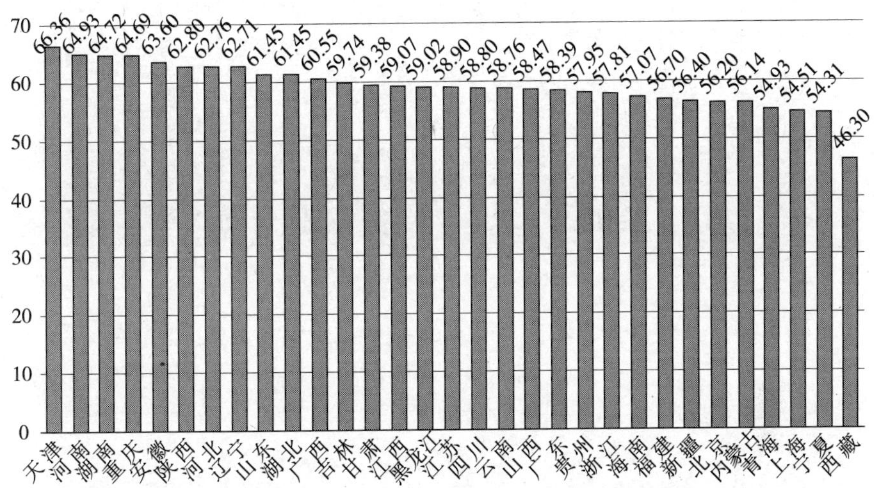

图 10-8　2012 年各省市社会福利财政支出占财政支出总额的比重（%）

2011 年，各省市社会福利财政支出占财政支出的比重为 57. 43%；如果将各省市的人口规模作为加权平均的权重，则各省市用于社会福利财政支出占财政支出的 58. 30%；如果以各省市的 GDP 规模作为加权平均的权重，则各省市用于社会福利财政支出占财政支出的 58. 06%。社会福利财政支出占其财政支出总额最大的依然是天津市，以 65. 98%位居首位，河南、河北、重庆、辽宁、安徽和湖南六省市的支出水平超过 60%；除西藏外，其余 23 个省市的社会福利财政支出占当年财政总支出比重均超过 50%（见图 10-9）。

2010 年，各省市社会福利财政支出占财政支出的平均比重为 56. 51%；如果将各省市的人口规模作为加权平均的权重，则各省市用于社会福利财政支出占财政支出的 56. 43%；如果以各省市的 GDP 规模作为加权平均的权重，则各省市用于社会福利财政支出占财政支出的 61. 84%。2010 年，社会福利财政支出占其财政支出总额最大的是天津市，以 65. 15%位居首位，重庆、青海、辽宁、河南、河北、陕西六省市的支出水平超过了 60%；除四川和西藏外，其余 22 个省市的社会福利财政支出占当年财政总支出比重均超过了 50%（见图 10-10）。

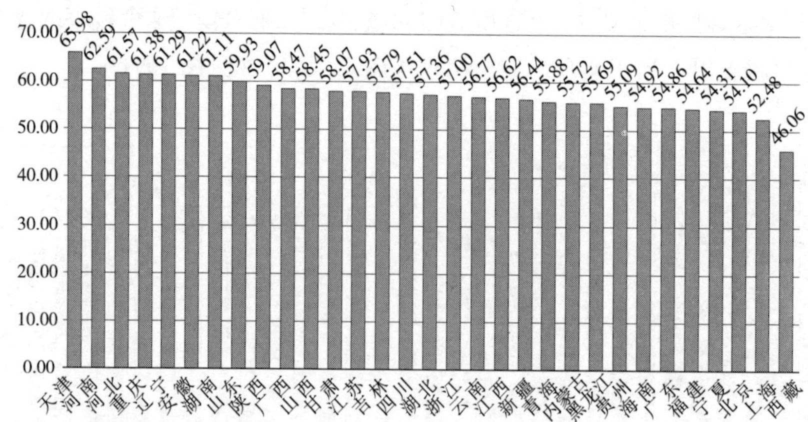

图 10-9 2011 年各省市社会福利财政支出占财政支出总额的比重(%)

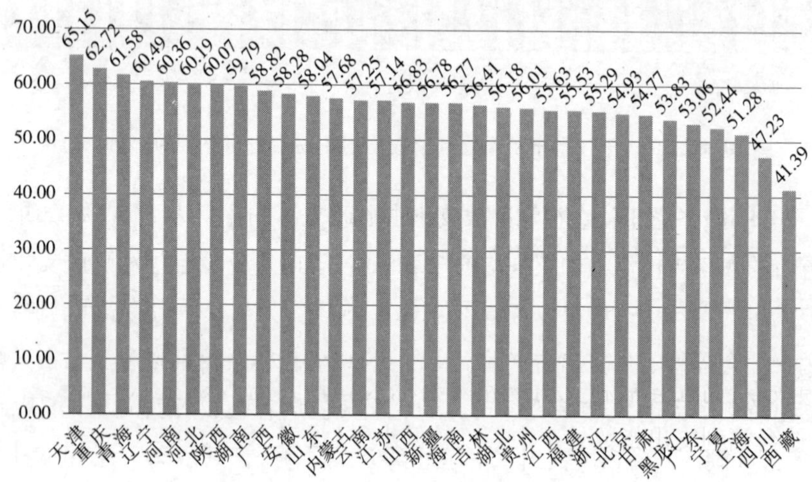

图 10-10 2010 年各省市社会福利财政支出占财政支出总额的比重(%)

三、聚类分析和相关分析

(一)聚类分析

基于系统聚类分析,将 2012 年各省市社会福利支出情况划分为三个类型，则西藏自治区为一类，其社会福利财政支出水平较高得益于其较高的人均社会福利财政支出和社会福利财政支出占 GDP 的比重；北京、上海、天津等 13 个省市为第二类，其社会福利财政支出水平相对较高，社会福利财政支出方面具有较多的相似性；第三类则为江苏、四川、广西等 17 个省市，社会福利财政支出力度上具有一定的相似性（见表 10-4）。

表 10-4　2012 年社会福利财政支出聚类情况

聚类类型	聚类成员（省市）
第一类	西藏
第二类	北京、上海、天津、内蒙古、辽宁、云南、甘肃、贵州、宁夏、新疆、海南、重庆、青海
第三类	江苏、山东、浙江、广东、福建、湖南、湖北、河南、河北、陕西、吉林、黑龙江、山西、安徽、广西、四川、江西

基于系统聚类分析，将各省市社会福利支出情况划分为三个类型，第一类是西藏和青海，社会福利支出的相对水平（如占 GDP 比重）明显高于其他省市，社会福利财政支出水平位居前列。社会福利支出资金的来源中，中央财政转移支付占据较大比重。第二类是北京、上海、天津等 12 个省市社会福利财政支出绝对规模和相对规模均相对较高，社会福利支出方面具有较多的相似性；第三类是广西、四川、江西等 17 个省市，社会福利支出绝对规模较高，而社会福利支出的相对指标因其较大的 GDP 和人口而处于低位，社会福利支出指数处于中等或较低水平（见表 10-5）。

表 10-5　2011 年社会福利财政支出聚类情况

聚类类型	聚类成员（省市）
第一类	西藏、青海
第二类	北京、上海、天津、贵州、甘肃、云南、内蒙古、辽宁、宁夏、新疆、海南、重庆
第三类	广西、四川、江西、安徽、山西、黑龙江、吉林、陕西、河北、河南、湖北、湖南、江苏、浙江、福建、广东、山东

基于系统聚类分析，将 2010 年各省市社会福利支出情况划分为三个类型，则第一类是西藏和青海，其人均社会福利财政支出及社会福利财政支出

占GDP比重均较高,因此其社会福利发展指数位居前列。第二类是北京、上海和天津,社会福利财政支出绝对规模和相对规模均相对较高,社会福利支出方面具有较多的相似性;第三类是海南、陕西、重庆等26个省市,其社会福利支出绝对支出规模明显低于相对指标在各省市中的排位,社会福利财政支出指数平均处于中等水平(见表10-6)。

表10-6 2010年社会福利财政支出聚类情况

聚类类型	聚类成员(省市)
第一类	西藏、青海
第二类	北京、上海、天津
第三类	海南、陕西、重庆、新疆、宁夏、辽宁、内蒙古、云南、甘肃、贵州、广东、山东、福建、浙江、江苏、湖南、湖北、河南、河北、吉林、黑龙江、山西、四川、江西、广西、安徽

(二)相关性分析

相关分析显示,人均GDP、城乡居民人均收入、人均财政支出与社会福利财政支出指数均呈正相关关系。其中,人均财政支出与社会福利财政支出指数呈现高度相关(三年相关系数均超过0.9),而人均GDP、城乡居民人均收入与社会福利财政支出指数相关性不显著,且相关系数逐年递减(见表10-7)。可见,财政支出结构及其支出水平不仅是政府执政理念的反映,而且直接影响一个地区的社会福利发展程度。

表10-7 人均收入、人均GDP、人均财政支出与社会福利财政支出指数(2010—2012年)

		社会福利财政支出指数(2010)	社会福利财政支出指数(2011)	社会福利财政支出指数(2012)
城乡居民人均收入(加权)	Pearson 相关性	0.302	0.137	0.078
	显著性(双侧)	0.099	0.463	0.678
	N	31	31	31

续表

		社会福利财政支出指数(2010)	社会福利财政支出指数(2011)	社会福利财政支出指数(2012)
人均财政支出	Pearson 相关性	0.962**	0.984**	0.986**
	显著性(双侧)	0.000	0.000	0.000
	N	31	31	31
人均 GDP	Pearson 相关性	0.329	0.222	0.177
	显著性(双侧)	.071	.229	.340
	N	31	31	31

注：** 在 0.01 水平(双侧)上显著相关。

四、主要结论与思考

(一)主要结论

各省市的社会福利财政支出基本上由地方财政承担，中央财政负担的比例较低。2010 年、2011 年、2012 年三年各省市社会福利各项目支出中，无论以绝对规模，还是相对规模衡量；无论是采用简单平均，还是人口加权的方法，教育支出规模所占比重最大，其次是社会保障与就业支出，位居其后的依次是一般公共服务支出、城乡社区事务支出、医疗卫生支出及住房保障支出。

从各省市社会福利总支出情况(绝对水平)来看，各省社会福利支出水平分布极不均衡。与社会福利支出的绝对规模相比，各省市社会福利支出的相对规模变化较大。这主要受到人口规模、GDP 规模的影响。一方面，社会成员对于社会福利的基本需求会导致社会福利财政支出要有个最低限度，社会福利财政支出规模的增加直接导致了财政支出规模的扩大；另一方面，政府财政支出规模的扩大，政府用于社会福利项目的支出也可能相应增大。因此，各省市社会福利财政支出水平明显受到其财政支出规模大小的直接影响,但社会福利财政支出在总支出结构中的比重大体相当。

从各省市社会福利支出各个统计指标的离散程度看,各省市社会福利财政支出占其当年财政支出总额比重的离散程度最小,说明财政性社会福利支出在各省市当年的财政支出结构中所占比重的差别最小,离散程度较大的是社会福利财政支出占 GDP 比重。

从社会福利财政支出指数与其他经济指标之间的相关程度看,人均财政支出水平与社会福利财政支出指数极度相关。社会福利财政支出指数与人均 GDP 相关程度要小于其与人均财政支出的相关程度。近年来,由于政府民生财政的理念日益深入,各级政府财政不断加大对社会福利领域的支出力度,尤其是那些经济实力相对一般的省市,由于其财政支出在社会福利领域的倾斜,其社会福利发展指数却明显好于经济实力较强的省市。因此,社会福利财政支出水平能够在很大程度上反映政府对民生问题的重视程度。

(二)几点思考

社会福利必然会随着经济的发展而不断发展和完善。随着人民生活水平的提高,社会成员对社会福利的需求和期盼也日益提高。当前,我国覆盖城乡居民的社会保障体系框架基本形成,社会福利体系建设取得突破性进展,以制度化安排来保障社会福利目标的实现已成为民生建设的发展方向。

一个国家或地区的社会福利发展水平必须与其经济社会发展程度相适应。如果社会福利水平过低,滞后于经济发展水平就难以满足社会成员的福利需求,进而会产生一系列社会问题,影响经济社会的正常运行和发展;而过高的社会福利财政支出,虽然能够在短期内为社会成员提供较好的福利待遇,但这种超越经济发展水平的社会福利设计必将加重纳税人的负担,社会福利制度也不可能持续发展。对一个地区社会福利财政支出水平的评价要充分考虑其经济发展水平、财政收支情况及人口等因素。同时,要避免对各省市社会福利水平进行简单的横向比较,因为那不仅无法客观了解各地社会福利发展的状况,而且会因为片面的分析结论影响政府对今后社会福利工作的决策。

五、附录：数据表

附表 10-1　各省（市）社会福利财政支出情况（绝对规模）

地区	2010年(亿元)							2011年(亿元)							2012年(亿元)						
	社会福利财政支出总额	一般公共服务支出	教育支出	社会保障与就业支出	医疗卫生支出	城乡社区事务支出	住房保障支出	社会福利财政支出总额	一般公共服务支出	教育支出	社会保障与就业支出	医疗卫生支出	城乡社区事务支出	住房保障支出	社会福利财政支出总额	一般公共服务支出	教育支出	社会保障与就业支出	医疗卫生支出	城乡社区事务支出	住房保障支出
北京	1492.62	239.57	450.22	275.90	186.82	294.30	45.81	1755.66	261.38	520.08	354.88	225.49	339.27	54.56	2071.14	286.57	628.65	424.31	256.06	430.76	44.79
天津	897.06	98.07	229.56	137.74	70.07	355.29	6.32	1185.24	117.81	302.32	168.34	90.53	485.42	20.82	1422.22	136.55	378.75	201.17	105.91	590.26	9.58
河北	1697.43	358.13	514.30	358.78	235.48	178.75	52.00	2177.95	414.93	652.11	426.23	302.75	239.37	142.56	2560.20	481.97	865.54	470.21	323.17	283.51	135.81
山西	1097.61	215.83	328.58	274.46	113.86	111.57	53.30	1381.77	251.58	421.79	321.6	159.62	142.33	84.85	1613.55	274.47	558.03	354.61	180.34	160.45	85.65
内蒙古	1311.26	254.53	322.11	292.44	120.72	237.75	83.72	1665.53	304.53	390.69	363.97	164.59	301.40	140.35	1923.25	341.83	439.97	435.47	177.91	363.24	164.83
辽宁	1933.08	352.40	405.39	579.84	151.36	360.31	83.79	2393.77	415.23	544.09	657.36	182.07	442.58	152.44	2858.48	485.71	728.79	727.71	200.19	595.19	120.90
吉林	1008.26	198.04	250.20	253.36	110.91	108.90	86.84	1272.40	231.40	319.82	298.99	143.87	154.17	124.15	1476.27	249.38	451.05	304.00	160.36	166.29	145.19
黑龙江	1213.03	222.57	299.14	306.06	135.18	141.13	108.94	1555.91	256.37	373.83	392.05	170.78	179.71	183.17	1871.96	271.26	544.79	458.20	173.33	205.60	218.78
上海	1693.84	226.02	417.28	362.56	160.07	475.47	52.45	2054.63	236.11	549.24	417.5	190.03	579.29	82.46	2280.92	251.47	648.95	443.01	197.34	627.44	112.71
江苏	2808.07	631.24	865.36	364.48	249.69	624.53	72.77	3604.16	748.45	1093.22	481.65	349.86	812.06	118.92	4139.03	820.43	1350.61	557.77	418.14	858.13	133.94
浙江	1773.66	434.29	606.54	206.39	224.53	272.30	29.60	2190.25	471.55	751.42	291.82	278.98	338.43	58.05	2405.89	503.61	877.86	345.44	305.91	307.82	65.25
安徽	1507.94	273.72	386.31	334.15	184.22	236.18	93.36	2022.24	345.34	564.71	392.98	277.23	280.76	161.22	2519.09	425.96	717.94	459.19	319.39	348.03	248.58
福建	941.30	211.91	327.77	148.24	117.58	107.68	28.13	1201.11	247.47	406.73	184.92	159.3	146.24	56.45	1478.44	293.15	562.30	205.28	185.99	178.86	52.85
江西	1069.84	218.75	297.50	233.02	150.02	102.47	68.08	1435.12	258.00	474.43	272.75	196.32	125.34	108.28	1783.57	308.16	622.06	323.06	219.15	176.70	134.43

续表

地区	2010年(亿元)							2011年(亿元)							2012年(亿元)						
	社会福利财政支出总额	一般公共服务支出	教育支出	社会保障与就业支出	医疗卫生支出	城乡社区事务支出	住房保障支出	社会福利财政支出总额	一般公共服务支出	教育支出	社会保障与就业支出	医疗卫生支出	城乡社区事务支出	住房保障支出	社会福利财政支出总额	一般公共服务支出	教育支出	社会保障与就业支出	医疗卫生支出	城乡社区事务支出	住房保障支出
山东	2405.95	544.31	770.45	416.77	250.77	388.40	35.25	2997.54	618.48	1047.90	501.54	360.36	401.70	67.56	3628.32	705.51	1311.80	596.48	422.91	468.09	123.53
河南	2062.05	478.69	609.37	461.22	270.21	165.30	77.25	2659.54	559.02	857.14	547.96	361.48	191.30	142.64	3250.80	663.07	1106.51	631.61	425.99	237.97	185.65
湖北	1405.27	314.93	366.57	368.42	179.13	119.63	56.59	1844.09	394.95	488.16	449.29	247.30	161.33	103.06	2310.29	466.51	732.37	501.13	267.99	201.73	140.57
湖南	1615.86	367.20	403.10	396.40	180.44	186.98	81.75	2151.53	466.74	540.83	484.44	256.76	276.00	126.76	2665.83	550.26	807.58	525.71	294.17	302.21	185.91
广东	2876.71	685.39	921.48	469.58	304.04	407.64	88.57	3682.26	807.41	1227.87	548.65	433.75	518.16	146.42	4313.67	892.62	1501.22	611.04	505.14	623.28	180.37
广西	1180.96	268.76	366.84	217.07	165.49	103.87	58.93	1488.17	322.18	456.89	250.64	232.88	118.73	106.85	1807.57	386.37	589.24	282.33	253.17	162.07	134.39
海南	330.03	62.44	98.33	73.80	34.82	36.81	23.83	427.72	82.02	127.27	94.04	50.3	39.57	34.52	520.31	98.53	158.79	106.15	59.86	52.22	44.76
重庆	1071.97	168.49	240.46	236.98	94.87	251.26	79.91	1577.67	224.58	318.70	338.76	143.70	394.46	157.47	1970.81	251.31	471.49	403.05	167.43	500.39	177.14
四川	2011.18	407.31	540.65	513.65	263.34	179.19	107.03	2688.34	485.11	684.66	645.79	372.96	268.56	231.26	3205.44	554.38	993.20	680.21	424.26	325.98	227.41
贵州	913.81	212.69	292.06	140.76	127.68	53.00	87.62	1239.28	307.21	376.86	194.78	173.26	65.52	121.65	1596.96	430.16	500.51	235.40	201.05	100.65	129.20
云南	1308.46	246.50	374.79	304.69	183.70	86.66	112.12	1663.20	282.05	483.00	386.50	236.98	122.96	151.71	2099.23	338.16	674.82	439.06	266.94	148.84	231.42
西藏	228.06	72.35	60.80	31.91	32.04	20.51	10.46	349.18	95.94	77.81	57.68	35.30	21.66	60.79	419.18	150.36	94.48	65.54	36.12	31.55	41.14
陕西	1332.92	287.29	377.79	315.61	156.66	126.84	68.72	1731.23	341.32	529.46	365.43	197.61	147.13	150.28	2087.47	407.11	703.34	421.16	222.30	182.05	151.51
甘肃	804.40	145.75	228.23	215.09	100.40	56.82	58.10	1040.11	174.92	284.33	279.22	143.18	65.88	92.58	1222.95	229.50	367.92	294.64	148.21	80.52	102.17
青海	457.79	55.20	82.47	189.50	38.94	30.60	61.09	540.65	65.40	130.11	163.57	47.44	27.98	106.15	636.66	82.66	171.81	179.51	60.11	57.98	84.59
宁夏	292.34	51.77	81.59	35.03	34.02	61.89	28.05	383.39	51.96	103.02	71.95	41.09	81.51	33.86	469.45	61.44	106.45	89.60	46.09	109.63	56.23
新疆	964.66	195.57	313.84	166.40	103.56	95.28	90.02	1289.37	245.36	399.80	201.64	132.43	140.10	170.04	1534.14	303.67	473.86	227.79	145.88	183.49	199.45

后　记

本书为我所承担的中国人民大学研究品牌计划支持课题“中国社会福利发展指数研究”（课题编号:2011030251）的最终研究成果。目前,国内尚无针对中国社会福利发展指数的系统研究成果。我们力图在吸收国内外相关研究思想和方法的基础上设计一套能够客观反映我国社会福利发展状况的评价体系。

研究方案和指标体系的设定经过课题组多次讨论,几易其稿。然而,理论上看似完美的设计,却遇到现实中数据问题的限制。部分基础统计数据缺乏、数据统计口径不一致等问题给我们的研究工作带来很大困扰。我们力求在不影响研究客观性的前提下剔除部分指标或使用替代数据,力求达到可比且具有较高的精度和信度。

课题研究得到了多位同行和同学的大力帮助。泰安学院历史与社会发展学院的吴伟老师、中国人民大学劳动人事学院2012级社会保障专业博士生宁亚芳、2011级社会保障硕士研究生邬嫣、唐红、杨思凡和严洁同学、河北工业大学经济管理学院2012级劳动经济学硕士生李玉敏等同学承担了数据收集和分析整理的工作,在此表示感谢。

感谢人民出版社夏青编辑为本书的顺利出版所付出的辛勤劳动。

由于研究者水平和能力有限,加之受数据的限制,本书不足之处在所难免,望读者批评指正。

杨立雄

于中国人民大学求是楼

2014年6月